尋山

中國國家圖書館藏山圖集珍

饒權　李孝聰　主編

張志清　鍾翀　副主編

上海書畫出版社

序

中國傳統的江山勝迹歷來是以標志性的山河湖海等自然風貌來體現的，這些極具形象的景觀最便於用輿圖來展現，因此歷代傳世的輿圖中都不缺描繪名山大川、名勝古迹風貌的内容。『山川之美，古來共談』，在中國傳統文化的語境中，山川名勝不僅是供人游覽的風光勝境，更被賦予了豐富的文化意藴，從而被納入强大的人文地理傳統。五嶽、四瀆等標志性山川，作爲華夏大地空間格局中的代表性地標，成爲凝結華夏民族的重要紐帶。山川名勝的文化意義不斷延伸，催生出品類豐富的山川名勝輿圖，形成了歷史悠久、特色鮮明、源遠流長的山川名勝測繪傳統。『仁者樂山，智者樂水』，山川名勝輿圖於咫尺之内囊括萬里河山，讀者亦可在方寸之間飽覽卧游之趣，富含人文氣息。

中國的山水畫有寫實性的描繪與創意性的繪畫之别，并不是所有的山水畫作都反映真實的地理場景，更有一些帶有思想文化意念的山水畫，作者有意渲染縹緲、深邃、虛實相間的意境，所以畫面上表現的内容并非人眼真的能够全部看到。中國傳統形象畫法繪製的輿圖，由於繪製地圖的畫工可能本身就是畫家，譬如明代或清朝前期某些輿圖的繪製者就來自江南一帶，繪製筆法屬於『吴門畫派』，所以從繪製風格分析這些山川名勝輿圖往往與山水畫頗爲一致。也可以説中國傳統平立面結合的采用形象畫法的山川名勝輿圖與山水畫有着不解之緣。那麽，怎樣區别山水畫和山川輿圖呢？作爲地圖，應向讀者提供地名、方位、位置、距離，即使眼睛難以看到遠方或被山巒遮擋的城池、樓塔、亭閣，也一定要在圖上標記出名稱。因此，如果畫面上有比較多的地名或建築物名稱的注記，則一般可將之視爲山川輿圖，而不再是山水畫了。

中國國家圖書館是國内古地圖收藏的代表單位之一。迄今爲止，館藏一九四九年以前編制的中文地圖近八千種，無論是數量還是品質，在海内外均首屈一指。其中的山川名勝一類，涵蓋了大量背景各異、題材豐富、繪畫細緻、設色古雅，并使用傳統測量法繪製的輿圖文獻，其中更有許多珍本、孤本，極具學術與文獻價值，是研究我國古代輿圖、歷史、地理、藝術寶貴的一手材料。通過研究這些内涵豐富的地圖，可以瞭解中國古代山川名勝輿圖的發展進程，探究自然和歷史的滄桑變遷。可以説，它們共同形成了中國古代歷史悠久、特色鮮明、源遠流長的山川名勝測繪傳統。這一地圖文化傳統，在世界地圖學史中都是非常獨特的現象，值得重點關注和研究。

爲使這批資料公諸學界，本書編委會從中國國家圖書館所藏山川名勝輿圖中，精選了最珍貴、有代表性的七十四種一〇〇幅册彙集成帙。這些輿圖的時間跨度上起金代，下迄民國，内容囊括名山大川、風景名勝，較爲系統和完整地展現了中國傳統山川名勝輿圖的發展源流和題材類型。全書按主題分類編纂，分爲川圖卷、山圖卷和名勝卷。其中川圖卷包括長江、黄河、運河、湖泊及其他川圖，共計二十五種三十一幅册；山圖卷以五嶽、佛教名山、道教名山及其他山嶽爲主，共計二十七種二十九幅册；名勝卷收録皇家園林與私家園林以及具有重要歷史意義的名勝古迹，共計二十二種四〇幅册。

輿圖是中國古籍遺珍中特別重要的一個版塊，對每一件輿圖的學術研究也必須嚴謹而全面。本圖册爲力求真切反映所有輿圖的原始信息，厘清輿圖全貌，對七十四種山川名勝輿圖所有信息都進行了完整著録，包括圖名、作者、年代、類型、顔色、載體形態、尺寸、簡介、館藏號等。同時爲更好地瞭解輿圖的圖像價值與文獻價值，每幅册後均附有研究性文章，内容涉及圖像的解讀分析以及相關内容的考證，涵蓋歷史地理學、考古學、藝術史等多學科，這些提要的作者是各研究領域的專家、學者，從而保證了整個輿圖整理編選工作的專業性與科學性。

一、國家圖書館藏山川名勝輿圖概覽

川圖卷。分爲長江、黄河、運河、湖泊及其他川圖等五大類别。中國古代曾以江、淮、河、濟爲『四瀆』，代表全國四條獨流入海的水系，歷代曾經分别繪製表現這四條江河的輿圖，可是很少能够流傳下來。其中長江、黄河不僅是中國最重要的江河水道，在歷史進程中承擔過重要的角色，而且因其下游河道屢有變遷，水患頻仍，故而無論在河工水利工程方面，還是軍事上的防守，均有極其重要的社會意義。中國也是世界上最早開鑿人工運河的國家，京杭大運河是古代中國貫穿南北的重要人工河道，對維護國家統一、南北水運交通、經濟互補、文化交流做出了巨大貢獻。這些重要的江河運道不僅有經濟意義、社會意義，更成爲有象徵意義的政治文化符號。中國古代爲展現這些河流的河道流程、水利設施、沿岸風光，曾繪製了許多輿圖，《川圖卷》遴選了館藏《長江大觀全圖》《長江名勝圖》《黄河發源歸海全圖》《八省運河泉源水利情形圖》等描繪長江、黄河、運河的長卷輿圖。除了江河之外，我國還有衆多的湖泊，以其風光秀美、烟雨浩渺引來文人墨客競相圖繪，集成選出館藏《西湖勝景圖》《西子湖圖》《江浙太湖全圖》《洞庭全圖》以反映西湖、太湖、洞庭湖等湖泊的全貌。除了上述這些大江大湖之外，在中國廣袤的土地上還有許多區域性河流水系潤澤一方，成爲重要的自然資源，孕育着獨具特色的人文景觀，同時也有相關的輿圖傳世，集成所選中國國家圖書館藏《永定河圖》《衛河全覽》《韓江八景圖》《湖南西路常辰沅靖河圖》《湯泉全圖》等，或爲讀者留下深刻的印象。

山圖卷。分爲五嶽、佛教名山、道教名山、其他山嶽等四大類别，其中前三類分别對應中國傳統的儒、釋、道三大人文傳統。東嶽泰山、西嶽華山、南嶽衡山、北嶽恒山、中嶽嵩山并稱『五嶽』，中國歷代王朝均以名山大川作爲王朝疆域地理的標志，『五嶽』作爲華夏地域空間正統的象徵，被列入歷代國家的祀典，泰山封禪更表示歷代帝王對正統性的認同，在傳統禮樂文明中扮演了重要角色，歷朝歷代都曾以輿圖等形式描繪五嶽和祀典的場所嶽廟。集成選收館藏五嶽類輿圖主要有《泰山圖》《太華山全圖》《古南嶽圖》等。山西五臺山、浙江普陀山、四川峨眉山、安徽九華山并稱佛教四大名山，分别是文殊菩薩、觀音菩薩、普賢菩薩、地藏菩薩的道場。這些佛教名山香火繁盛，信衆不絶，催生了許多兼具實用性與宗教性的佛教名山輿圖，其中主要有《五臺山名勝圖》《四川大峨眉山全圖》《敕建南海普陀山境全圖》《大九華天臺勝境全圖》等佛教名山輿圖。此外，源自中國本土的道教也在各地名山廣設道場，形成了獨特的道教山嶽文化，道教徒將五嶽納入理論體系，并繪製了《五嶽真形之圖》等，而中國國家圖書館藏《武當山圖》《武當山全圖》等，即展現了道教四大名山之一武當山的獨特風貌。除了儒、釋、道這三類名山圖繪外，還有許多受到帝王巡幸駐蹕或有獨特人文傳統的名山，如醫巫閭山、太白山、武夷山、天台山、盤山等，這些名山勝景，多成爲我國傳統山嶽輿圖描繪的素材。

名勝卷。中國古代素有景觀叙事之傳統，人們或將某一風景名勝的歷史源流、四時變遷、相關詩文加以融會，或將某地最具代表性的風光景致提煉爲『八景』『十景』，用名勝古迹記録歷史以留住鄉情，涵育文化底蘊以深化審美意境，由此形成獨特的地域文化和景觀文化。各具特色的地域景觀、文化勝迹衍生了大量輿圖畫作，它們往往將地理要素與藝術呈現相融合，兼具輿圖的實用功能和藝術創作的審美特性，更有些詩畫相配，體現出濃郁的人文氣息。從名勝圖卷選出的《江山勝迹圖》《關中八景圖》《廣陵名勝全圖》《桂林十二景模本》《韓江八景圖》等，讀者均能從畫面與詩文之中體會到濃烈的地域文化氛圍。另外，還有一種名勝景觀圖以表現帝王行止的行宫别苑爲主要内容，例如選入的《避暑山莊全圖》《南巡臨幸勝迹圖》《行宫坐落圖説》《五園三山及外三營圖》均屬此類。這類輿圖因表現的内容常常是宏偉的殿宇式建築，兼與周圍山水相配，所以表現形式與手法吸收了許多傳統中國畫的技法，其中之一就是『界畫』。『界畫』一詞最早見於北宋郭若虚所撰《圖畫聞見志》，是從北宋李誡奉旨重修的《營造法式》中的『界劃』一詞演化而來。『界』指建築繪圖上一種專供引筆劃綫的工具『界筆直尺』，『界劃』就是指運用界筆直尺劃綫條的技法。『界畫』套用了建築繪圖中『界劃』的意思，專指使用界筆直尺繪畫直綫的一種畫技，常用來表現宫室、樓臺、屋宇等建築物，而附屬於山水畫中，後來成爲中國畫的畫種之一。中國的建築特别强調與周圍自然環境的和諧統一，兼具高超的木構藝術與深厚的文化内涵，在總體形式上顯得平穩而對稱，風格上則藏而不露。因此，當建築體作爲繪畫的物件，被引入平面的繪畫藝術中，『界畫』是使兩者很好結合的手法。『界畫』與其他畫種相比的一個顯著的特點，就是要求所畫物件的細緻性和繪畫技法的準確性，使用『界畫』的技法能够真實形象地記録古代建築，保留被描繪物件的原形，這樣一來『界畫』的技法自然突破了繪畫的範疇，而被運用於表現古代宫殿、園林、寺廟等建築圖像的輿圖中來。元代，陶宗儀的《輟耕録》將以宫室、樓臺、亭閣等建築爲題材，以山水、林泉爲背景而用界筆直尺畫綫的繪畫稱作『界畫樓臺』，列於畫種第十，正式確立了『界畫』的畫種地位，使其内在涵義得到了豐富和提陞。明清時期，『界畫』常常用於表現皇家殿宇、宫苑、亭臺樓閣、寺廟等題材，也恰恰適用於描繪清朝皇帝南巡沿途駐蹕的行宫建築。集成所選的這幾種行宫圖就是采用『界畫』

的技法，用平面和立面相結合的方式形象描繪皇帝駐蹕的行宫建築，細膩而準確地畫出地圖要表現的建築物件以及周圍的環境。

二、國家圖書館藏山川名勝輿圖之特性及選圖標準

第一，豐富性。地圖因其形制特異，保存和傳承比書籍更爲不易，因此傳世的古代地圖十分難得。國家圖書館藏有豐富的山川名勝輿圖，在數量和種類上都非常可觀，以黄河爲例，館藏黄河輿圖就有逾四〇〇種，這些輿圖産生於人們生産生活實踐，是一個研究黄河文明歷史的文獻寶庫，本圖册從這些輿圖中精心挑選了《黄河全圖》《黄河發源歸海全圖》《大河南北兩岸輿地（圖）》《山東黄河全圖》四種，其中《黄河全圖》繪製精美，内容詳細，圖文對照，是研究清康熙年間黄淮治理、運河疏浚的非常重要的參考資料。《黄河發源歸海全圖》繪製内容非常詳盡，其所繪的黄河河渠水利工程及沿河流域的自然環境與人文景觀，對於研究清代中葉水利工程及人文歷史，具有非常重要的史料價值。《大河南北兩岸輿地（圖）》所繪範圍西起陝西潼關，東至河南陝州，係清同治四年（一八六五）爲防太平軍、捻軍西入河南北犯山西，命山西代理巡撫布政使王榕吉派員勘查呈報之黄河兩岸應添設炮位之防務圖，顯示清後期晉豫两省之交的黄河河岸形勢。《山東黄河全圖》描繪了光緒年間山東境内黄河下游河段的新舊河道和堤防，以及黄河穿過運河的情形，是瞭解清晚期黄、運體系變遷的重要圖像史料，同時也反映了清後期繪製黄河圖在表現形式和繪製技法上的特點，具有豐富的歷史與藝術價值。

第二，系統性。不管是從縱向的時間脉絡，還是横向的專題收藏來看，國家圖書館藏山川名勝輿圖都具有較强的綜合性和系統性，爲同行業之翹楚。從内容上看，涵蓋了大量重要的名山大川；從載體形態來看，包含長卷、竪軸及册頁等多種形式；從文本形態來看，包含了繪本、刻本、拓本等等；從作者身份上看，包括了宫廷畫師、文人藝匠和民間畫工等；從地圖繪製方法上，既有工筆界畫，也有渲染寫意畫，分景圖與全景畫皆備。其中的内容涉及自然與人文景觀、詩文頌贊、圖繪藝術等多個方面的歷史信息，能够較爲全面地反映中國古代山川名勝輿圖的發展脉絡，可以説是一個内容豐富、種類繁多的文獻寶庫，值得我們進行深入的文獻挖掘和專題研究。

第三，珍貴性。國家圖書館館藏山川名勝輿圖中，有許多珍品、孤品，極具學術與藝術價值，是研究我國古代山川名勝寶貴的第一手材料。這些輿圖文獻本身具有不可再生性，而且年代較遠、數量稀少，非常脆弱和珍貴，以往很少有機會向大衆展示。爲使這批兼具歷史、地理、語言、藝術價值，曾經深藏於圖書館内的輿圖更好地爲公衆服務，使之更好地體現其研究價值與文物、文化價值，開展高品質的出版工作顯得尤爲重要。因此，本次選圖力求精品，圖册中許多珍貴的輿圖都是首次出版。

本書還遴選了幾幅政區輿圖，如《陝西輿圖》《山西山水圖》，讀者從中一定能夠發現這些輿圖與一般僅僅描繪山川分布、注記府州縣治的政區輿圖有顯著的差别，雖然繪製手法與山水畫極其相近，可以説就是源自山水畫工之手，但是輿圖要表現的主要内容却是地方行政建置。這正是本書選擇這幾幅政區圖的初衷。

山川園林圖爲儘量表現所描繪物件的整體面貌，輿圖形式和繪製手法都比較多樣化，既有横向鋪展式的長卷，也有縱挂的畫軸；既有彩繪，也有拓刻；既有平立面結合式的形象畫，也有多點透視的界畫式地盤燙樣；更多的是鳥瞰式畫面，這種從高視點的透視法可以將建築群和山水景觀一覽無餘，比單純的平面輿圖更具真實感。

三、山川名勝輿圖之解讀維度

表現山川名勝的輿圖，是中國古代輿圖中非常獨特的一類，對這些輿圖的解讀和欣賞可從地理、藝術、人文等多個維度出發。

第一，從地理層面看，山川名勝輿圖的基本功能就是展現空間信息，爲人們登山朝謁、憑水行舟、觀覽勝迹等指示路徑。然而，山嶽高遠，川流洄旋，名勝往往散布其間，使得山川名勝輿圖對於空間的標繪相比起政區圖等類型來説，更需要兼顧山脉、水文等特有的地貌地勢。西晋裴秀曾總結「製圖六體」，分别爲分率、準望、道里、高下、方邪、迂直，這説明地勢的高低起伏、迂曲迴環始終是輿圖測繪的重要考量因素。在長期的繪圖實踐中，古人也總結出了不少獨特的測繪方式，例如河流圖采用傳統繪畫的「對景法」，兩岸的地物均以觀察者爲中心加以展現。與此同時，爲體現地圖的實用功能，在特殊河段以文字標注，説明其水文特徵和軍事要地。再如山嶽圖往往采用山水畫法，「竪畫三寸，當千仞之高；横墨數尺，體百里之遠」。在山水畫的基礎上標注各處景點道路，使讀者能夠如臨其境地判斷各地點間的方位關係和距離。山嶽圖往往氣勢宏大，奇峰聳立，雲氣環繞，層巒起伏，富有層次感，在以大筆觸勾勒山體的同時，圖中細膩地描繪了山中的各類樹木、奇石、瀑布、房屋等，使全圖凸顯靈動高遠、疏密有致的特點，令人覽之生欲身臨其境之感。山嶽名勝圖受表現空間的約限，則往往采用分景圖繪的方式，繪製方式靈活，能全面地展示不同季節、不同時辰、不同氣候、不同區域的景物情況，這就是古代常以「八景圖」「十景圖」來表現某地景觀的用意。

第二，從藝術風格看，中國古地圖，可以説是中國山水畫的一個重要分支，在山川輿圖中，我們可以發現古人慣用「對景寫意與寫實」相互結合的方法描繪各種地物景觀。對景寫實法受到中國古代傳統宫廷繪畫所追求的高度「寫實」性的影響，即將實際觀測到的層巒叠嶂以及具有標志意義的地物建築均按其特徵寫實繪製。衹要把地圖與實地一一對應，便可判斷出當前所處位置與前後左右的關係，因而具有很好的藝術表現力和實用效果。中國傳統山川名勝輿圖繼承了中國獨有的山水畫藝術的特點，擅長使用青綠、水墨、點彩、白描等多種繪圖技法，古代繪畫的用色、構圖、用筆等等方面都在輿圖中有充分的表現。皴法是我國歷代山水畫家在師法自然造化的實踐中逐步提煉出來的一種繪畫技法，多用於表現山石、峰巒和樹身表皮的紋理脉絡，同樣也被移植於山川輿圖之中。根據各種山石地質結構的不同，各類樹木表皮狀態的差異，用墨之深淺濃淡加以形象化地表現，在歷代畫論中多有講述。山川圖通過對景物的透視，立體展現實物的位置，再通過墨色濃淡的調和渲染，將古代青綠山水所特有的韻味表現得栩栩如生。輿圖無論采用長卷、挂軸，還是册頁，横向與縱向的伸展均能使人置身於中國山川美景之中，尤其是在自然風景中點綴以歷史古迹名勝，賞圖者通過地圖既能帶來賞心悦目的感受，也能唤起對曾涉足於此的古今人物事迹的追念和遐想，山川名勝圖或許也爲調和現代地圖科學性與人文藝術性之間的平衡提供了可資借鑒的繪圖模式。

第三，從人文意藴看，山水在中國人的精神世界中占有獨特的地位，中國古代能够留存這麽多表現山川名勝的輿圖并非偶然現象，而有其深層次的文化原因。縱覽這些輿圖，在表現山川地理之餘，也傳達出人們寄托於山水的精神和品格。許多圖繪結合詩作、題識、鈐印，書法與繪畫融爲一體，頗具文人意趣。繪圖時有意在畫面留空白，鎸刻或墨書歷代文人題咏的詩篇，碑文、詩作與畫面相輔相成，使得輿圖在實用功能之外，更兼具了教化的意義，在一些描繪佛教、道教名山的輿圖之中尤所施用，此與一般表現地方行政區劃的輿圖有着明顯的差異，也令山川輿圖更顯出藝術與文化價值。

四、山川名勝輿圖出版的意義

這次山川名勝輿圖能够如此大批量、高清晰度的印製出版，有以下幾個層面的意義值得思考。

第一，推動珍貴地圖古籍資料文獻的整理和利用。中文古地圖具有文字資料無法取代的學術價值，但因其收藏分散、解讀困難，尚未在國内學術研究中得到普遍的運用。中國國家圖書館所藏地圖以原清廷收藏的明清地圖爲主，以此爲基礎，民國以來又購入了大量地圖或珍貴地圖的複製件，就藏圖數量和所藏地圖的系統性而言，其他藏圖機構遠遠無法與之相比。本書以中國國家圖書館所藏山川名勝輿圖爲主要對象，對這一專題館藏進行全面地整理。在展示館藏輿圖圖像的基礎上，梳理相關文獻的淵源與流變，對作者生平、版本流傳、圖面内容、繪製方式進行了全方位的介紹，以期集中呈現傳統山川名勝輿圖的發展脉絡。相信本書的出版可以爲中國地圖史、歷史學、考古學、地理學、歷史地理學以及美術史等相關領域的研究，提供極其珍貴的第一手圖文并茂的資料。

第二，推動中國古代地圖的研究。山川名勝輿圖是中國古代地圖中一個别具特色的門類，這些輿圖脱胎於中國獨特的山水畫文化傳統，產生於人們長期的生產、生活實踐，在地理表現和空間信息之外，還有獨特的文化涵義，這在世界地圖史上是一個獨具特色的現象。以往的地圖史研究往往對全國總圖、政區地圖等疆域政區類型關注較多，而對於此類輿圖關注相對較少。而學界對於黃河圖的研究，往往集中於河道變遷、水利工程等歷史地理或水利史的角度，鮮少將其放進山川名勝輿圖的發展脈絡中予以觀察。總的來説，對於山川名勝圖繪發展脈絡的系統性、綜合性、文化性研究還有較大空間。因此，集成擬按類型、時間對中國古代山川名勝輿圖進行系統展示，以期對中國古代地圖的發展脈絡進行較爲全面地勾勒，對中國古代地圖史進行更爲全面地展示和研究，這將會極大地推動國內外對於中國古代地圖的學術研究。中國地圖（學）史在我國學科體系中往往歸屬於歷史地理文獻學或科學技術史中的地理學史，處於相對邊緣的地位，從事這一領域研究的學者數量也較少。而實際上，古地圖中折射出大量歷史、地理、藝術、文學、政治、思想信息，是思想史、藝術史、歷史地理等學科研究的重要素材，相信集成的出版，也能爲相關領域的研究提供更多寶貴材料，吸引更多優秀人才加入古代地圖的認識和研究中來。

第三，向全社會介紹和推廣山川名勝輿圖。國家圖書館所藏山川名勝輿圖文獻，其珍貴性、豐富性、系統性皆爲全國少有。這些輿圖反映了中國古代歷史悠久、源遠流長、特色鮮明的輿圖繪製傳統，是中華民族歷史文化寶庫中的絢麗瑰寶。通過十卷本《中國國家圖書館藏山川名勝輿圖集成》的出版，會使更多人關注、瞭解中國傳統山川名勝輿圖，去回顧和領略山川名勝輿圖的魅力，也讓更多人瞭解其價值與意義。優秀的國寶不應該再藏於秘府，更應該向全社會介紹和展示，讓其中的寶貴遺產在當代『活起來』，從而發揚傳統山川名勝輿圖的文化意義，弘揚其中凝結的中華民族的傳統智慧，爲堅定文化自信貢獻力量。

千里江山，萬里圖卷，《中國國家圖書館藏山川名勝輿圖集成》是首次大規模以山川名勝輿圖爲主題的集成性彙編圖録，我國古代流傳下來的輿圖數量非常有限，尤其是彩繪輿圖，更加無比珍貴，而如此將大體量的山川名勝輿圖篩選彙集編輯、撰寫提要、録入圖説，更是一項有難度、有價值的工作，某種程度上講也是一項具有開創意義且填補空白的工作。

樂爲之序。

二〇二一年四月於北京

凡例

一、本書爲《中國國家圖書館藏山川名勝輿圖集成》（共十卷）的集珍版，所收圖版、文字未做删減。《中國國家圖書館藏山川名勝輿圖集珍》收録七十四種一〇〇幅册，按主題分類編纂，分爲問水、尋山和游勝。其中問水包括長江、黄河、運河、湖泊及其他川圖五大類別，共計二十五種三十一幅册；尋山以五嶽、佛教名山、道教名山及其他山嶽四大類别，共計二十七種二十九幅册；游勝收録皇家園林與私家園林以及具有重要歷史意義的名勝古迹，共計二十二種四〇幅册。

二、全書收録輿圖的時間跨度上起金代，下迄民國，每種類型下均按照繪製年代或地圖表現的年代進行排序。

三、每種主圖均有文字介紹，一般由基本信息與内容提要兩部分組成。每幅地圖給出中文圖名，凡原圖具有編繪人姓名，一律給出作者名稱；多位作者，以取主要的兩人爲限。凡尚難確定者概以『不詳』標示。

四、每幅地圖一律給出繪製年代或地圖表現的年代，凡尚難確定繪製時間者，僅提供一個大致相當的時段，或説明地圖内容所表現的時代。凡時代有出入者，按照較晚的時代著録，不取較早的時代，避免將晚近摹繪本誤以爲早期作品。

五、凡確知印（繪）製地者，皆予以著録。

六、按絹本、紙本、石刻、拓本、木板等地圖載體詳細著録，凡繪本、刻印本、拓印本、石印本、刊印本及地圖之設色，均如實著録。

七、每幅地圖以内廓縱横尺寸計量，計量單位均以厘米計。

八、中國古代大部分輿圖并無比例尺，因此除計里畫方地圖之外，其餘地圖均不注明比例尺。

九、每件輿圖均詳細著録其原始收藏號、當前圖籍分類。

十、書中簡要介紹著録地圖的形式、覆蓋範圍、内容、淵源關係、學術價值、錯訛，以及地圖繪製的時代、作者、繪製技術和所反映的重要歷史信息。

十一、輿圖中除版刻文字題跋不予著録外，其他文字均予以釋文著録，其中闕字不識者以『囗』標示，脱字以『［］』標示。

十二、本書基本信息與内容提要部分的文字整理采用通用規範繁體字；釋文題跋部分的文字著録，爲避免失去真實性，依原圖皆保持原字，不做規範統一。

目録

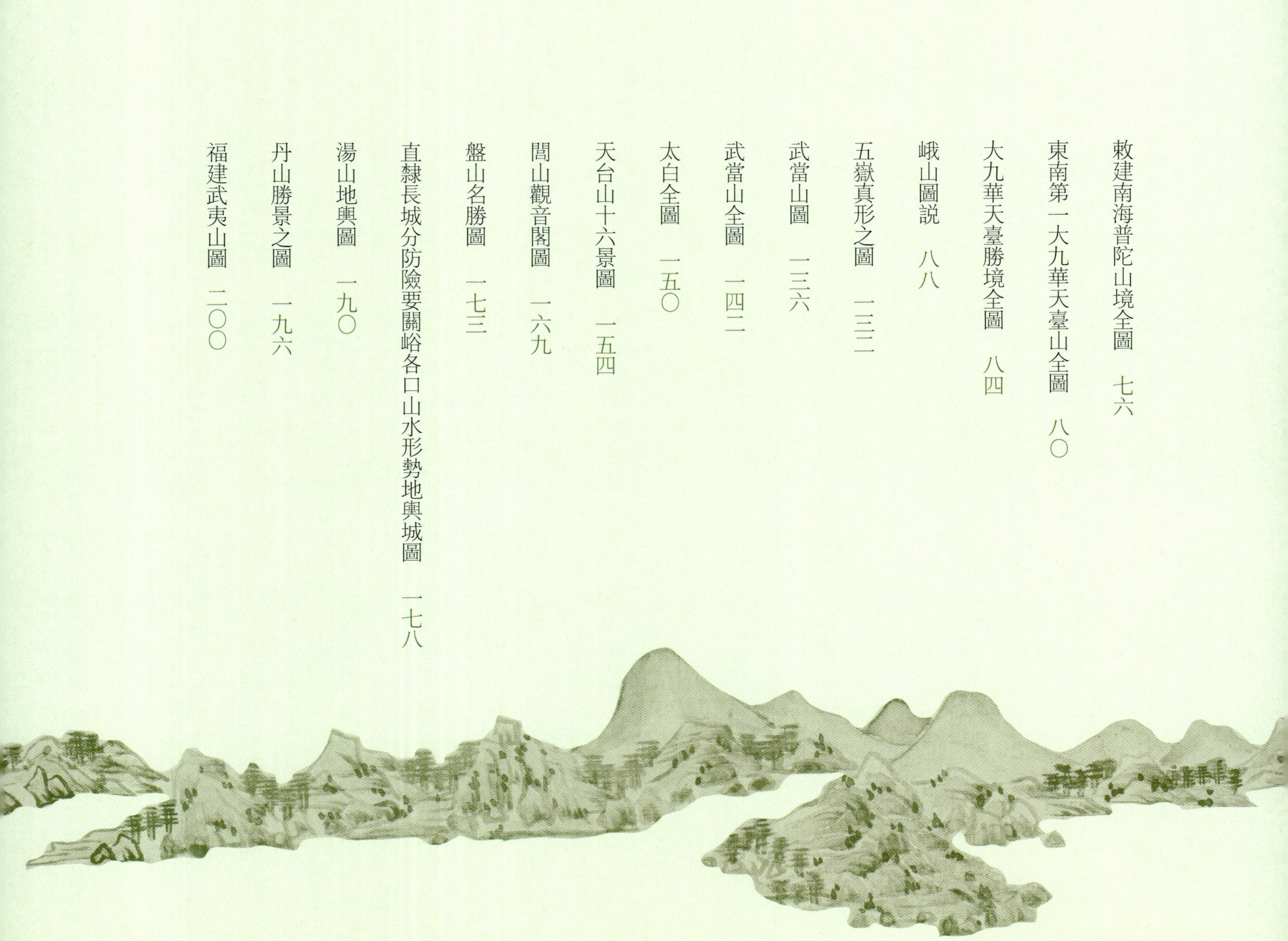

東台
華岩嶺
平章寺
碧山寺
明月池
長城嶺
湯泉寺
盧家庄
界牌
直隸界
台麓寺
射箭川
甘和村
海會庵
普濟寺
普安寺
前石佛
後石佛
尖營
茶房
萬佛閣
上鉄舖
下鉄舖
關帝廟
石嘴
古佛寺
金剛庫
南梁子
西庵村

大金承安重修中嶽廟圖

作　者　不詳
年　代　金承安五年（一二〇〇）
類　型　單色石刻拓本
載體形態　一幅
尺　寸　縱一三三厘米，橫六九厘米
索書號　213.153/074.72/1198

碑刻墨拓本，從拓片形態來看，此圖碑圓首方趺，其上方書寫圖名『大金承安重修中嶽廟圖』，下方左側注文『修廟接手官忠勇校尉河南府録事宋元立石』，又有小字『承安五年三月中旬休日』，下方右側注有『尚書省委差監修太中大夫同知河南尹事梁襄』字樣。這些文字交代了本圖碑的製作時間和製作者等信息，説明此碑爲金承安五年（一二〇〇）三月重修中嶽廟時所立。

嵩山地處今河南省登封市境内，爲五嶽之中嶽。嵩山以高峻著稱，其主峰有少室山和太室山，中嶽廟就位於太室山東麓的黄蓋峰下。中嶽廟原爲祭祀太室山神的場所，後發展成爲道教聖地，歷朝歷代曾多次增修、擴建，中嶽廟建築既保存了傳統禮制建築的規制，又藴含了濃郁的道教文化氣息，其中分布着多處殿宇、樓閣、古碑、古柏等，是中原地區一處規模宏大的古建築群。

《大金承安重修中嶽廟圖》圖幅較大、刻繪精細，全圖以平立面結合的方式繪製了中嶽廟的建築形制。全圖主要采用陰綫刻繪，較全面地表現了中嶽廟内部的建築情况。各處亭臺樓閣的規制都清晰可見，具體而言，有正陽門、東華門、電君殿、東嶽殿、山雷公、西嶽殿、土宿殿等，相應地點輔以文字標注。除了主要建築之外，圖中還表現了《嵩高靈廟碑》等石碑文物，建築空白處還間以樹木裝飾，顯得布局緊凑、錯落有致，也保存了許多細節。整體看來，中嶽廟氣勢雄偉、規格整飭，建築布局嚴謹，透露出濃鬱的歷史人文氣息。

《大金承安重修中嶽廟圖》較完整地保存了金代重修中嶽廟的建築情况，爲我們研究金代建築情况提供了寶貴的資料。此碑目前存於中嶽廟内。

大金承安重修中嶽廟圖

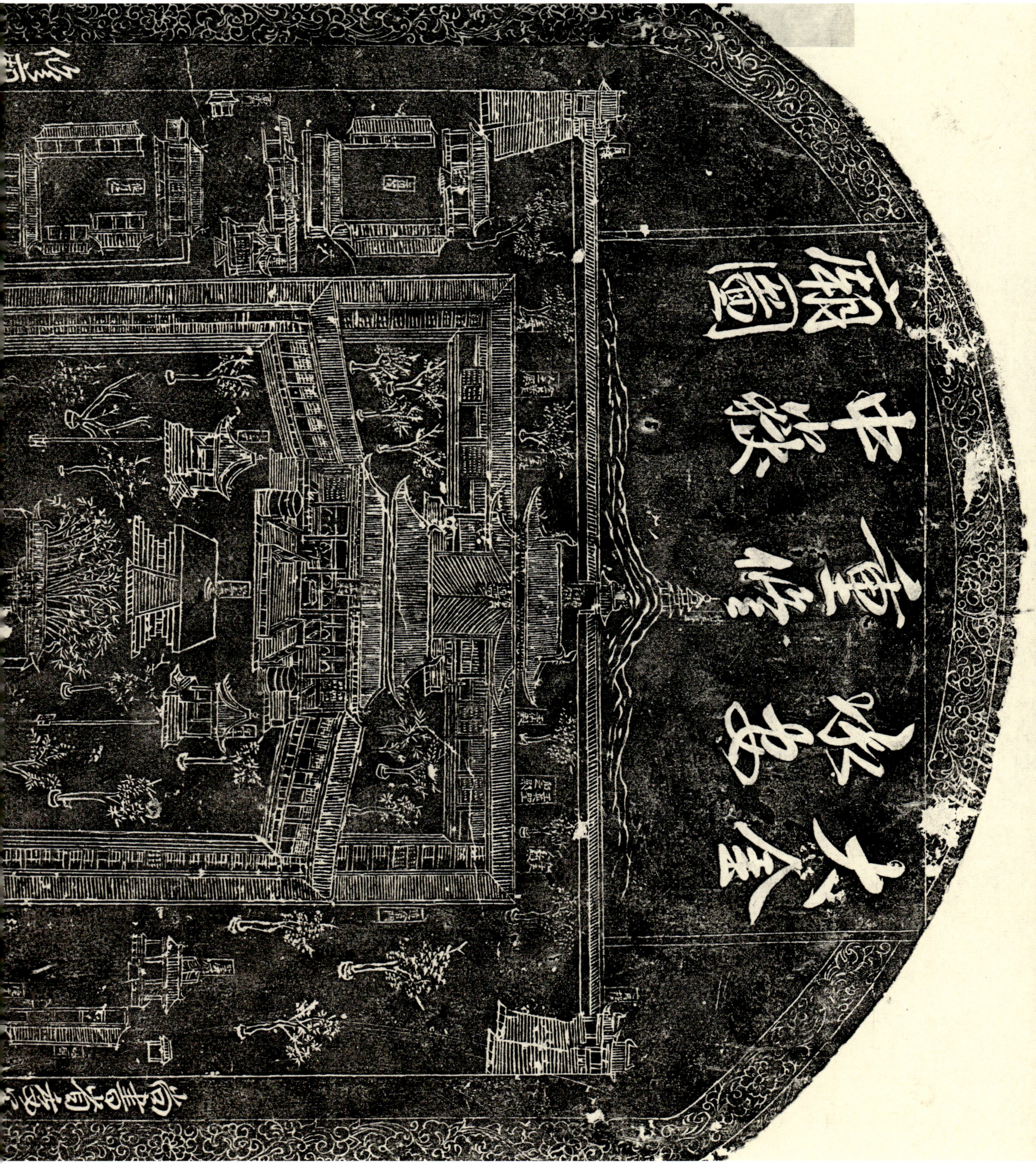
大金承安重修中嶽廟圖

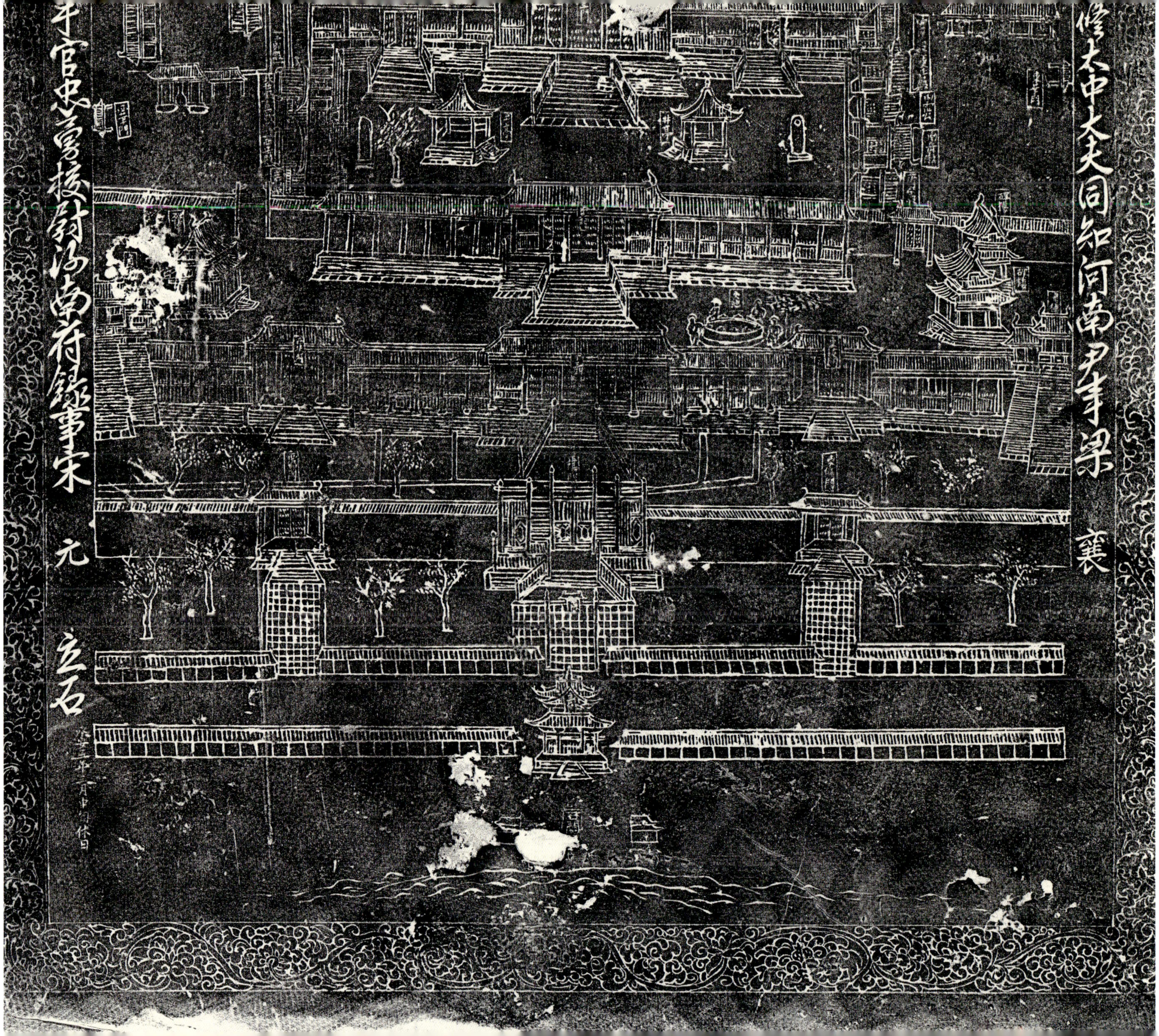
修太中大夫同知河南尹事梁 襄
官忠翊校尉河南府録事宋 元 立石

太華山全圖

作　者　（明）戴鳳繪

年　代　明萬曆四十三年（一六一五）

類　型　單色刻石拓本

載體形態　一幅

尺　寸　縱七九厘米，橫一七二厘米

索 書 號　215.452/074.3/1615

陝西華陰縣知縣王九疇立石。國家圖書館藏墨拓本一幅，拓印時間不詳。太華山即西嶽華山，位於今陝西省華陰市。華山地處中原腹地，南接秦嶺，北瞰黃河，以奇峰突兀、山巒險峻著稱於世。華山一名很早就見於典籍記載，《山海經》載：『太華之山，削成而四方，其高五千仞，其廣十里，鳥獸莫居。』華山作爲中原名勝，五嶽之一，歷來受到尊崇。古往今來無數文人墨客到訪華山，留下衆多詩賦、繪畫作品，華山也成爲一座當之無愧的文化名山。

《太華山全圖》采用山水畫法，先繪出山體和山形，再在其上標識若干具體地名，圖幅精美開闊，畫面疏朗有致，全圖以南峰、西峰、東峰爲視覺中心，三峰并峙，高聳入雲，形成畫面最高點。圖像對這一區域進行了誇張處理，三峰『削成萬仞，秀出雲漢』，又有群山環繞，呈拱衛之勢，更顯高峻之態，符合《水經注》『遠而望之若華狀』的描述。由於圖幅較寬，繪製者將環繞三峰的群山橫向展開，在綿延的山石之中，間以房屋、草木點綴，又以水流、小徑穿插其間，畫面顯得主次分明、生動有趣，全圖具有非常高的藝術價值。

《太華山全圖》中羅列了華山上的地名，有桃林坪、雲臺觀、毛女洞、北斗坪、水蓮洞、莎蘿坪、玉泉院、希夷峽、白雲峰、仙犁洞、楊伯僑先生教習諸生處、大上方、小上方、五龍宮、西

嶽廟、黃河等。其中，既有山上的坪、洞、山峰等自然景觀，亦包括五龍宮、西嶽廟等重要建築物，還標識了楊伯僑活動處等文化名勝，全圖介紹全面、清晰、細緻。讀者覽之即可對華山名勝有直觀印象。

畫面上方空白處，鐫刻了歷代文人歌咏華山的詩篇十一篇，作者上至前代文豪如王維、李白、杜甫，下至當時名彦李夢陽、李攀龍等。詩作之後有署名王九疇的碑記一篇，原文爲：『域中嶽有五，古今所并仰者，惟取華嶽，蓋三峰插漢，峭削天成，而萬山環繞，宛然拱極之象，在嶽中爲獨秀，諸咏述詳哉其言之矣。邑舊有圖，立刻狹小，不能盡羅列形勝，且摹之者衆，歲久不無罅缺，兹重鐫圖，前代迄我朝諸碩彦文頌序記詩賦甚繁，具全集中，不能概刻，間刻詩數首於圖後，觀者一披玩而勝概具在目中，庶快其仰止之思云。萬曆乙卯華陰縣事南陽王九疇書。』從碑記來看，華山圖原有舊碑，由於舊碑狹小不能窮盡華山的名勝，而且臨摹者衆多導致石碑殘缺，因此重新刻石，又從歷代歌咏華山的文集中選取數首刻於圖上。除了王九疇碑記之外，碑上還鐫刻了崇禎年間翁李楷、范文光、李宗儀游太華題刻各一段。碑文、詩作與輿圖相輔相成，使得此圖除地圖的實用功能之外，更兼具了文化意義與藝術價值。

據清王士俊等監修《河南通志》記載：『王九疇，字叙吾，鄧州人，萬曆己酉舉人，任華陰縣，自潼關以西，植楊柳數萬株，行人終日在柳陰中，時比之江東，其惠政百姓猶歌之。』據這一記載，王九疇爲萬曆三十七年（一六〇九）進士，曾任華陰知縣。他在任期間編有《華陰縣志》八卷，此書中亦有《西嶽圖》一幅，此圖與石上畫法有一脉相承之處，祇是圖幅較爲簡單，可能是受限於刻本篇幅，此書有明萬曆二十四年刻本存世，藏於國家圖書館。

此圖内容全面，藝術技法高超，對研究華山圖繪和相關區域早期地理情況有較大的參考價值。

古今名賢詩附

崇禎戊辰季秋東海李宗儀来觀

西嶽出浮雲積翠在太清連天凝黛色百里遥青冥白日為大寒森沉華陰城昔聞乾坤閉造化生巨靈右足踏方山左手推削成天地忽開拆大河注東溟遂為西峙嶽雄雄鎮秦京大君包覆載至德被群生上帝佇昭告金天思奉迎人祇望幸久何獨禪云亭

王維

西嶽崢嶸何壯哉黃河如絲天際來黃河萬里觸山動盤渦轂轉秦地雷榮光休氣紛五彩千年一清聖人在巨靈咆哮擘兩山洪波噴流射東海三峰却立如欲摧翠崖丹谷高掌開白帝金精運元氣石作蓮花雲作臺雲臺閣道連窈冥中有不死丹丘生明星玉女備灑掃麻姑搔背指爪輕我皇手把天地户丹丘談天與天語九重出入生光輝東海蓬萊復西歸玉漿倘惠故人飲騎二茅龍上天飛

李白

西岳崚嶒竦處尊諸峰羅立似兒孫安得仙人九節杖拄到玉女洗頭盆車箱入谷無歸路箭栝通天有一門稍待秋風涼冷後高尋白帝問真源

杜甫

洛邑得休告華山窮絶陘倚岩睨海浪引袖拂

毛識乃鐫銘
韓愈
歎茲不能寐焚柏吟道篇
孟郊
為愛西峰好吟頭盡日昂岳花紅作陣
溪水綠成行
空言春巡守此處是仙鄉
陳摶
西行循竹走雲根引入蓮峰山下村
宋錦琦
太華半峰五千仞
邱濬
為首嵯峨是華山三峰削出
薛瑄
有嶽雄西土三峰插渭川首方朝白帝分野陳金
天巡矣咸靈赫奕哉秩望虞
寶籙七聖演
南峯
西峯
北斗坪
小蓮洞
玉泉院
五龍宮

…誦乃鐫銘

韓愈

華嶽獨靈異草木恒新鮮山盡五色石水無一色泉
仙酒不醉人仙芝皆延年夜聞明星館時韻女蘿弦
敬茲不能寐焚柏吟道篇　孟郊

為愛西峰好吟頭盡日昂岩花紅作陣
溪溜綠成行幾夜礙新月半山無夕陽
寄言嘉遯客此處是仙鄉　陳摶

西行循竹來雲根引入蓮峰山下村病亭
碓寬安氣毋幽亭汾葉屐山外金雄湘玉
遠子灘出玉滿聲喧萬馬奔塵漢宮勞
無計處留歸路已黃昏　宋韓琦

太華中峰五千仞不曾太道人從意當時
馬上回首十載青霓猶過關生平素山之
未至由於盡天下山求如華以是難得
使人消得一生閒　邵雍

馬首嶙峋是華山三峰削玉寫高寒層
陰靄接黃河水素色常連紫氣關只
有煙霞生洞府總無塵土翳林巒西望
古山靈跡擬與雲林傍細窮　薛瑄

有嶽雄西土三峰插渭川省方朝白帝分野障金
天邈矣咸靈赫兩哉秩望虞百王開寶籙七聖演
瑤編綺殿丹青列文爲俎豆聯風雲蒸大壑日月

鑾鈎繡幰相鮮蒼龕摇金壁之蒼青紫烟石膏
滲瀣結鐘乳滴猶烈右壓秦胡壯南邑漢鄧偏徙
追散馬日緬懷祖龍年前恬通神戶雲臺紀牒
豈惟極鳳侶亦以邀鸞賢方士騎茅狗友人椽石蓮峯
惟雌窮窕極高帳拔緑陰井邀雷馭陽崖起電從卿
遊凌絕頂不為學神仙　李夢陽

華頂岩嶤四望開正逢蕭瑟氣悲哉黄河忽墜三
峰下秋色遥從萬里來北極風塵還郡國中
原日月自樓臺　君王倘問傳人掌願上芙
容露一杯

縹緲直探白帝宮三峰無日為誰雄蒼龍半掛
秦川雨石馬長嘶漢苑風地敞中原何日盡天回望裡
夕陽空平生突兀看人意容易深知造化
工　[illegible]

青柯高樹倚山深老人雲刻幽幽𡗗山性源
頭須奇篛觀雲起雲出雲消三峰盡影
[illegible]淳九幽豈知河華嵩山[illegible]
風雨殘石年之[illegible]　馮從吾

右中嶽有五古今稱並仰者惟泰華嶽蓋三峰插漢峭削天成而
萬山環繞宛然拱極之象在嶽中為獨秀諸詠述詳哉其言之
矣邑舊有圖立刻㧞不能盡羅列形勝且舉之者無殿久不無
[illegible]缺茲重鐫圖前代迄我
朝諸顯彥文賦序記詩賦甚夥具全集中不能槃刻聞刻詩數首於
圖後觀者一披玩而勝槩具在目中庶快其仰止之思云
萬曆乙酉　[illegible]陰縣事南陽王九疇書

余山居最久山之神跡皆出天
不使知山之貌也觀者應知此耳
崇禎癸未河濱山人
翁李楷題

秋日遊太華因題其圖
上山不如山形下山不如山彩色相違
能傳妙在山自者　三峰日如
見圖何居此百合似他方石多成
西華山
崇禎戊辰寫西仲閣范文光書

太華全圖

作　者　（清）賈鉉製，李士龍、卜世合鐫

年　代　清康熙三十九年（一七〇〇）

類　型　單色刻石拓本

載體形態　一幅

尺　寸　縱一三〇厘米，寬六九厘米

索書號　215.452/074.3/1700

三秦觀察使賈鉉立石，國家圖書館藏墨拓本一幅。根據右下題款，此圖爲楚黄李士龍、青門卜世合鐫。從拓片形態來看，此碑已經從中間斷開。

此圖左上方有賈鉉題識：『華於五嶽爲極峻，直上四十里，緣鐵繘，躋奇險，載在志乘。余巡驛關中，於己卯三月二十日，母難之辰，親登南峰，作詩紀事。明年庚辰五月，復以亢陽禱雨，二宿榭廟之前，灌木蔽塞，不能肆眺，乃以文告神，伐去亂木，於是諸景畢露，洵爲大觀。山人小史王弘撰以華向無善圖，索余繪此刻石，與余《太白山圖》并傳焉，後之覽者庶知山靈面目耳。』根據這段文字，賈鉉曾於康熙己卯年（一六九九）登上華山南峰，并作詩紀事，次年五月祈雨又經過華山，因此繪製此圖。

《太華全圖》采用山水畫法，以華嶽諸峰爲主要表現對象，全圖氣勢磅礴，與以往的華山圖一樣，重點突顯南峰、西峰、東峰。自上而下觀之，三峰并峙，高聳入雲，奇峰聳立，如若削成。三峰之下有雲氣環繞，又有諸峰起伏，層巒拱衛，富有層次感，在以大筆觸勾勒山體的同時，圖中還細膩地描繪了各類樹木、石、瀑布、房屋等，全圖畫面生動高遠，疏密有致，充分展示了華山山勢陡峭、峭壁千仞的特點，令人望之則生敬畏之感。其氣勢之壯偉、手筆之闊大，堪稱歷代華山圖中的珍品。

圖中標識了山中的山峰、古迹、名勝、廟宇、行宫等約五十餘處，有白雲峰、猢猻愁、長春石室、千尺幢、雲峰岩、鐵牛臺、犁溝、擦耳岩、韓昌黎投書處、玉女祠、巨靈峰、岩照壁、玉女峰、下北石處、月石、青柯坪、迴心石、莎蘿坪、玉泉院等，圖中雖未明確記載景點之間的距離，但也以斷續綫條表現了山中道路情况。

賈鉉，字玉萬，號可齋，山西臨汾人，清馮金伯《國朝畫識》記載其『精蘭竹，風晴雨露無不各肖，兼擅荷花，名噪都下』。清張庚《國朝畫徵録》載：『賈鉉，字玉萬，號可齋，臨汾人，工竹石及折枝花，喜用瘦筆乾墨，風味澹逸，若不火食者，出守黄州，嘗畫竹題識，命工人鐫諸石，置赤壁人所游歷必經之地，其汲汲於名如此，所畫百石圖，奇詭盡變，見稱藝林。』根據這段評論，賈鉉『好名』，曾經繪製竹圖，鐫刻石上，置於赤壁供人觀覽，這與其製作《太華山圖》的行爲有異曲同工之處。

此碑目前藏於陝西西安碑林，除了國家圖書館外，大連圖書館等也藏有拓本。

太華全圖

太華全圖
華於五嶽爲極峻上上四十里緣鐵繡躋奇險載在志乘余
巡驛關中於己卯三月二十日毋雍之辰親登南峯作詩紀事
明年庚辰五月復以元陽禱雨三宫棲庵前淹不霽塞宗
綠緈此乃以文告神伐去亂木於是諸景畢露洵爲大觀山人
小史王弘撰以善向余善圖索余繪之刻石與余太白山圖并傳
爲後之覧者庶知山靈面目耳
是歲重九日三秦觀察使河

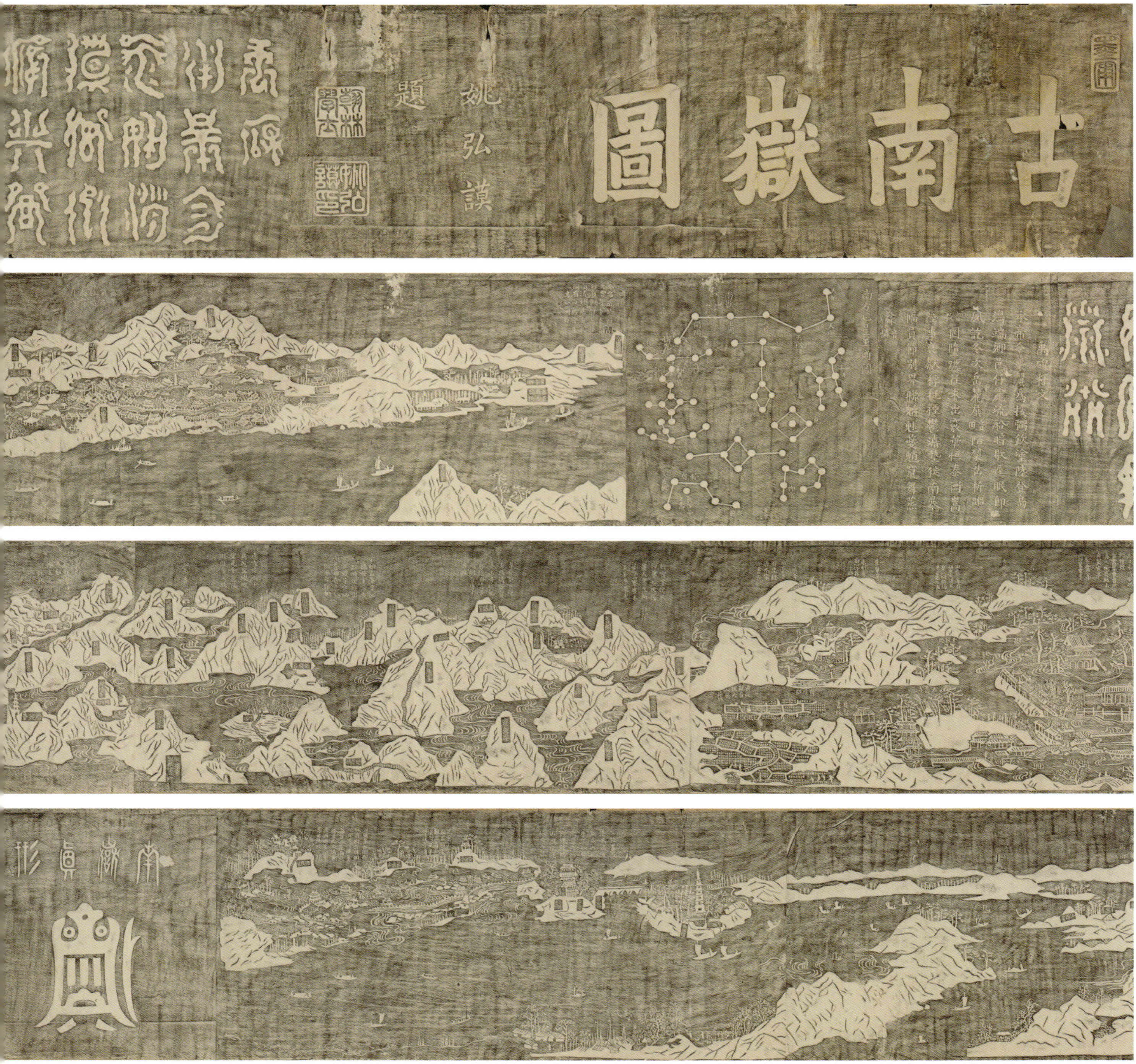

古南嶽圖

作　者　（明）越州素庵氏輯勒、天靈氏鎸

年　代　約明嘉靖年間

類　型　單色拓本

載體形態　一幅長卷

尺　寸　縱三二厘米，橫六〇三厘米

索書號　226.512/074.3/

此圖爲卷軸形式，詳細描繪了南嶽七十二峰及其周圍的自然與人文景觀，并爲各處景點注上了專門的史迹説明。

圖名『古南嶽圖』四字據題款爲姚弘謨書寫，圖名左上方有『墨圃』印，右側有『翰林學士』『姚弘謨印』兩方。圖幅末端的兩方印交代了《古南嶽圖》的製作者，印文分别爲『天靈氏鎸』和『越州素庵氏輯勒南嶽圖』。圖前附有《南方七星玉衡圖》及禹碑釋文。其中《南方七星玉衡圖》展示了衡山在天上星宿分野中對應軫星，體現了傳統天地人合一的宇宙觀念。禹王碑坐落於長沙市嶽麓山北峰，據傳與大禹在治水時來此祈禱有關。它們出現在圖卷的起始處，從天文和歷史兩個方面，彰顯了衡山的獨特地位。

姚弘謨，字繼文，號禹門，浙江秀水縣人，嘉靖癸丑年（一五五三）進士，選庶吉士，授翰林院編修，曾任湖廣按察司督學副使，南京太常寺少卿等。《傳是樓書目》載姚弘謨著《衡嶽志》四册十三卷。《千頃堂書目》也載有『姚弘謨重修《衡嶽志》十三卷。檇李人，督學，隆慶中修』。根據《四庫全書總目提要》的説法，此版《衡嶽志》爲姚弘謨在嘉靖年間彭簪所撰八卷本的基礎上重訂而成：『弘謨，秀水人，嘉靖癸丑進士，官至吏部左侍郎，其書成於隆慶辛未，時提督湖廣學政，應知縣章宜之請，續此編云。』隆慶辛未

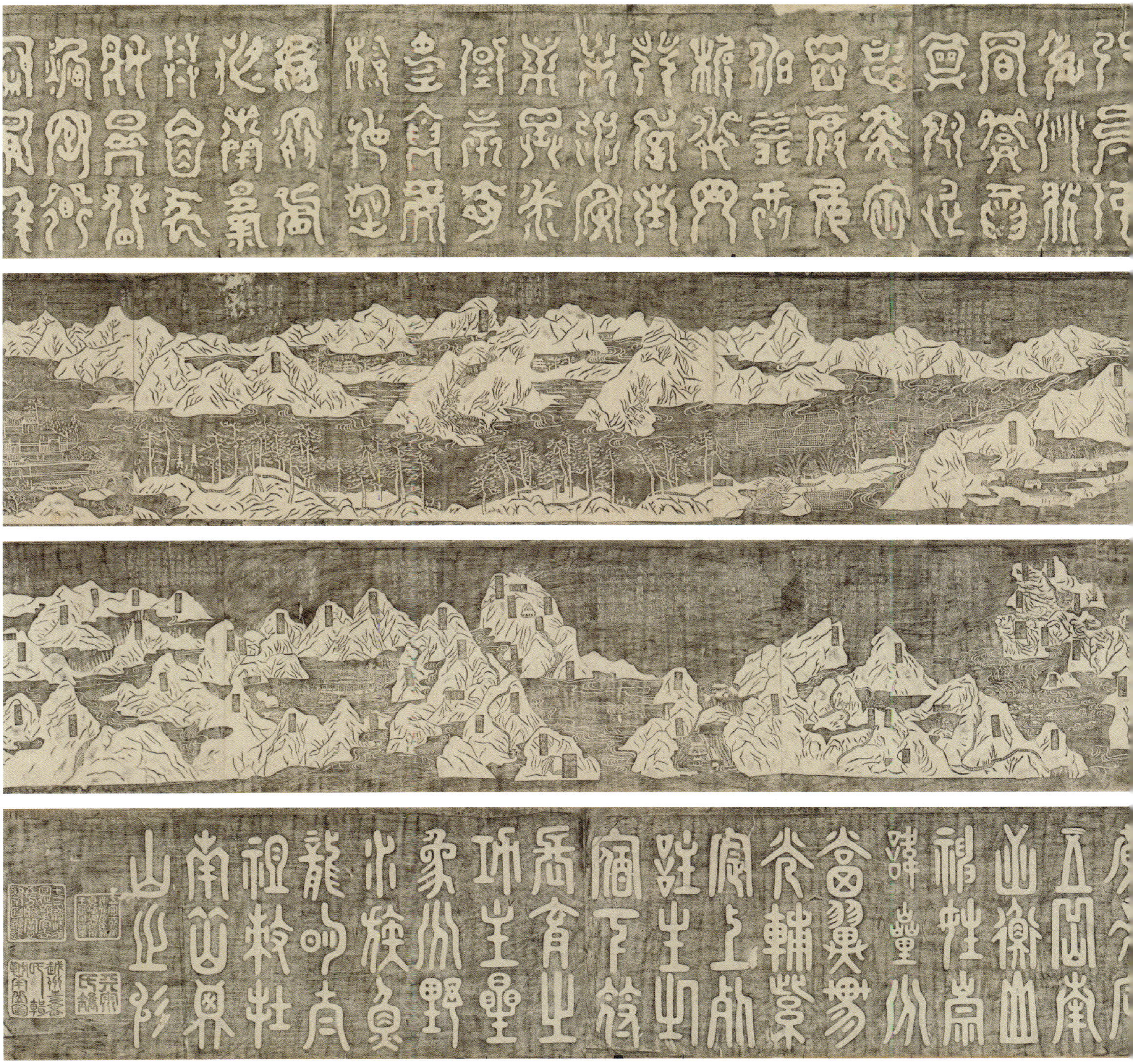

年爲隆慶五年（一五七一），而《古南嶽圖》中出現得較晚的爲側刀峰：『嘉靖趙大洲建閣念佛，其中十方呼爲豆兒佛。』説明其鎸刻年代應在嘉靖或之後。據此可以推測，這幅《古南嶽圖》的鎸刻可能與姚氏重編《衡嶽志》的行爲有關。

《古南嶽圖》以湘江爲視覺基點，介紹了湘江沿途的衡嶽七十二峰情况。圖幅較長，圖中的文字介紹比較詳細，對於一些重要的名勝古迹有專門介紹。全圖詳細標繪了衡山從嶽麓峰到迴雁峰的各處山峰、岩洞、寺廟、平臺、道觀、宫殿等，中間穿插了衡山縣城、衡州府城等城市及行政建制建築。文字介紹大多與道教相關，如『紫霄峰，東晋莊真人飛升處，上有駕鶴亭』，『軫宿峰，漢天師第七代孫獲天書之所』，『翠鷲峰，唐末王生修煉處』。也有些與佛教相關，如『文殊峰，唐宣宗太子慕道，至峻坡，望見金色瑞相，因名文殊』，『未明峰，鄭仙修真思禪師道場』，『側刀峰，惠車子修行處，嘉靖趙大洲建閣念佛，其中十方呼爲豆兒佛』。還有一些介紹了相關地點的景致情况，如『吐霧峰，雲氣升騰，雖晴亦雨，霧開則晴』，『紫蓋峰乃朱陵洞天之源，諸峰皆向祝融，而比峰獨有面』。這些介紹文字與圖畫可容相得益彰，讀者覽之即可對衡山諸峰的情况有較清晰的瞭解。

《古南嶽圖》全圖風格接近，簡筆漫畫，綫條相對樸拙，雖然筆觸簡單，却描繪到位，傳達出生動意藴。圖幅結合陰刻與陽刻，水面多爲陰刻，山體以陽刻爲主，展現出青山緑水的獨特美感。圖幅細節豐富，水中有小舟點綴，道路上也有姿態各異的行人三三兩兩。卷軸長達六米多，圖幅内容較爲豐富，是一幅兼具藝術價值和史料價值的傳統輿圖作品。

古南嶽圖

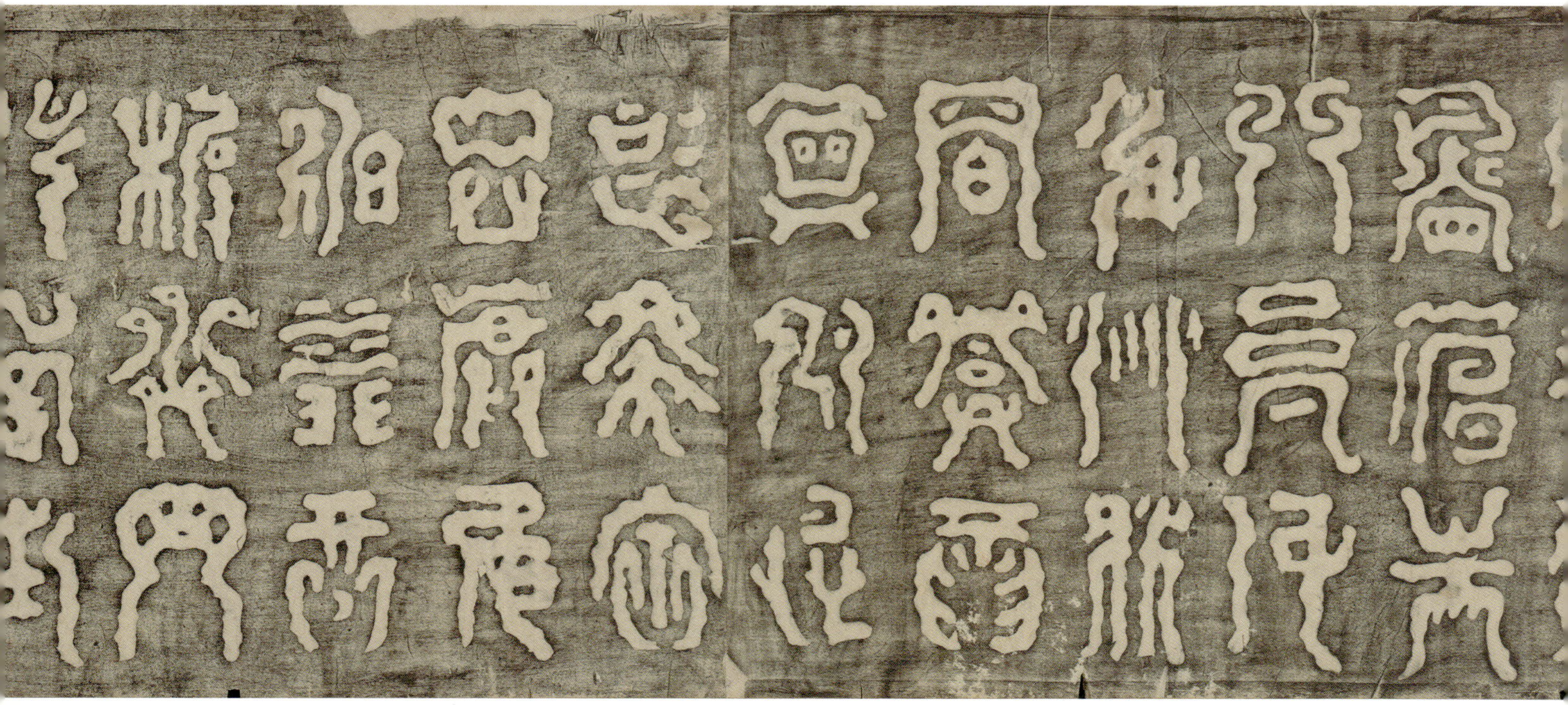

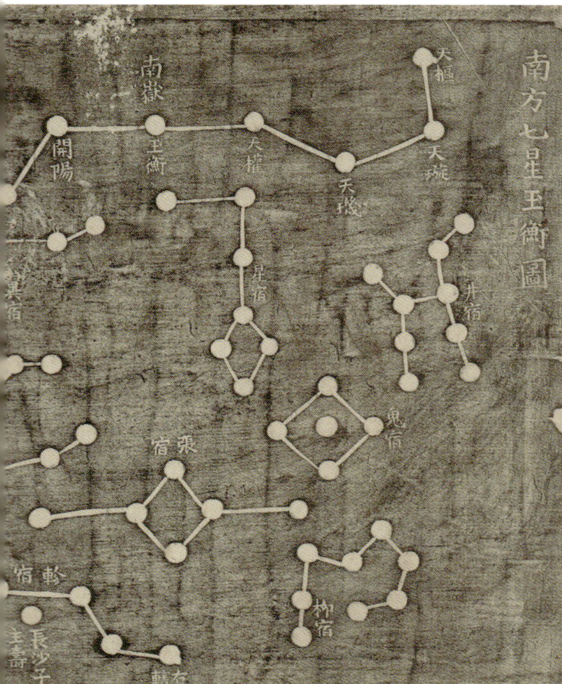

禹碑釋文

承帝令龔翼爲援弼欽塗陸登島
瀉端鄉邑仔龐流船暗歇遅眠卽
夙訖冬次岳麓屏音田陌裂岳析詔
音敎罔隨蠡往求出敷華恒泰衡嵩
陘事哀獻桴挺禋鬱濤塾徙南暴
幅員節別界聯魑魅夔魈竄舞蒸
粦音燐

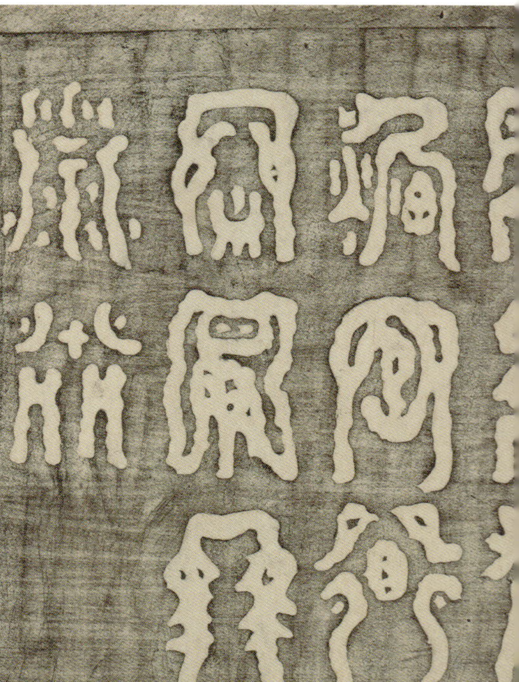

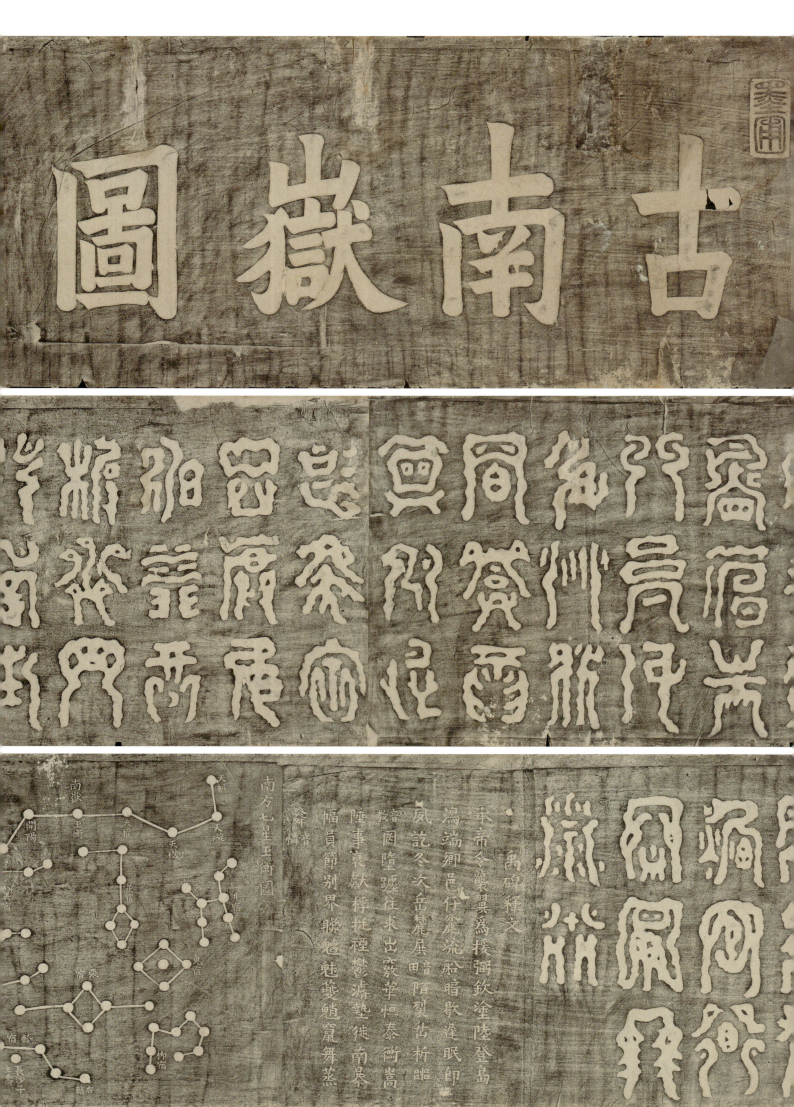

姚弘謨題

九女峯
水簾洞

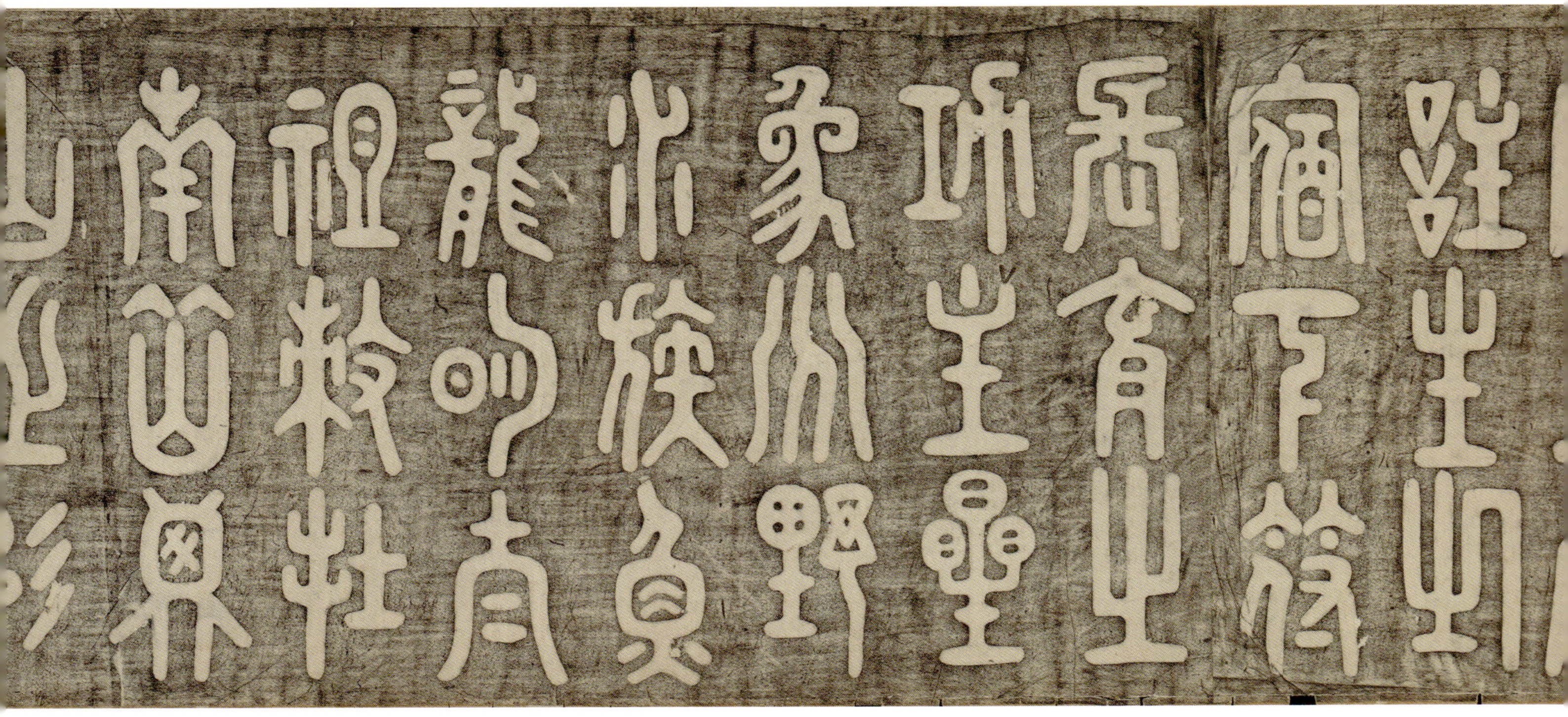

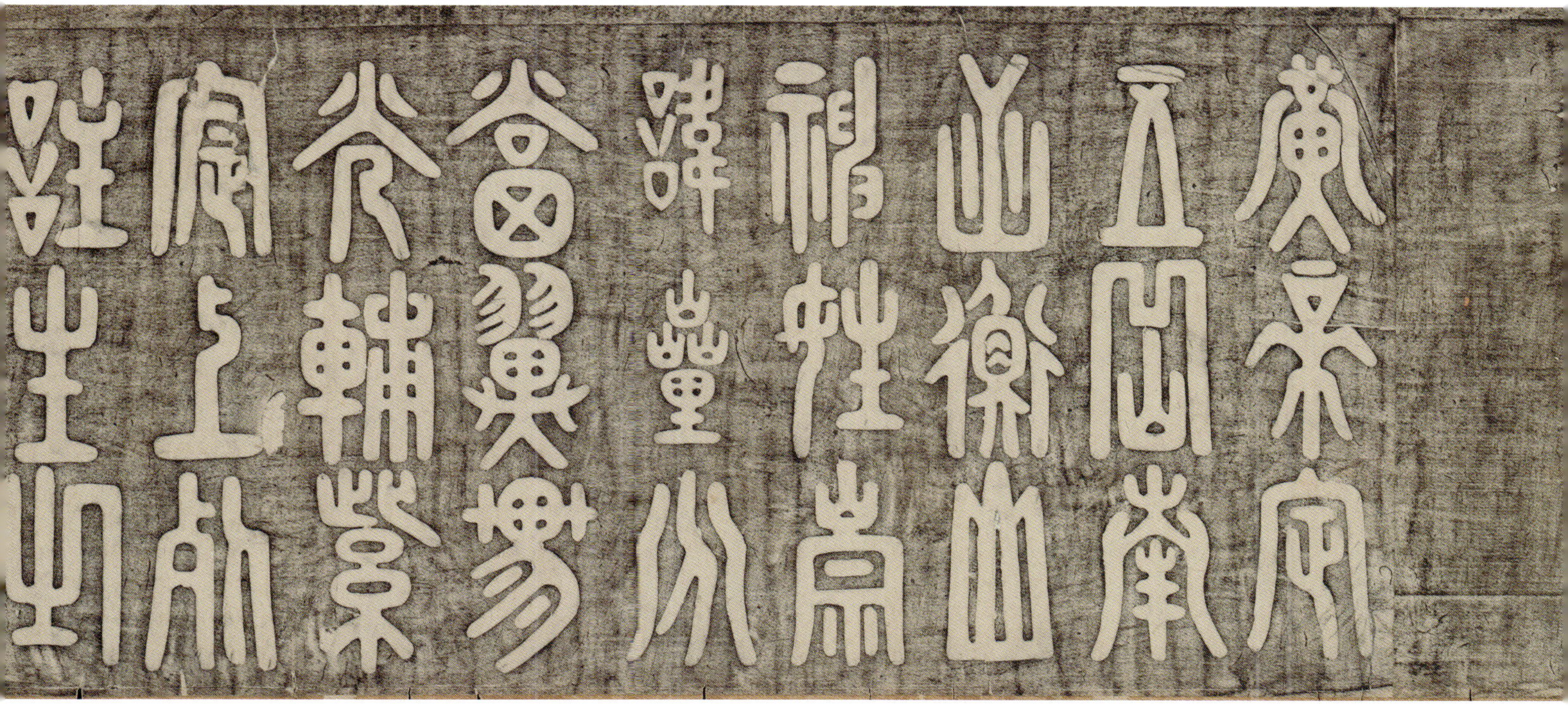

南嶽全圖

作　者 不詳
年　代 清末期
類　型 紙本彩繪
載體形態 一幅長卷
尺　寸 縱三三厘米，橫二一一厘米
索書號 226.51/074.3/1870

圖卷首端有印章一方，末端有印章兩方。此圖采用山水畫法，形象生動地描繪了長沙省城、衡州府、湘潭縣、衡山縣等城池，以及南嶽諸峰、廟宇、古塔和湘江中的行船、小洲等，畫面精美，色彩鮮艷。

衡山位於湖南省東南部，綿延於衡陽、湘潭境内，爲五嶽之南嶽。衡山群巒叠嶂，風光秀美，南起衡陽迴雁峰，北至長沙嶽麓山，有『南嶽七十二峰』之稱。衡山一名很早就見諸文獻記載，《尚書・虞書》曰：『（舜）五月南巡狩，至於南嶽。』衡山歷史悠久，名勝古迹衆多，有深厚的人文底蘊。作爲五嶽之一，衡山歷來受到帝王青睞，這裏還是著名的佛道勝地，山上有寺廟道觀多處，道教之『三十六洞天，七十二福地』，就有四處位於衡山。

《南嶽全圖》沿湘江從北到南展開畫面，較全面地展示了從長沙省城到衡州府城的南嶽諸峰情況。圖幅從長沙省城開始，清晰地繪出了省城規制，省城以西與其一水之隔爲嶽麓山，以及水中的水陸洲和牛頭洲。接着畫面過渡到湘江以西的湘潭縣城，以及綿延的屏嶂峰、紫蓋峰、碧雲峰、白雲峰、華蓋峰、九女峰、碧岫峰等。隨後延伸到衡山縣城，有雲隱峰、巾紫峰、紫巾臺、吐霧峰、雲密峰環繞縣城，縣城周圍還有清凉寺、狀元坊等建築。接下來是南嶽的主體部分，圖的這一部分没有出現湘江，而以山脚下的南嶽廟爲全圖的視覺中心，此處廟宇被描繪得非常細緻，大小也明顯超出實際比例，這種突出建築的畫法，在傳統山嶽輿圖中比較有代表性。廟前有『天下南嶽』四字牌匾。自廟宇往上是一條上山路徑，順着南天門，一直蜿蜒延伸到南嶽最高峰『祝融峰』上的殿宇，此殿原名老聖帝殿，又稱祝融殿，石墻鐵瓦，屹立於峰頂。鐵瓦殿附近還有望日臺、舍利塔、上封寺、觀音岩、念庵松、獅子泉等景觀。除此之外，其餘諸峰也林立周圍，頗有氣勢。畫面的末端是衡州

府城，此處有文殊峰、紅花峰、岣嶁峰、觀音峰、蓮花峰、禹王峰、獅子峰、雲龍峰、雷祖峰、迴雁峰等景觀。

此圖并未標注作者和年代等信息，但據史書記載，清康熙三年（一六六四）分湖廣爲湖南、湖北省，雍正元年（一七二三）設湖南布政使司，雍正二年（一七二四）改偏沅巡撫爲湖南巡撫。經過這一系列建制變動，長沙城方成爲湖南省會。而圖中將長沙稱爲省城，因此此圖應繪製於清中期以後。此圖繪製精美，內容詳細，是研究清代後期南嶽情況的重要參考資料。

國家圖書館目前藏有此圖的三個版本，另兩個版本皆爲彩繪，一爲經摺裝，一爲卷軸裝。雖然細節處有所不同，但內容基本一致，應屬於同一圖系。除國家圖書館所藏兩版《南嶽全圖》之外，大連圖書館也藏有一幅《湖南六十八峰圖》，圖末端題識『衡山梁成魁寫』，另有印章兩方，模糊難以辨認。全圖縱三〇厘米，橫四二五厘米，內容和圖繪風格與國圖藏《南嶽全圖》基本一致。

嶽麓峰
水陸洲
長沙省城

湘潭縣城
石廩峰
昭山

紫蓋峰
石囷峰
金簡峰
華蓋峰
祖師殿
鳳尾峰

駕鶴峰
白雲峰
流杯池
紫巾台
白馬峰
衡山縣城
清涼寺
狀元坊
崇文塔
採霞峰

上封寺
觀音岩
望日台
喜陽峰
日華峰
獅子巢
南天門
惠日峰
朝日峰
青岑峰
仙頂峰
獅子峰
天台峰
安上峰
翠鸞峰
前岩峰
祥光峰
天柱峰
天堂峰
妙高峰
瑞鹿峰
半山亭
芙蓉峰
赤帝峰
雲隱峰
仙岩峰
九女峰
朱明峰
烟霞峰
雲居峰
祝聖寺

觀音峰
雷祖峰
白石峰
衡州府城
青草橋
石鼓嘴
東洲
江東岸
國立北平圖書館藏圖

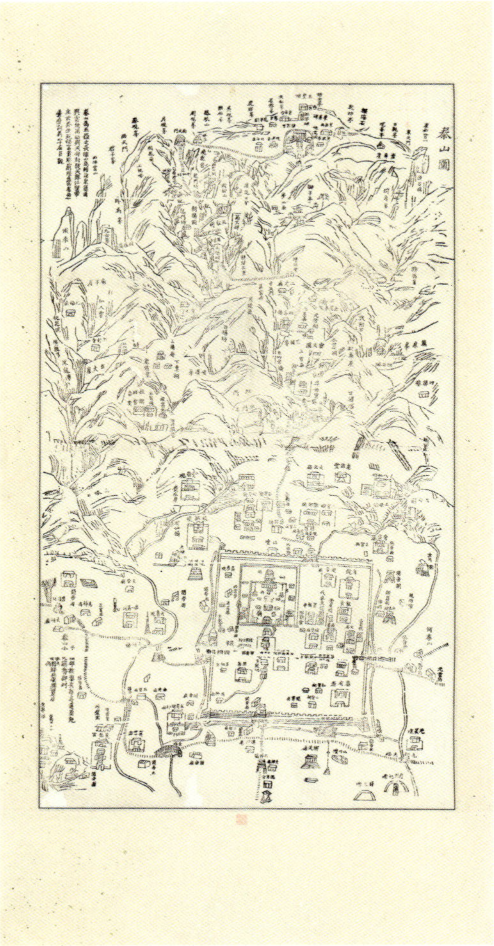

泰山圖

作者 順興畫店製

年代 民國二十四年（一九三五）

類型 單色刻本

載體形態 一幅

尺寸 縱一一〇厘米，橫六三厘米

索書號 （212.101）/074.3/1908-2

從圖像形態看，原版略有斷版。圖右上角書寫圖名『泰山圖』，左上角有説明文字『泰山爲五嶽之長，環山爲輔，諸泉匯通，興雲致雨，功興天侔，封號天齊仁聖帝，主世界生死、禍富、貴賤、窮隆。盘由峰岩叠叠詞爲宇宙巨觀』。這段文字簡要介紹了泰山的情況，其中『生死禍富』之『富』應爲『福』字之誤。除此之外，此圖左下方還有一段介紹文字：『二（十）四年，按《泰安縣志》《道里記》《泰山小史》諸書新刊，泰安大關街路北順興畫店。』考《泰安縣志》有乾隆、道光等版本，難以判斷此圖所題本爲哪個版本。《泰山小史》一書爲明末期蕭協中撰寫，有清乾隆五十四年（一七八九）刻本。《泰山道里記》爲清聶鈫所撰，作於乾隆乙酉（一七六五）至壬辰年（一七七二），有清乾隆三十八年（一七七三）和光緒四年（一八七八）刻本。總體來看，此圖參考了成書於乾隆三十七年（一七七二）的《泰山道里記》一書，因此圖中的『二十四年』應是乾隆以後的年份。

泰山爲五嶽之東嶽，位於今山東省中部，又稱岱嶽、岱宗，有『五嶽獨尊』之美譽。《泰山圖》較詳細地表現了泰山的整體建築、景物、道路等情況，繪製了由泰山以南的泰安府出發，經岱宗坊、斗母宮、南天門、東嶽廟，到達山上玉皇頂的道路，可作爲一幅泰山導覽圖使用。全圖采取平立面結合的畫法，泰山部分以立體山水畫法繪製，整體觀之，泰山層巒叠嶂，山勢雄渾，頗有五嶽尊長之氣勢，而泰安府區域則以平面畫法繪製，繪製者以房屋符號表現泰府署、二賢祠、觀音廟、考院、關帝廟等建築，對於岱廟予以突出表現，在比例上明顯大於其他建築。

大連圖書館也收藏了一幅《泰山全圖》，該圖縱一一三厘米，橫六二厘米，爲碑刻墨拓本。此圖與國圖藏《泰山圖》在構圖、繪製方式等方面都非常相似，許多細節也較爲一致，應屬同一圖系，不過圖中并無介紹文字，僅在左上角書寫圖名『泰山全圖』。

五臺山聖境全圖

作　者　（清）格隆龍住繪刻

年　代　清道光二十六年（一八四六）

類　型　單色刻本

載體形態　一幅

尺　寸　縱一一四厘米，橫一六三厘米

索 書 號　214.253/074.2/1846

圖上有漢文、蒙文、藏文三種文字。全圖左上方有一段小字『大清道光二十六年四月十五日吉造板存慈福寺』，根據這段文字，可知此圖的刻版原存於五臺山慈福寺。

本圖圖幅較大，内容詳細精美，將人間的帝王朝拜、山上的衆多建築、雲彩中的菩薩法相融於一圖。全圖主體部分表現了康熙皇帝巡禮五臺山的壯觀景象，還描繪了喇嘛跳布紮的景象、香客上山朝拜和普通民衆的日常生活等世俗景象。在實景之外，畫面還描繪了虚幻的佛教空間，圖中空白處散落着片片雲彩，每片雲彩都有莊嚴的宗教人物居於其中。

圖下方有一段圖説：『詩曰：「三世諸佛稱清凉，法照三界及萬方。文殊變化通凡聖，三寶諸仙即此身。真容久在清凉境，人人敬禮無所觀。」《大華嚴經》云：「東北方有處名清凉山，從昔已來，諸菩薩衆，於中止住。現有菩薩，名文殊師利，與其眷屬諸菩薩，衆一萬人，俱常在其中而演説法。」又《寶藏陀羅尼經》云：「佛告金剛密迹王言：我滅度後，於此南贍部洲東北方，有國名大震那，其中有山，名曰五頂。文殊童子，游行居住，爲諸衆生，於中説法。及有無量天龍八部圍繞供養。」斯言可謂審矣。此五臺一小山圖，未能盡其詳細，四方善士凡朝清凉聖境，及見此山圖聞講菩薩靈驗妙法者，今生能消一切災難疾病，享福享壽，福禄綿長，命終之後，生於有福之地，皆賴菩薩慈化而得也。故大窟圍智宗丹巴佛之徒桑噶阿麻格，名格隆龍住，大發願心，親手刻造此板，以施四方善士。如有大發慈心，印此山圖者，則功德無量矣。』

此圖在美國國會圖書館也有藏本。除此之外，國家圖書館所收藏的另一幅《五臺山聖境全圖》，明顯就是這幅圖的摹本。該摹本作於同治十三年（一八七四），縱一一三厘米，橫一八四厘米，畫面結構和表現的基本内容與格隆龍住所刻本非常相似，圖中文字也有漢、藏、蒙三種，而摹本明顯要簡單、粗糙很多。此外，摹本還塗上了簡單的紅緑色，也更符合民間的審美喜好。通過比較這兩種版本，我們能够一窺清代佛教山嶽圖像的流傳與演變情况。

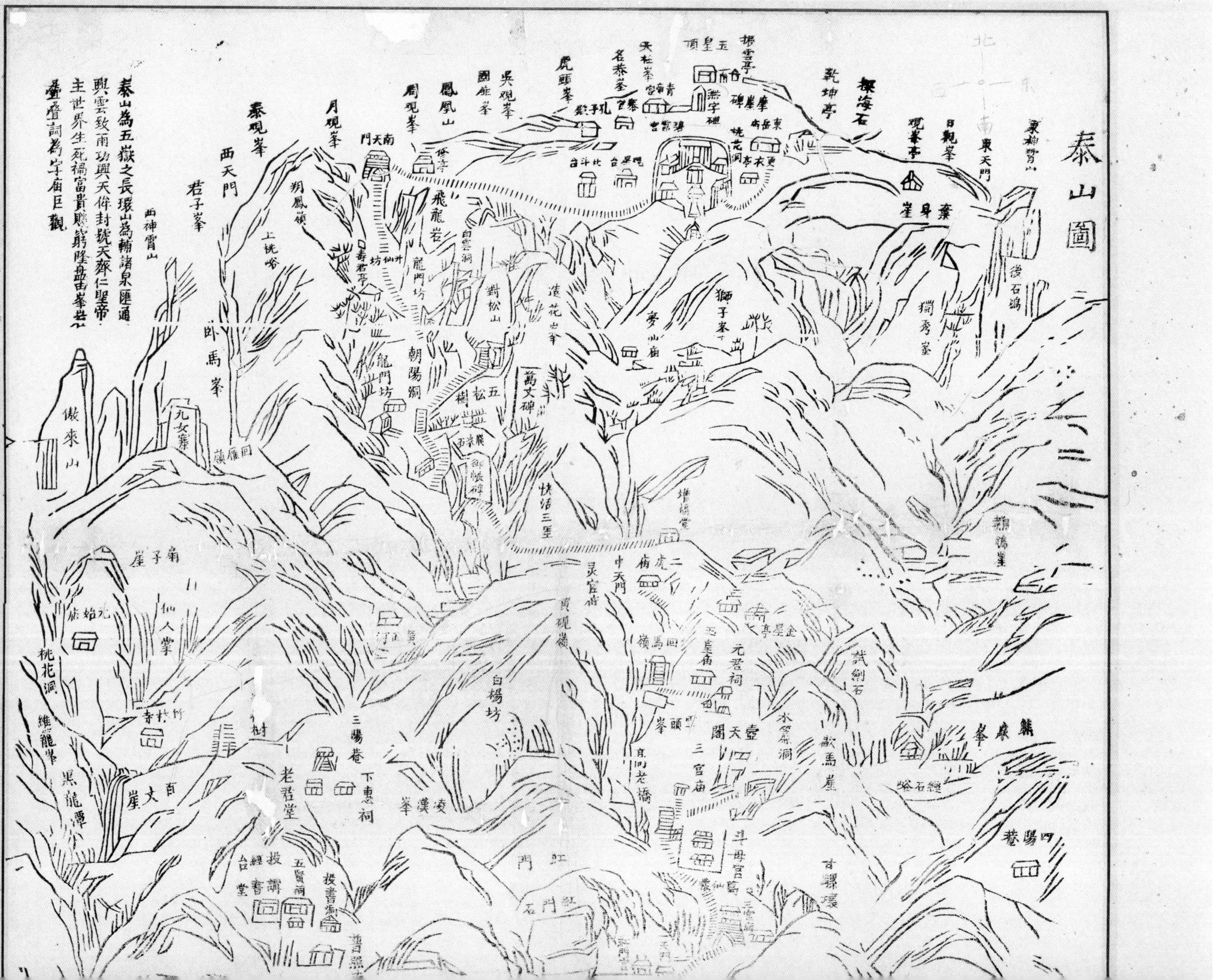
泰山圖
泰山爲五嶽之長環山爲輔諸泉匯通
興雲致雨功與天侔封號天齊仁聖帝
主世界生死禍福富貴賤窮隆
壘疊詞爲宇廟巨觀
南天門
月觀峯
泰觀峯
西天門
君子峯
周觀峯
鳳凰山
吳觀峯
虎頭峯
名恭峯
五皇頂
乾坤亭
探海石
日觀峯
觀峯亭
東天門
捨身崖
後石塢
獨秀峯
獅子峯
飛龍岩
朝陽洞
五松樹
萬丈碑
快活三里
中天門
二虎廟
回馬嶺
白楊坊
三陽菴
老君堂
百丈崖
黑龍潭
桃花洞
仙人掌
傲來山
九女寨
臥馬峯
回雁嶺
斗母宮
壺天閣
歇馬崖
試劍石
四陽菴
紅門
經石峪

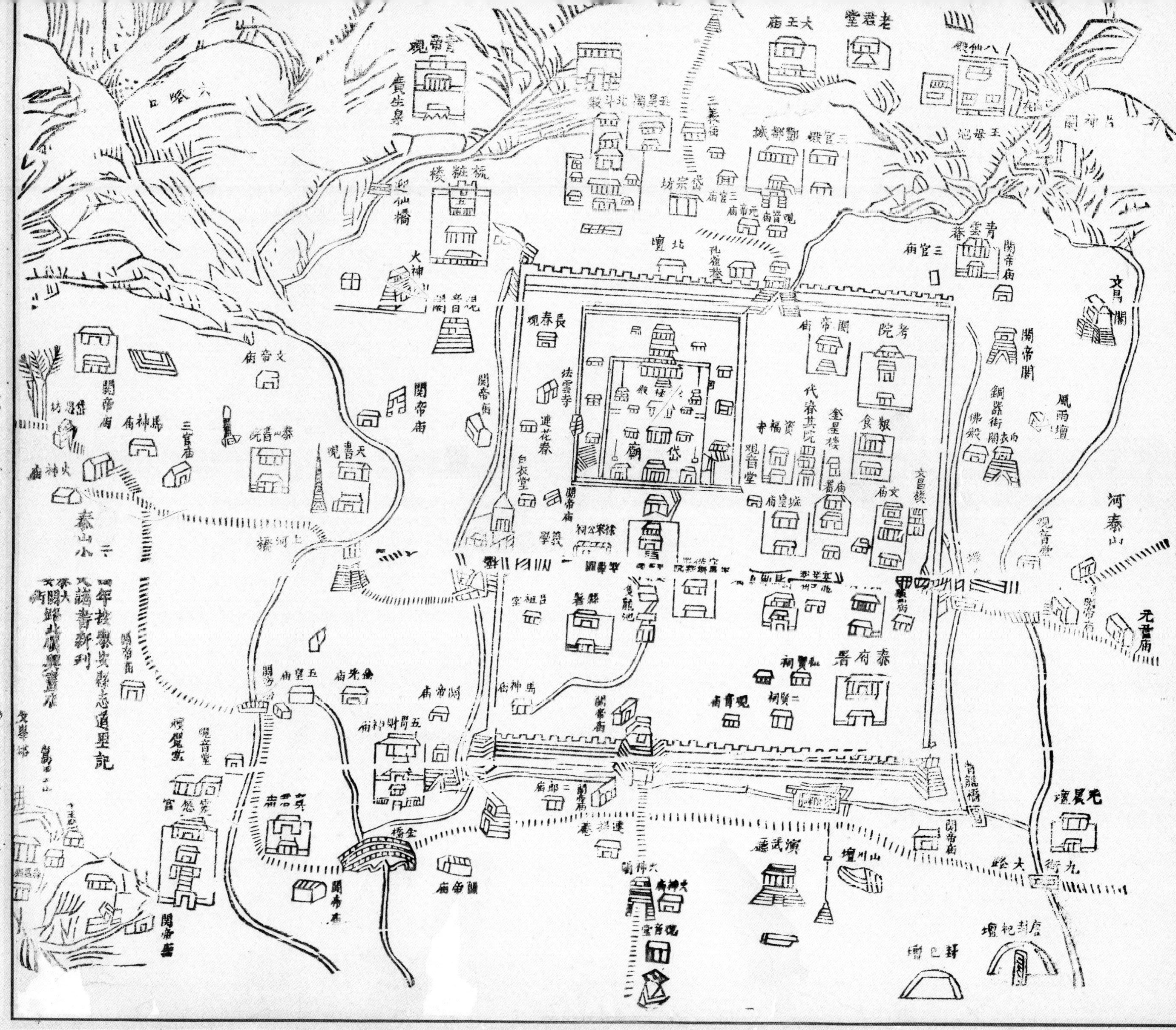

老君堂
大王廟
岱廟
考院
長春觀
關帝廟
文昌樓

五臺聖山

境全圖
月
大清道光二十六年四月十五日吉
造板存慈福寺

五臺山名勝圖

作者 不詳

年代 清光緒年間

類型 絹本彩繪

載體形態 一幅

尺寸 縱一三九厘米，橫八九厘米

索書號 214.253/074.2/1905

五臺山是我國佛教四大名山之一，位於山西省五臺縣東北部。有東、西、南、北、中五座山峰，頂部平坦如臺，由此得名。相傳爲文殊菩薩的道場，在我國佛教史上具有重要的地位。據傳早在東漢，此處就已開始建造寺廟。此後北魏、北齊、隋、唐、宋、元、明、清屢經修繕擴建，形成以規模宏大的寺院古建築群爲主的風景名勝地。

《五臺山名勝圖》是一幅展現五臺山自然景觀和名勝古迹的游覽圖，以傳統的山水畫形象繪法描繪了五臺山地區的秀麗景色及名勝古迹。各類地物要素的表示采用了幾何符號或透視符號。各要素的位置基本準確，其名稱注記亦與現代地圖大致吻合。

五臺山是文殊菩薩的道場，也是離京城最近的佛教聖地，由於前往此處朝山巡禮較爲方便，此處便自然而然成爲歷朝歷代帝王朝山拜佛的首選之地。自東晉初年佛教傳入五臺山之後，就有北魏孝文帝、隋煬帝、宋太宗、元成宗、英宗和清康熙、雍正、乾隆、嘉慶等九位帝王巡幸五臺山。其中清王朝幾代皇帝到五臺山朝山拜佛次數之多、規模之大，均創下了中國歷代封建王朝之最。首先到五臺山朝山拜佛的清朝皇帝是康熙帝，他曾五次親自到五座臺頂禮拜文殊菩薩，并賜菩薩頂『五臺聖境』等御匾。乾隆帝也曾六次巡幸五臺山。

基於上述原因，社會上廣泛流傳以五臺山爲主題的地圖。就内容而言，歷代五臺山題材地圖大致可以分爲三類。一類以敦煌壁畫《五臺山圖》爲代表，内容豐富，且供養人在圖中出現，其出現時間較早。一類表現的是皇帝巡幸五臺山的場景，其中保存最多的是以清代繪製的《五臺山聖境圖》爲代表的圖，它們真實記録清代帝王瞻禮五臺山的盛况，其政治色彩濃重，時代特點鮮明，而且有人物在圖中出現。第三類是描繪五臺山自然景觀和名勝古迹的游覽圖。此類圖出現於清末，也是存世最多的一類五臺山地圖，在國内外各大圖書館均有收藏。從圖的繪製方法和表達形式來看，可以發現清代所製的聖境、游覽圖和敦煌壁畫五臺山圖一脉相承，都是對古代山水畫地圖的繼承和發展，運用了平立面結合、多點透視的製圖方式。

本圖采用傳統山水形象畫法，繪出了自河南經沁州、太原、忻州、代州進五臺山的道路，從河南山路坪大營出發，途經山門村大營、巴公鎮大營、常平鎮大營、上方村大營、余吾鎮大營、鳳岩大營、權店驛大營、南關驛大營、天衢村大營、農嘉村大營、安治村大營、柳枝村大營、雙山營大營、歇馬臺大營、茶鋪大營，最後到達射虎川大營。特別突出地描繪了五臺山的秀麗景色和重要的名勝古迹，如清凉石、塔院寺、碧山寺、菩薩頂、玉花池、竹林寺、獅子窩梁、殊像寺、廣宗寺、圓照寺、碑樓寺、玉皇廟、古佛寺、海會寺、普濟寺、萬緣庵、南山寺、白雲寺、娑羅樹、明月池、羅睺寺、千佛洞、金燈寺等，堪稱一幅精美的古代游覽地圖。

國家圖書館現存有刻印本《五臺山聖境圖》《五臺山聖境全圖》《敕建五臺山文殊菩薩清凉聖景圖》《五臺山景點圖》《五臺山行宮坐落全圖》，紙本彩繪《五臺山聖境圖》等，都采用傳統山水畫的方法，以鳥瞰方式展現了五臺山五座臺頂的全景，内容十分豐富，包括：寺廟、寶塔、行宮、林泉、村莊、道路等要素。這些地圖描繪了清代不同時期五臺山盛况，形象地記述了五臺山變遷。尤其是《五臺山名勝圖》，真實記述了清末五臺山全景，爲研究清末五臺山提供了形象直觀的依據。

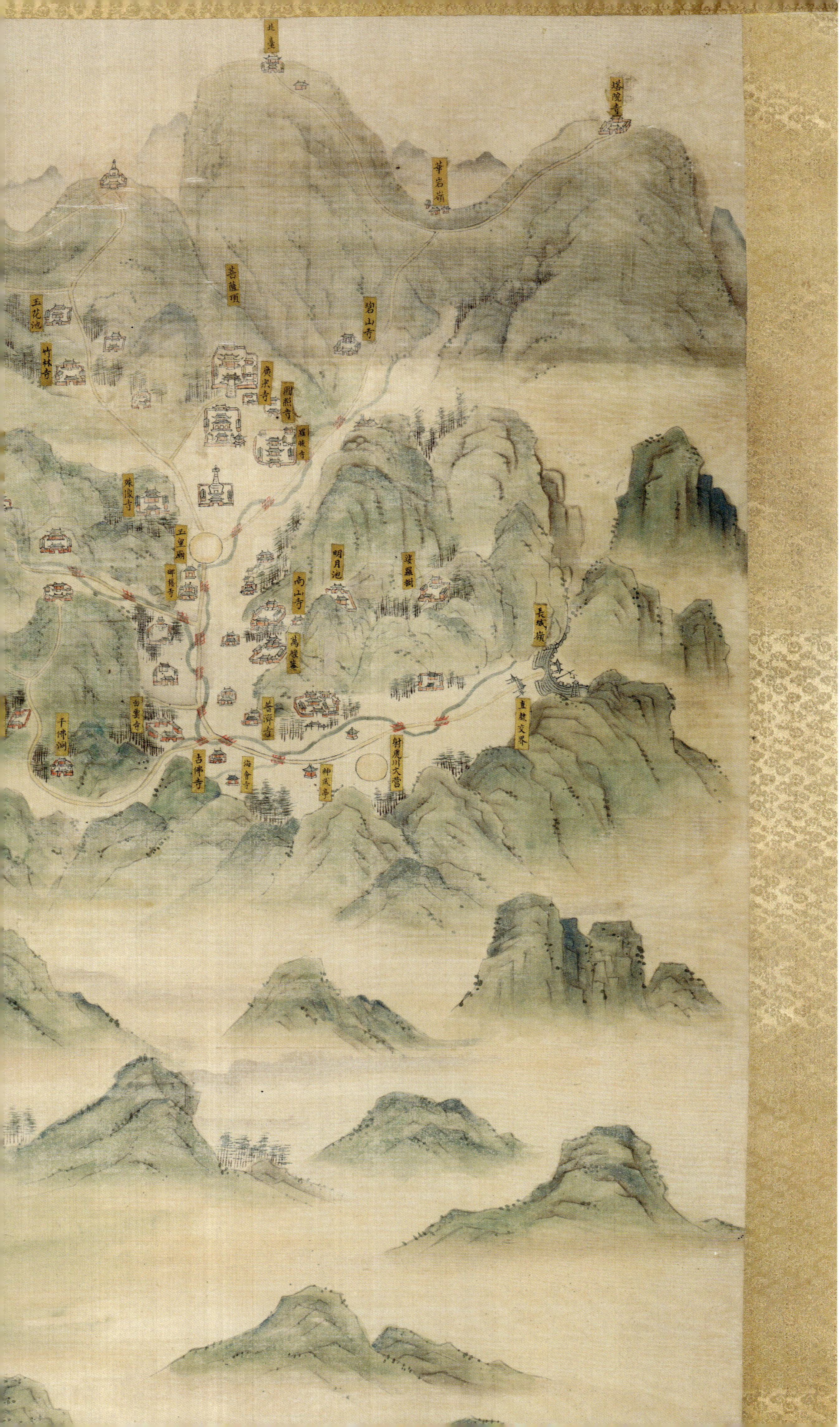
北臺
塔院寺
華岩嶺
菩薩頂
碧山寺
玉花池
竹林寺
廣宗寺
圓照寺
羅睺寺
殊像寺
玉皇廟
南山寺
明月池
娑羅樹
萬緣菴
長城嶺
直隸交界
普濟寺
白雲寺
千佛洞
古佛寺
海會寺
神武亭
射虎川大營

歇馬臺大營
峩口
茶鋪大營
代州
清涼石
豐山營大營
忻州
柳林村大營
石嶺關
安治村大營
汾河
新堡
千壽寺
柳林河
晉祠
徐溝

高平縣
巴公鎮大營
門山
山門村大營
河南交界
河南路坪大營

天衢村大營
呂源河
南關驛大營
權店驛大營
沁州
漳河
三嵕廟
鳳岩大營
長子縣
上方村大營
太行山

五臺山行宫坐落全圖

作　者　不詳
年　代　清光緒年間
類　型　單色刻本
載體形態　一册
尺　寸　每頁縱二九厘米，横一九厘米
索 書 號　214.253/074.2/1900-2

本圖册采用山水畫法，形象地繪出了『五臺山全圖』及羅睺寺、栖賢寺、涌泉寺尖營、鎮海寺、甘和村尖營、金燈寺、南臺頂、東臺頂、玉花池、壽寧寺、普樂院、中臺頂、西臺頂、北臺頂、碧山寺、黛螺頂、菩薩頂、臺懷行宫、塔院寺、顯通寺、殊像寺、千佛洞、金剛窟、明月池、金閣寺、臺麓寺行宫、清凉石、白雲寺行宫等二十八幅分景圖。

五臺山爲佛教四大名山之一，位於山西省忻州市，爲文殊菩薩道場。清代喇嘛教傳入後，這裏出現青黄二廟共處一山的獨特景象。由於五臺山融漢傳佛教和藏傳佛教於一處，使得其在宗教文化之外，還具有較强的政治意義，兼之離京城較近，適宜巡幸，五臺山倍受清代帝王尊崇，康熙、乾隆、嘉慶幾代君主曾多次巡幸五臺山，在此修建了多處行宫。五臺山上的佛教建築群星羅碁布，規模宏大，反映了五臺山悠久的歷史和佛教文化積澱。

《五臺山行宫坐落全圖》内容詳細，繪製精美，是我們研究五臺山佛教建築的重要歷史資料。其中《五臺山全圖》反映了五臺山的整體面貌，東臺、西臺、南臺、北臺、中臺分布於畫面相應位置，山上的道路、建築情况也歷歷可見，圖上間以樹木裝飾，顯得疏密有致。而二十八幅分景圖則具體地描繪了位於山體各處的建築、院落規制。以《羅睺寺》一圖爲例，群山環繞周圍，羅睺寺建築群坐落其間，院落規制繪製詳盡，一些建築細節，如牌樓、石碑、石獅等也被繪製得清晰明瞭，全圖細緻地展示了羅睺寺的建築情况，集寫實性與藝術性於一體。

此種圖册在清代流傳較廣，國家圖書館藏《五臺山地圖》《山西五臺縣古迹圖》等都與其屬於同一圖系，衹在具體細節上有所不同。

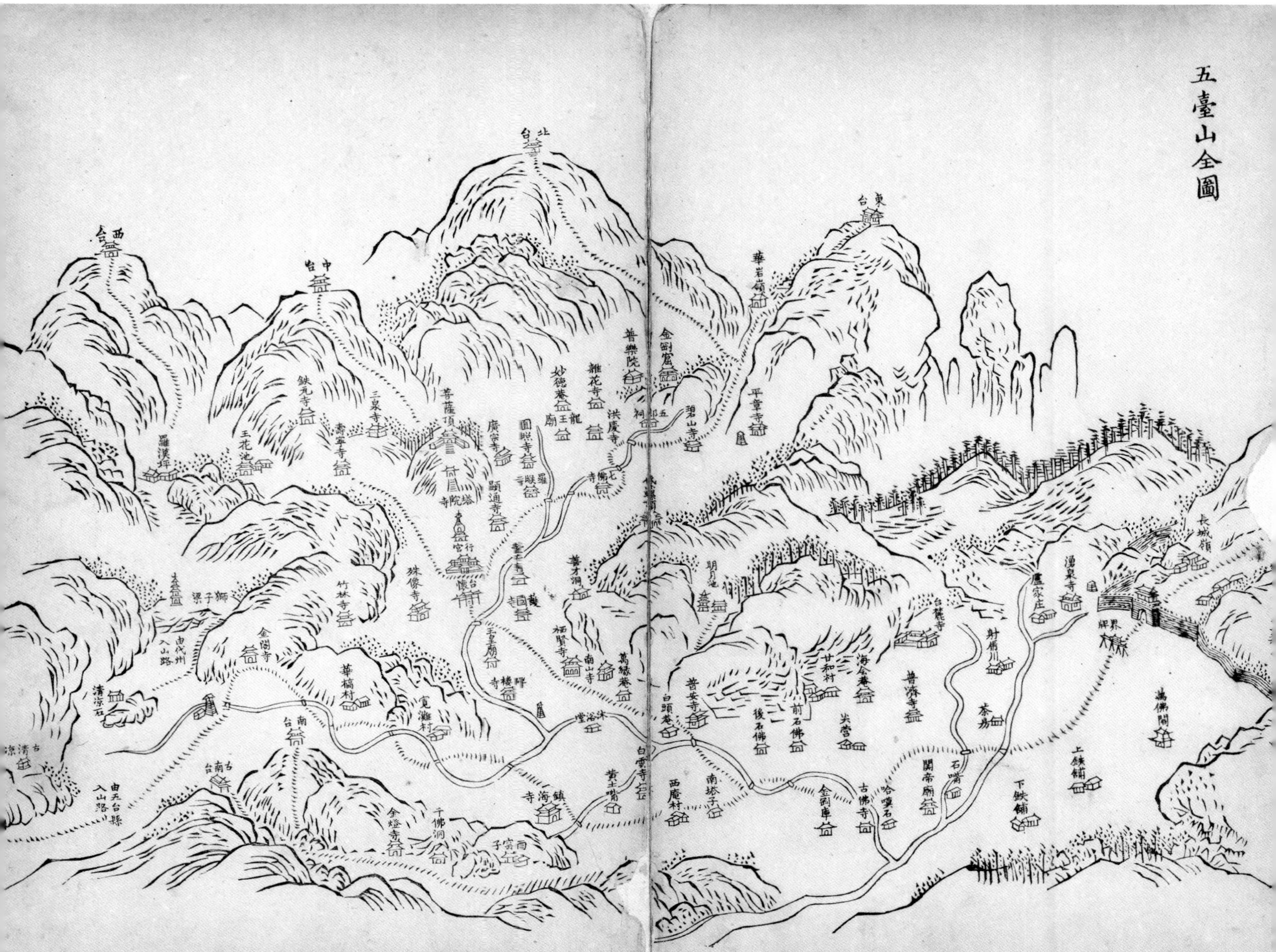
五臺山全圖
北台
西台
中台
東台
南台
古南台
華岩嶺
普樂院
金剛窟
雜花寺
妙德菴
龍王廟
洪慶寺
平章寺
菩薩頂
三泉寺
鐵瓦寺
壽寧寺
玉花池
羅漢坪
廣宗寺
圓照寺
羅睺寺
顯通寺
塔院寺
行宮
殊像寺
竹林寺
金閣寺
獅子窠
清涼石
由代州入山路
由五台縣入山路
寬灘村
鎮海寺
千佛洞
金燈寺
白雲寺
黄土嘴
沐浴堂
栖賢寺
萬緣菴
南山寺
善財洞
明月池
普安寺
白頭菴
西庵村
南塔子
金剛庫
古佛寺
哈嘛石
關帝廟
尖營
前石佛
後石佛
甘和村
海會菴
普濟寺
射虎川
茶坊
石嘴
台麓寺
盧家庄
湯泉寺
長城嶺
界牌
滿佛閣
上鐵鋪
下鐵鋪

五臺山行宮坐落全圖

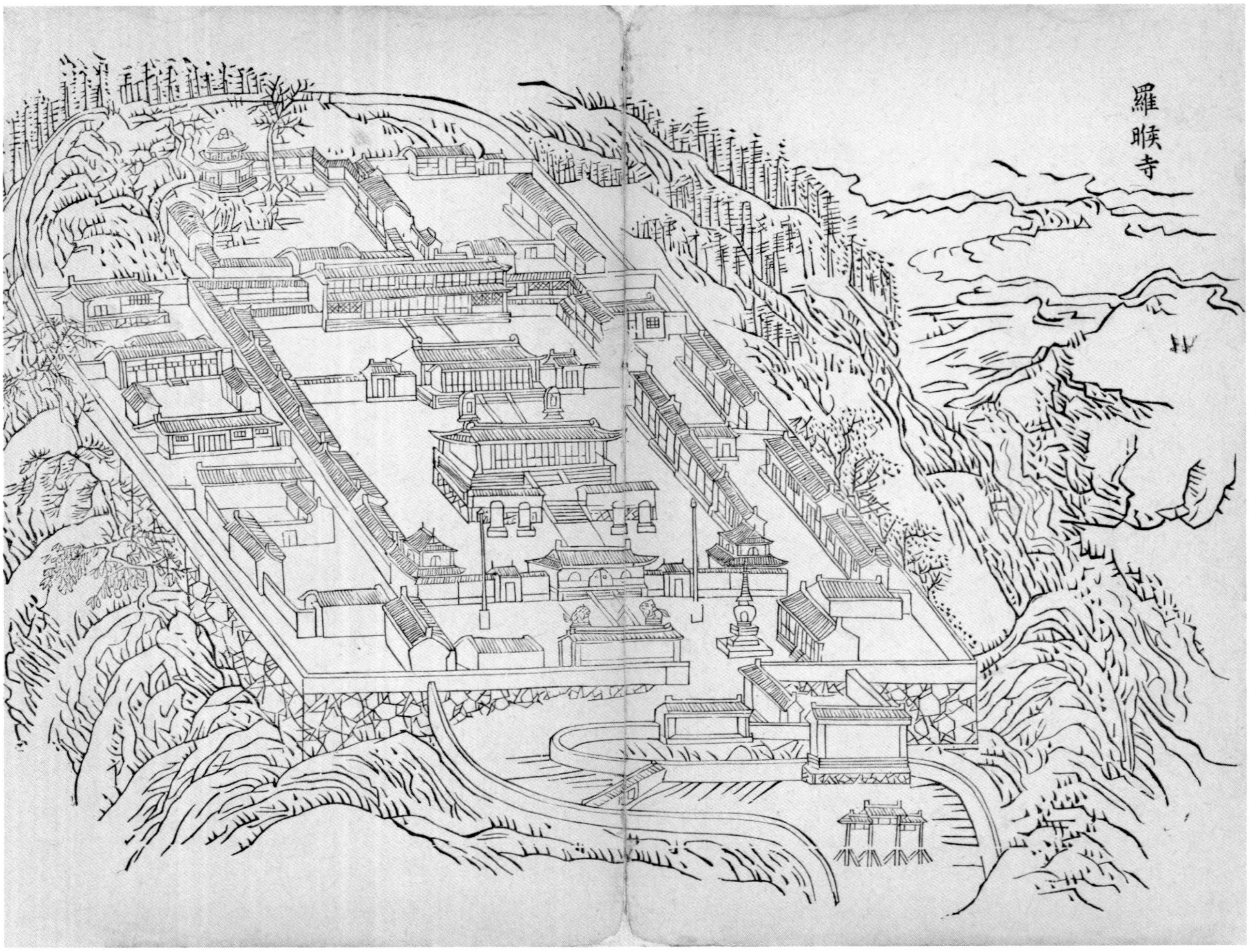
羅睺寺

棲賢寺

尖營
湧泉寺

鎮海寺

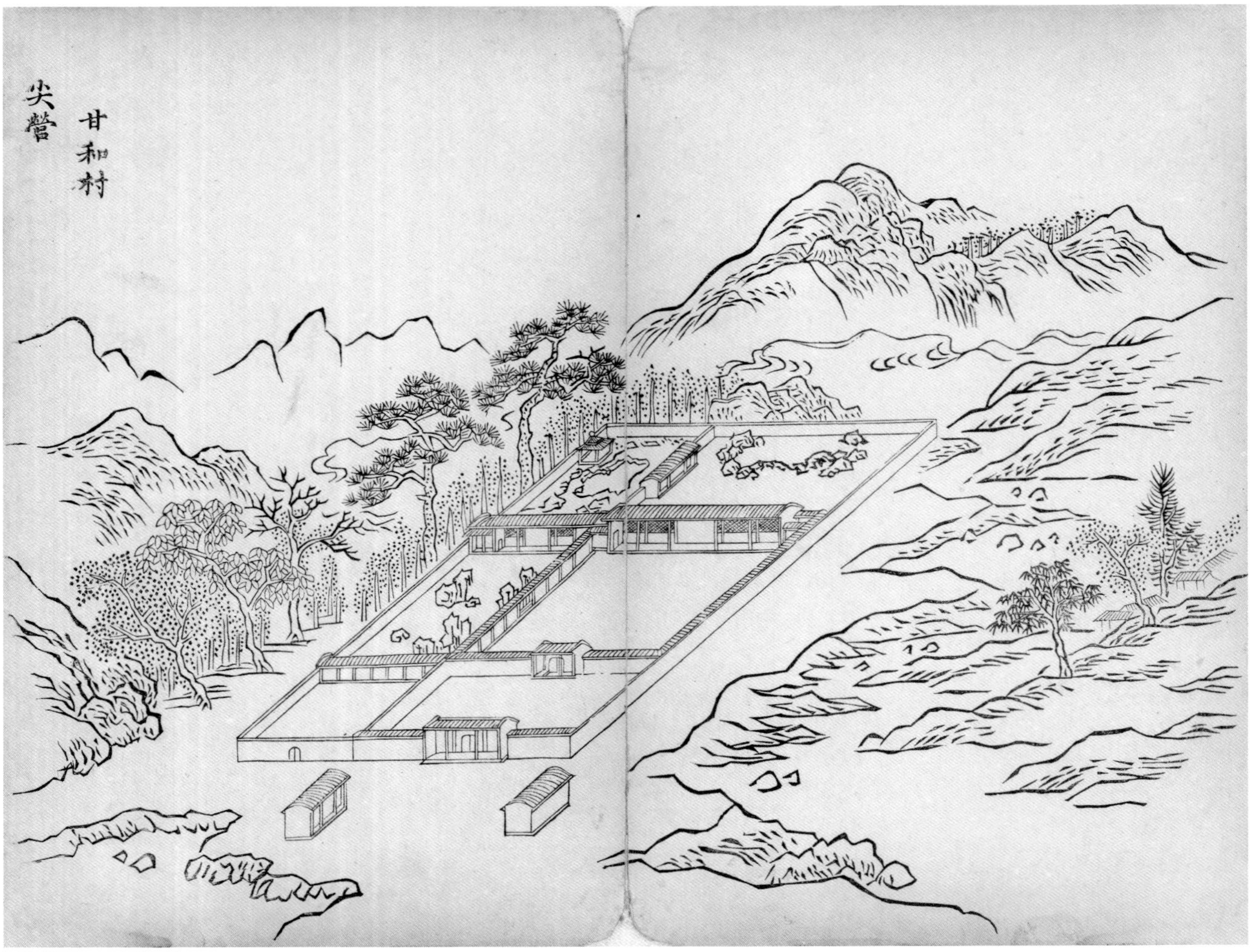
甘和村
尖營

金燈寺

南臺頂

東臺頂

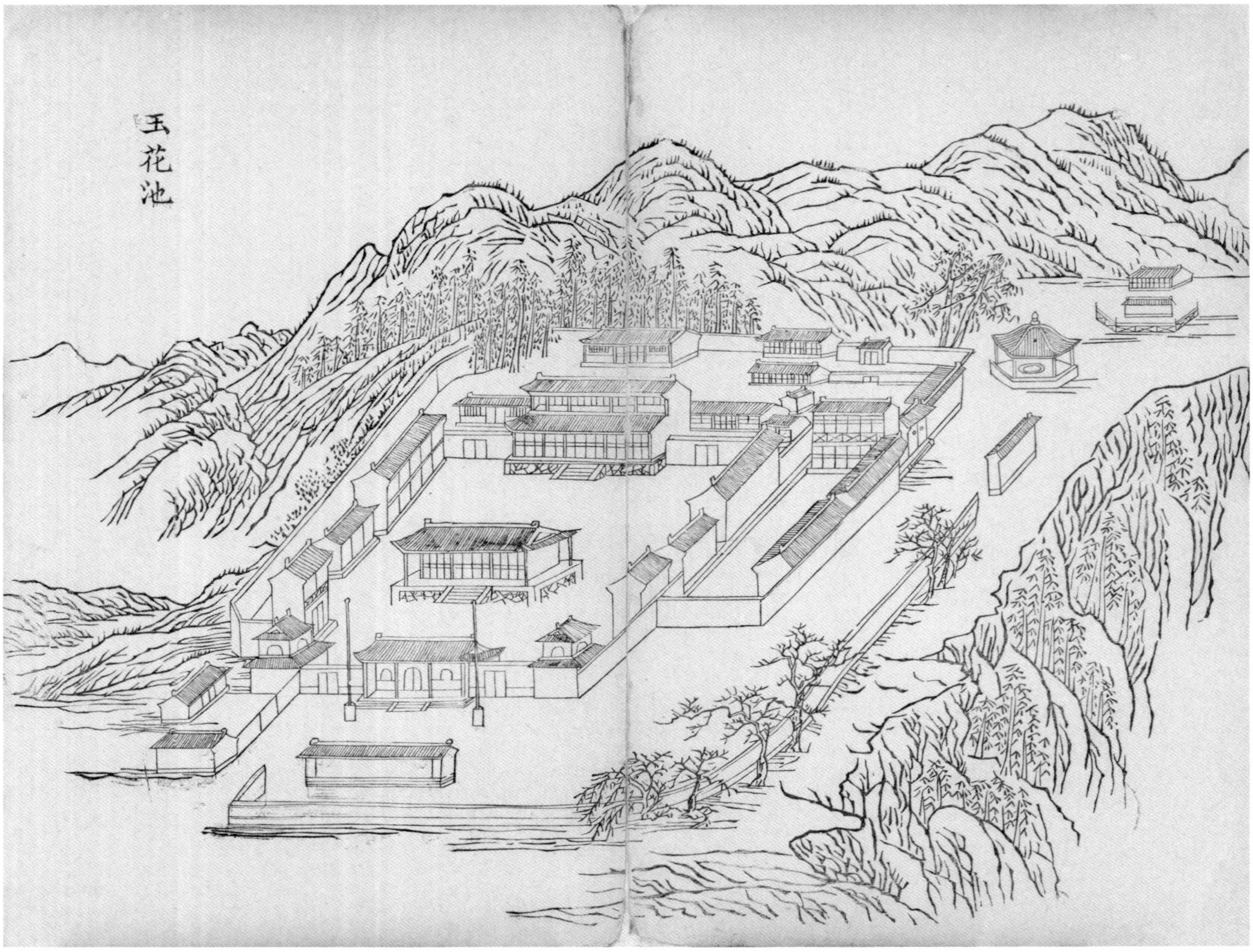
玉花池

壽寧寺
佛

普樂院

中臺頂

西臺頂

北臺頂

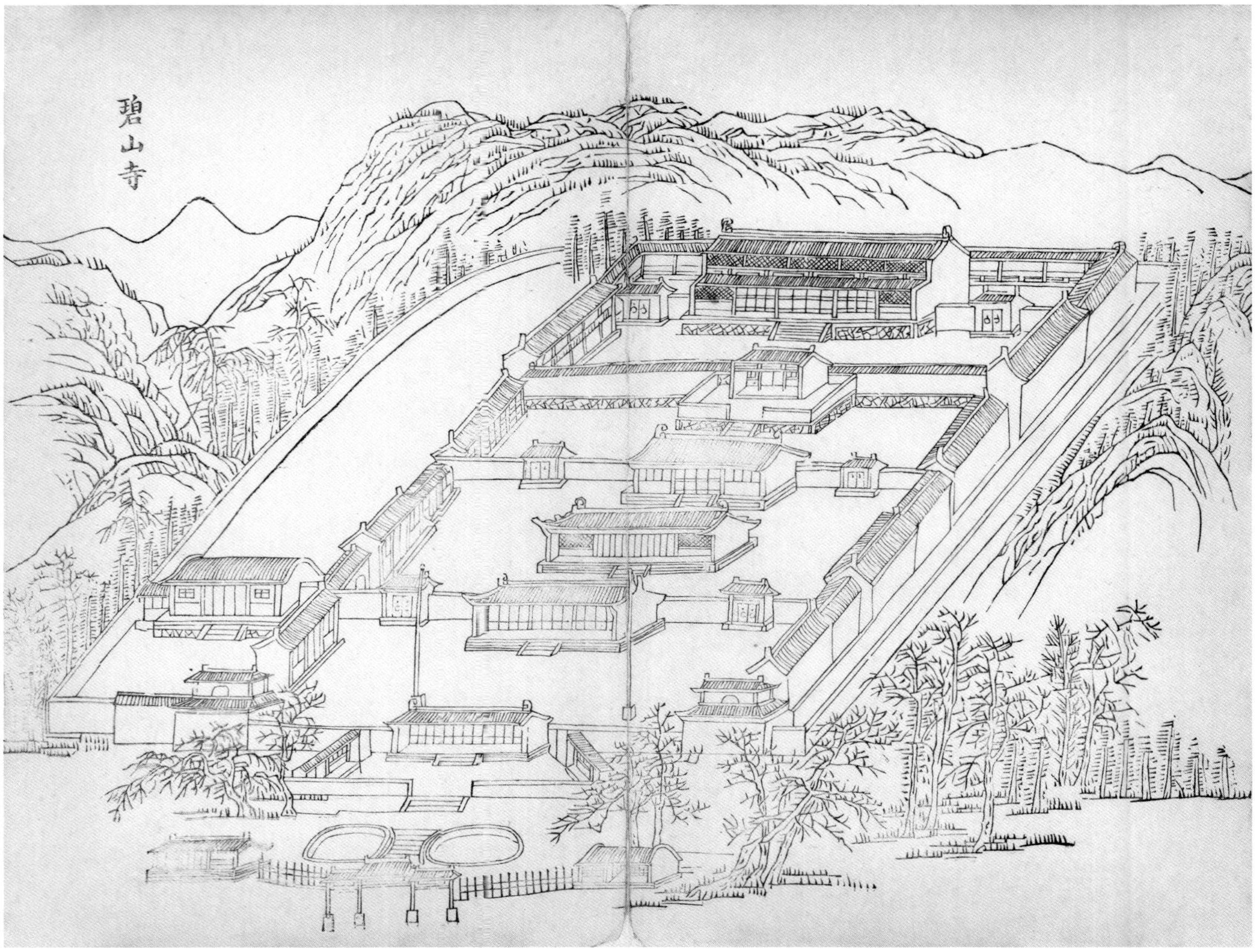
碧山寺

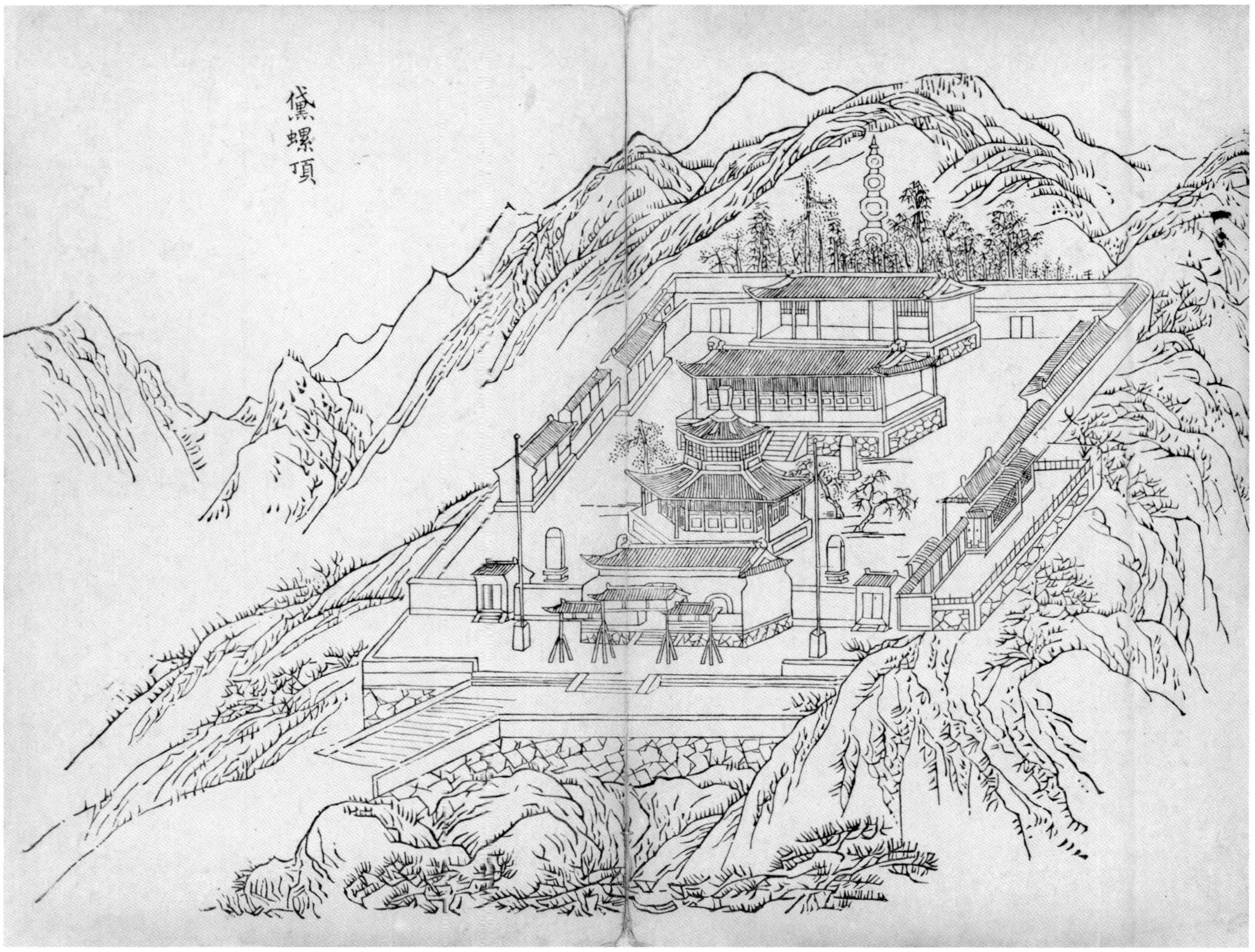
黛螺頂

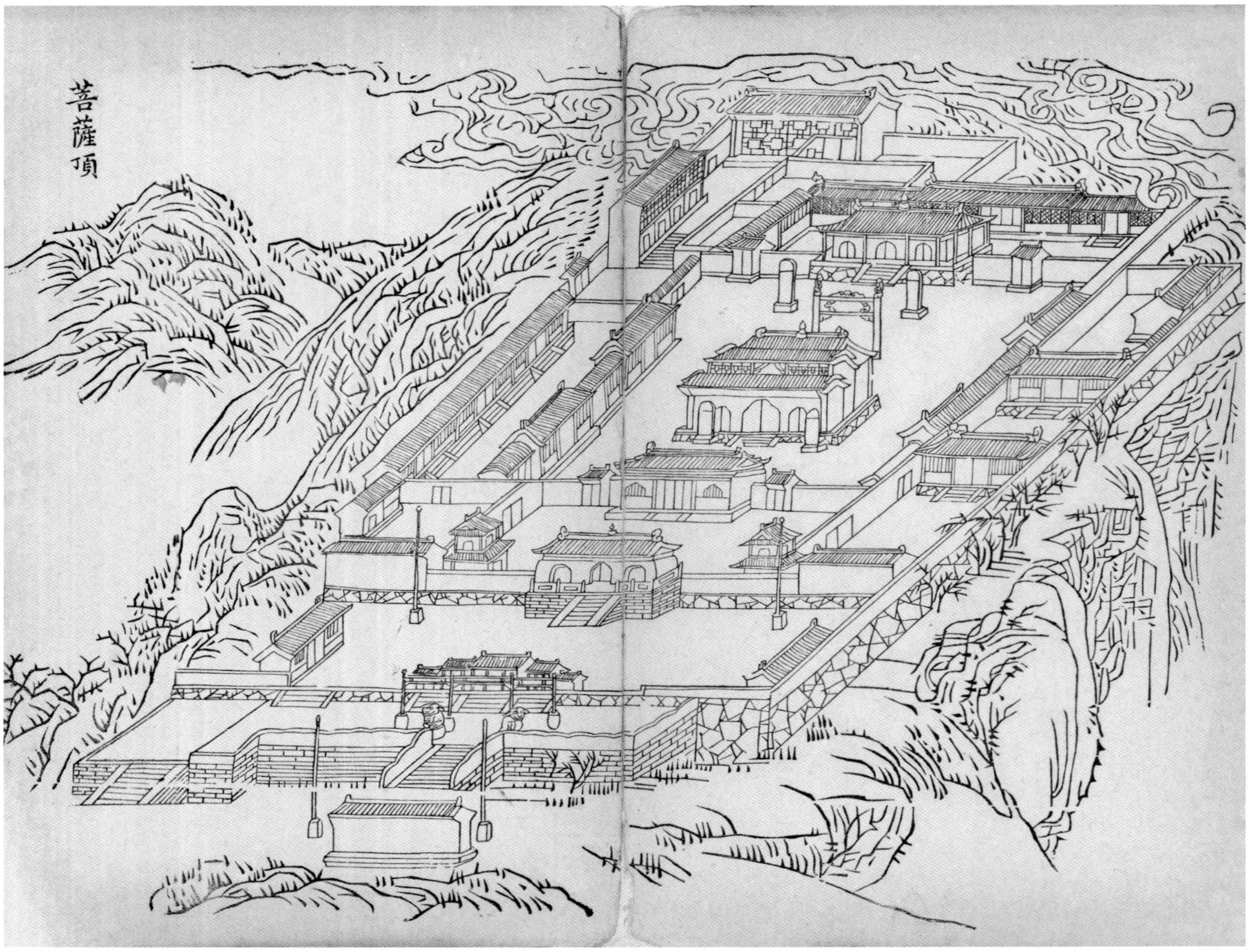
菩薩頂

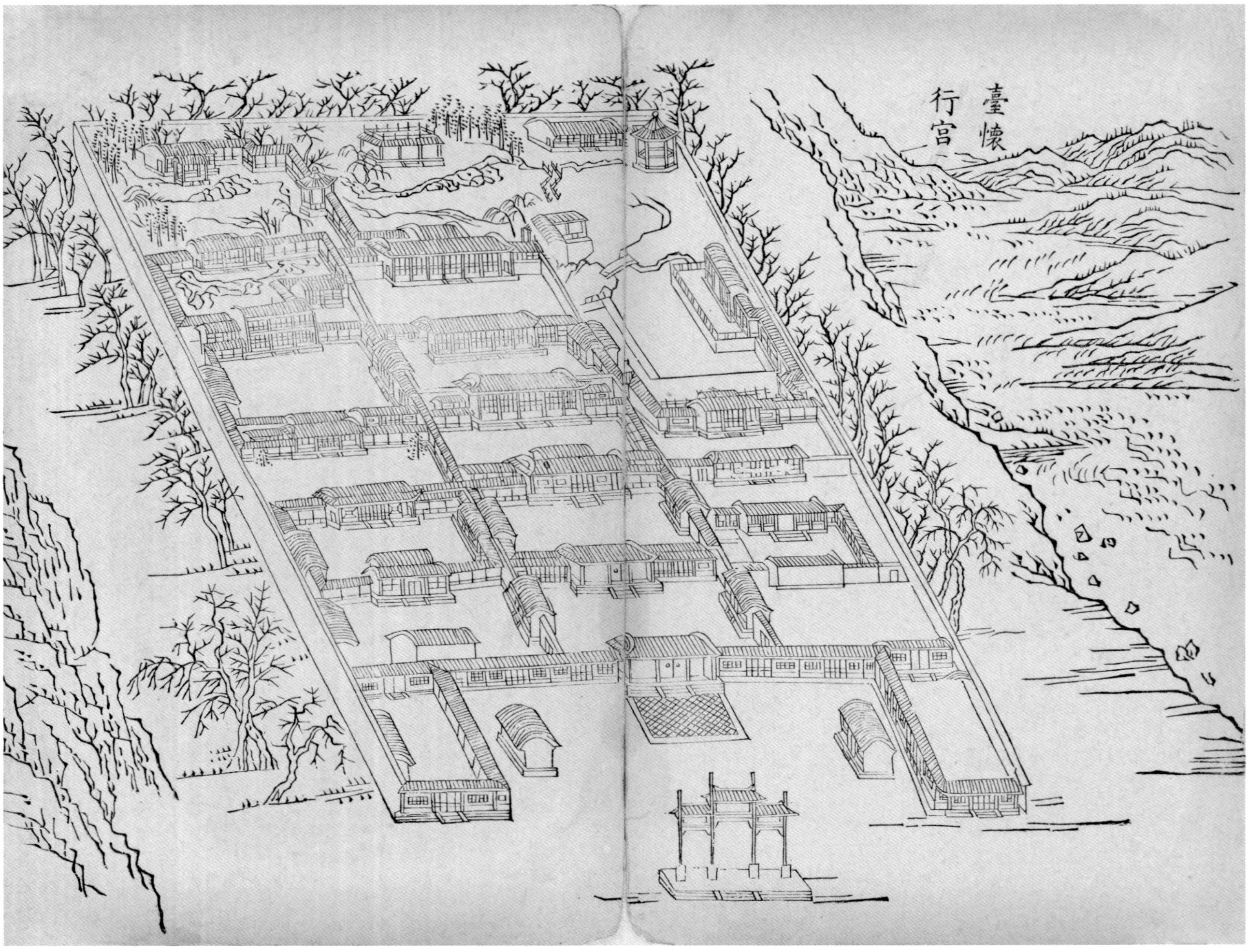
臺懷行宮

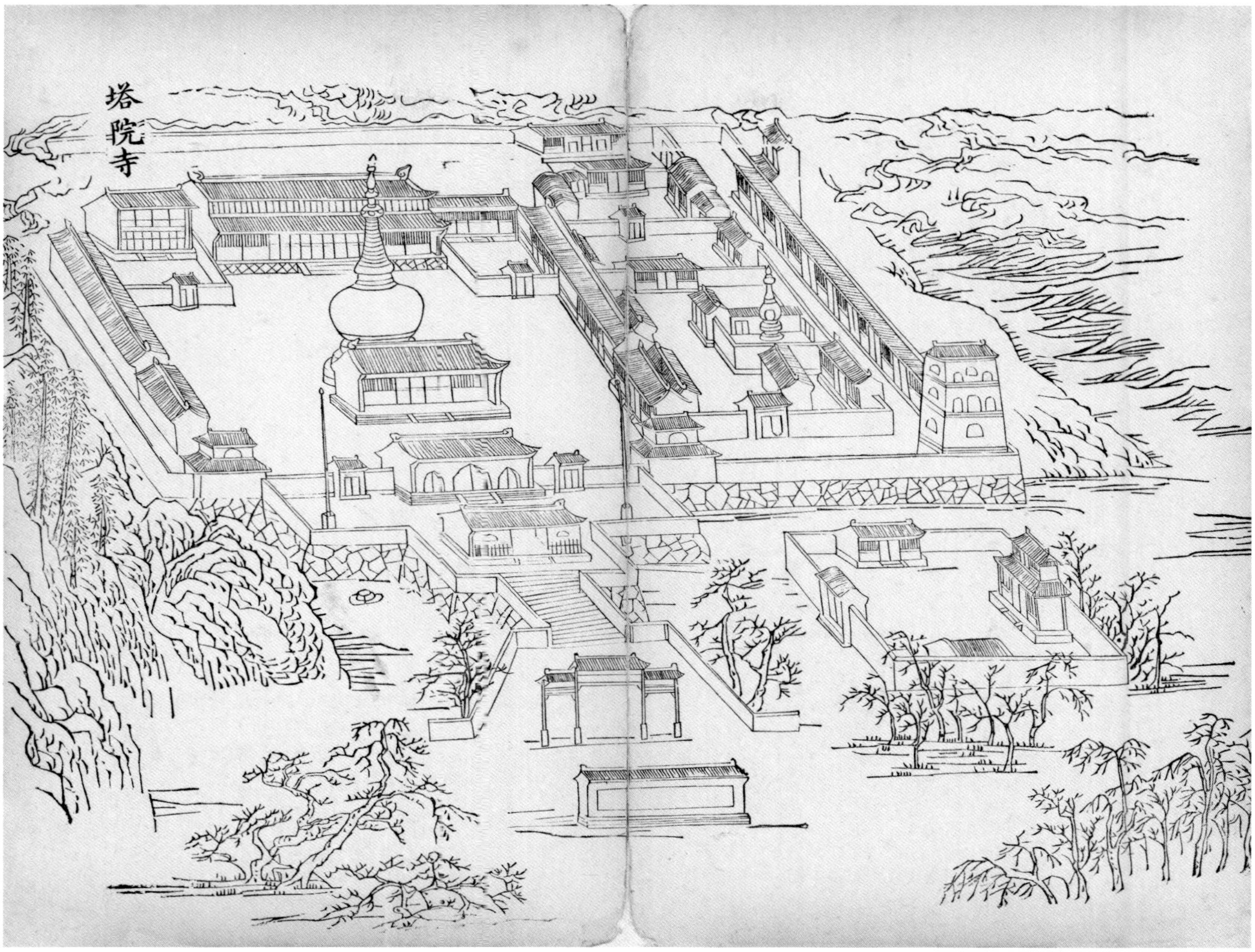
塔院寺

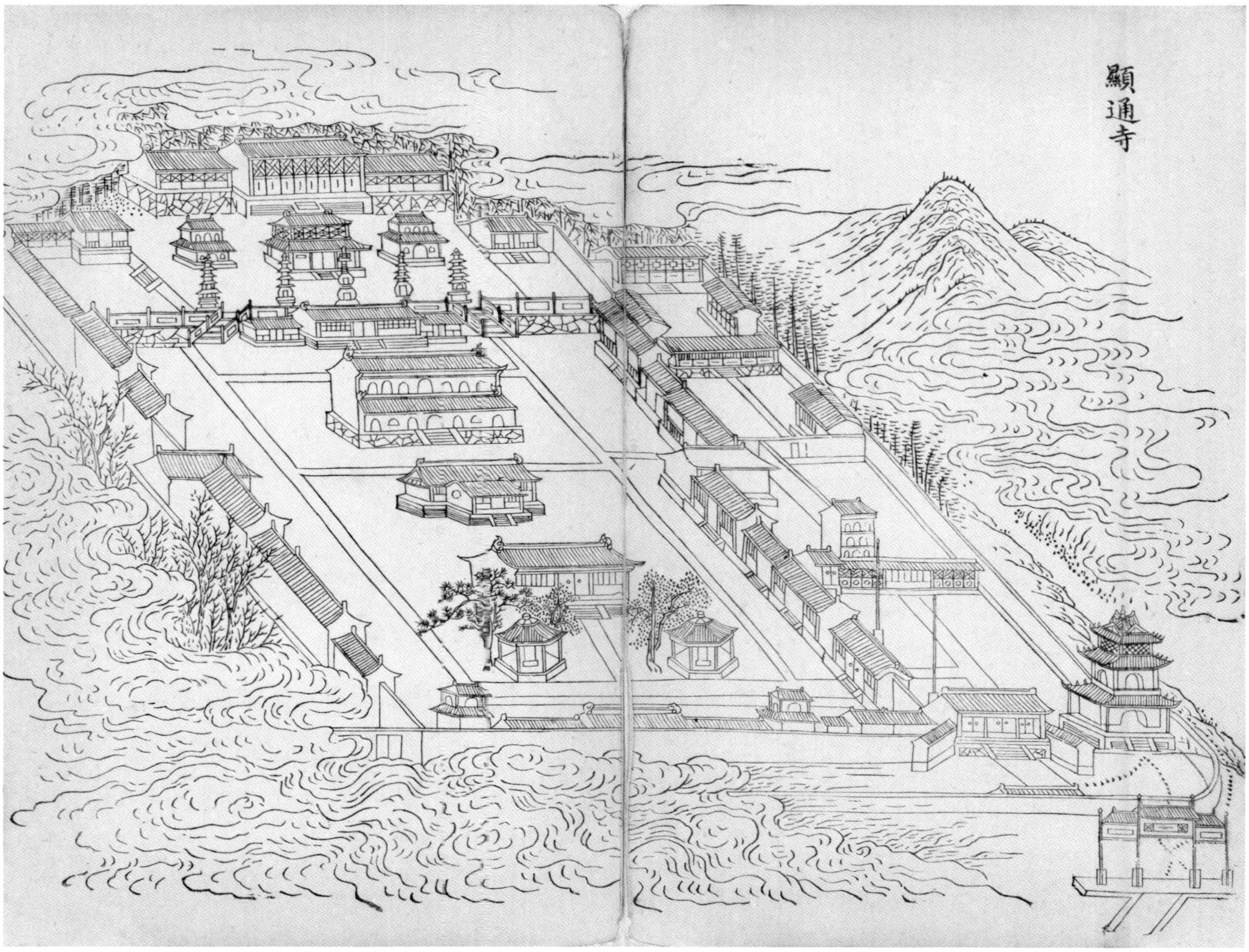
顯通寺

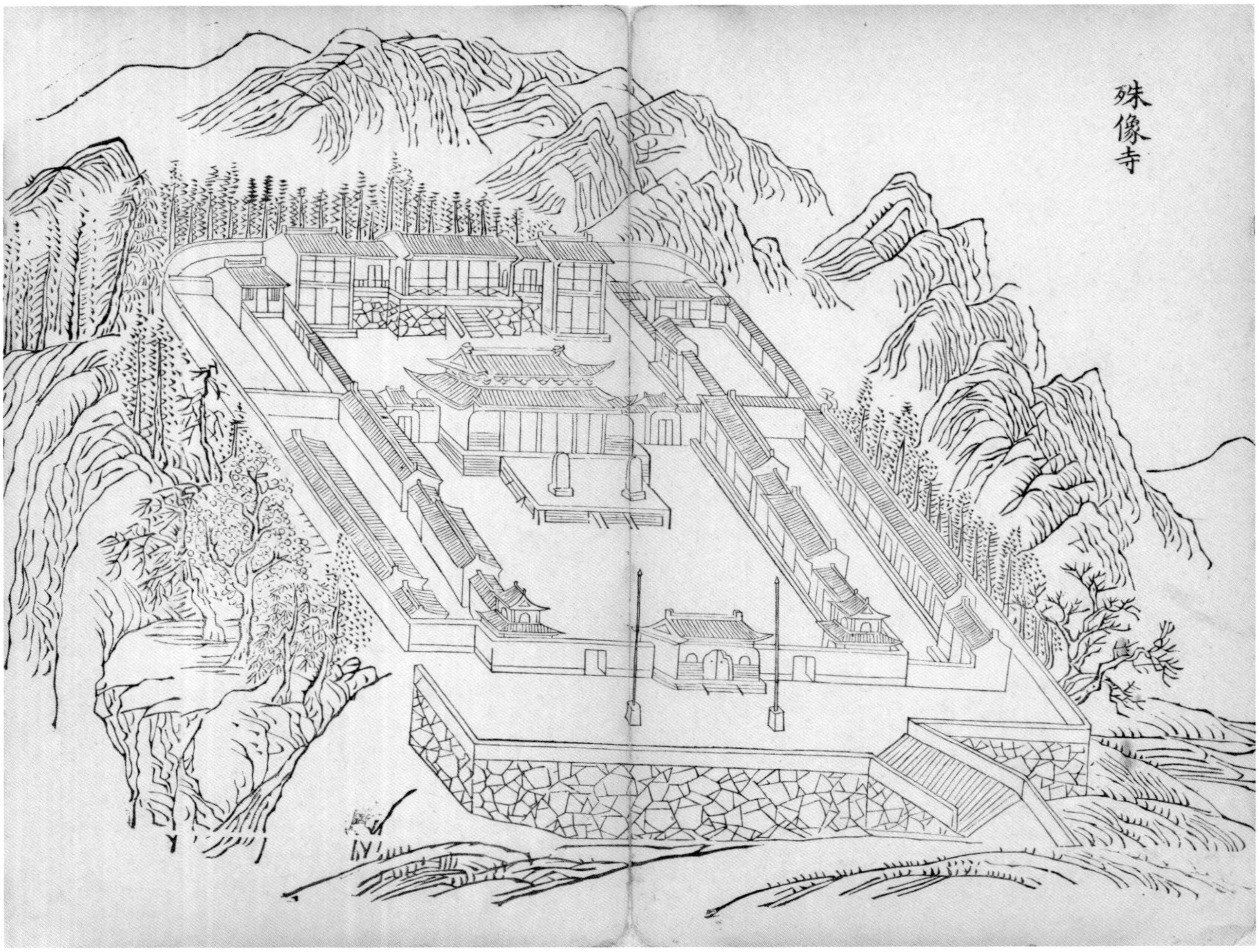
殊像寺

千佛洞

金剛窟

明月池

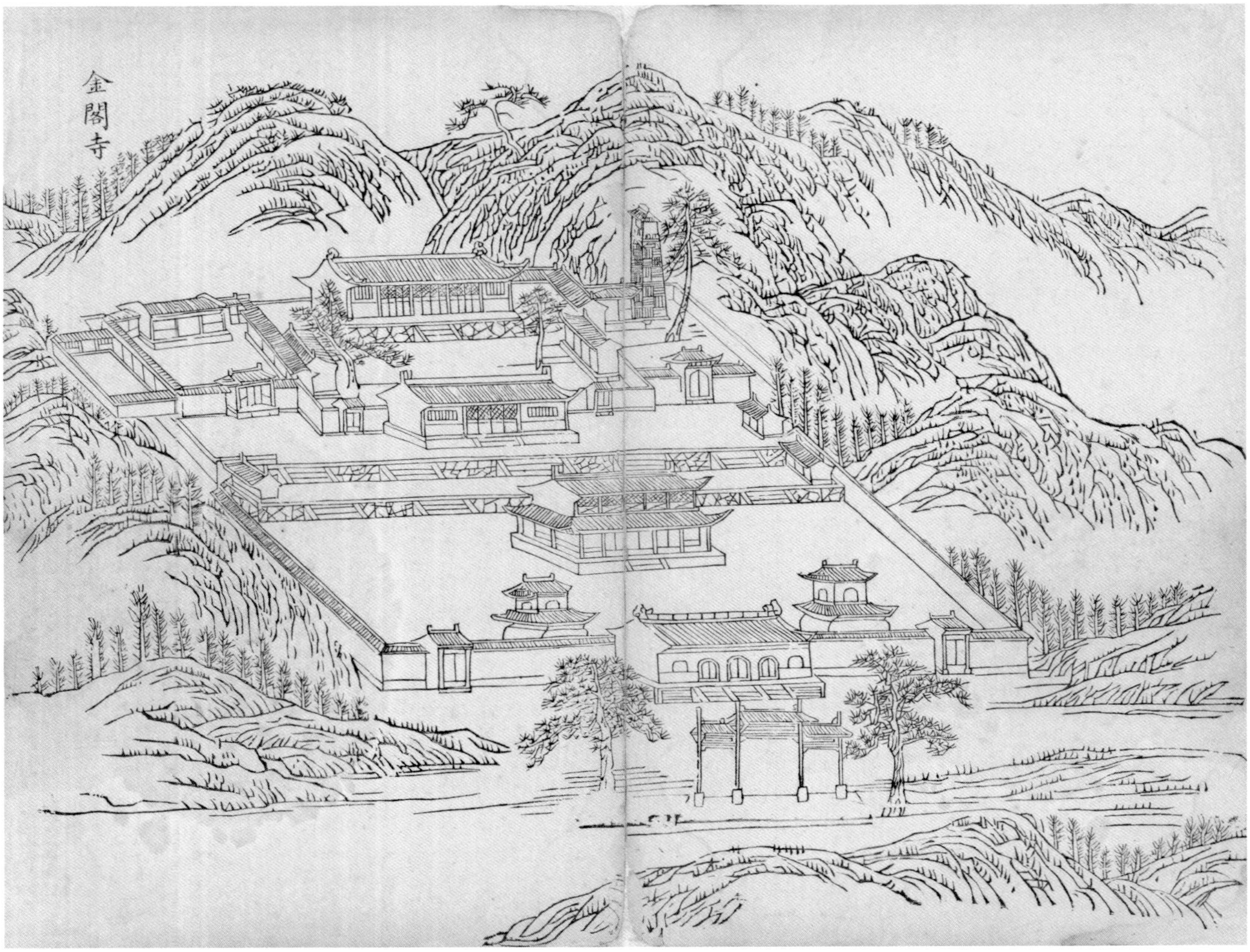
金閣寺

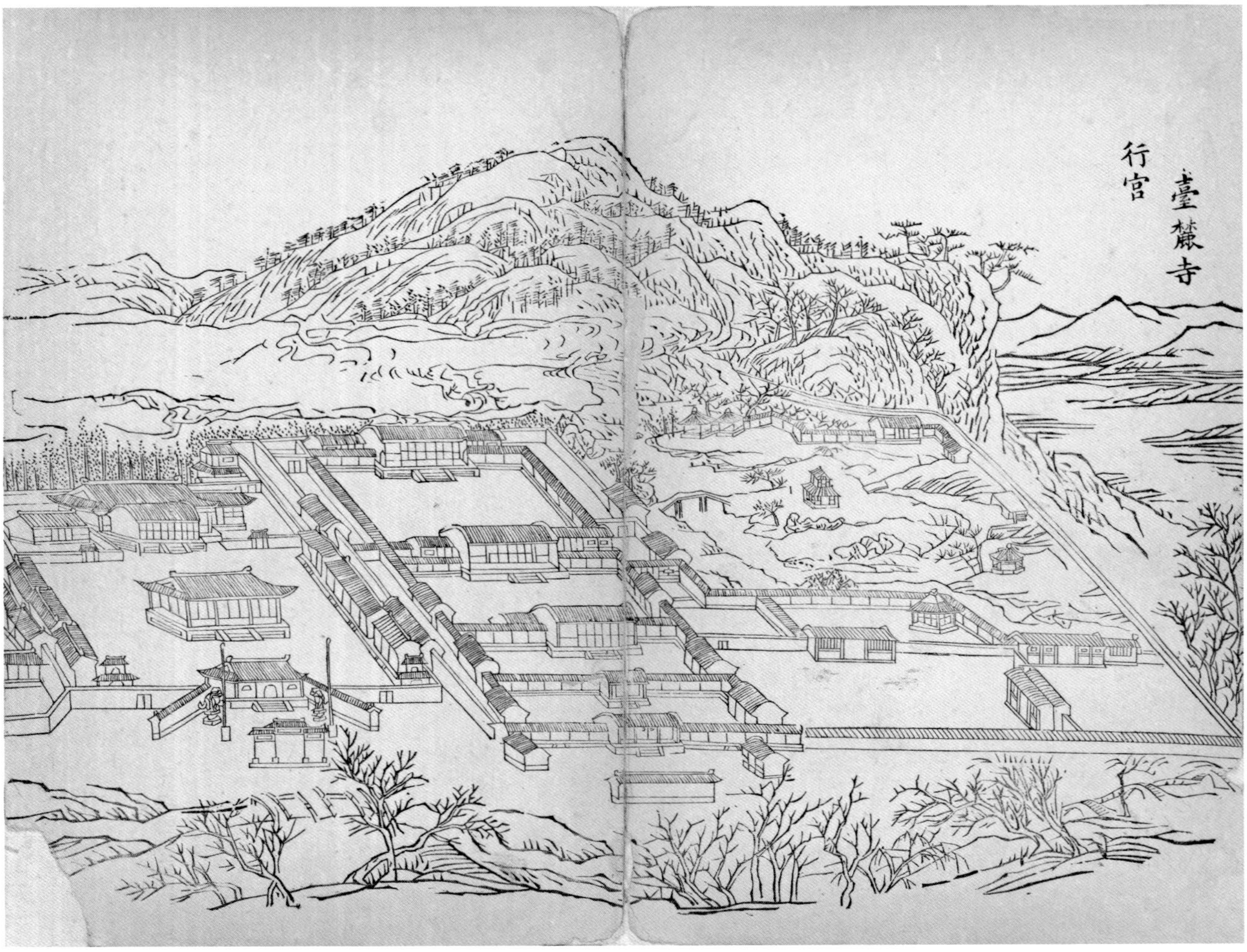
行宮
臺麓寺

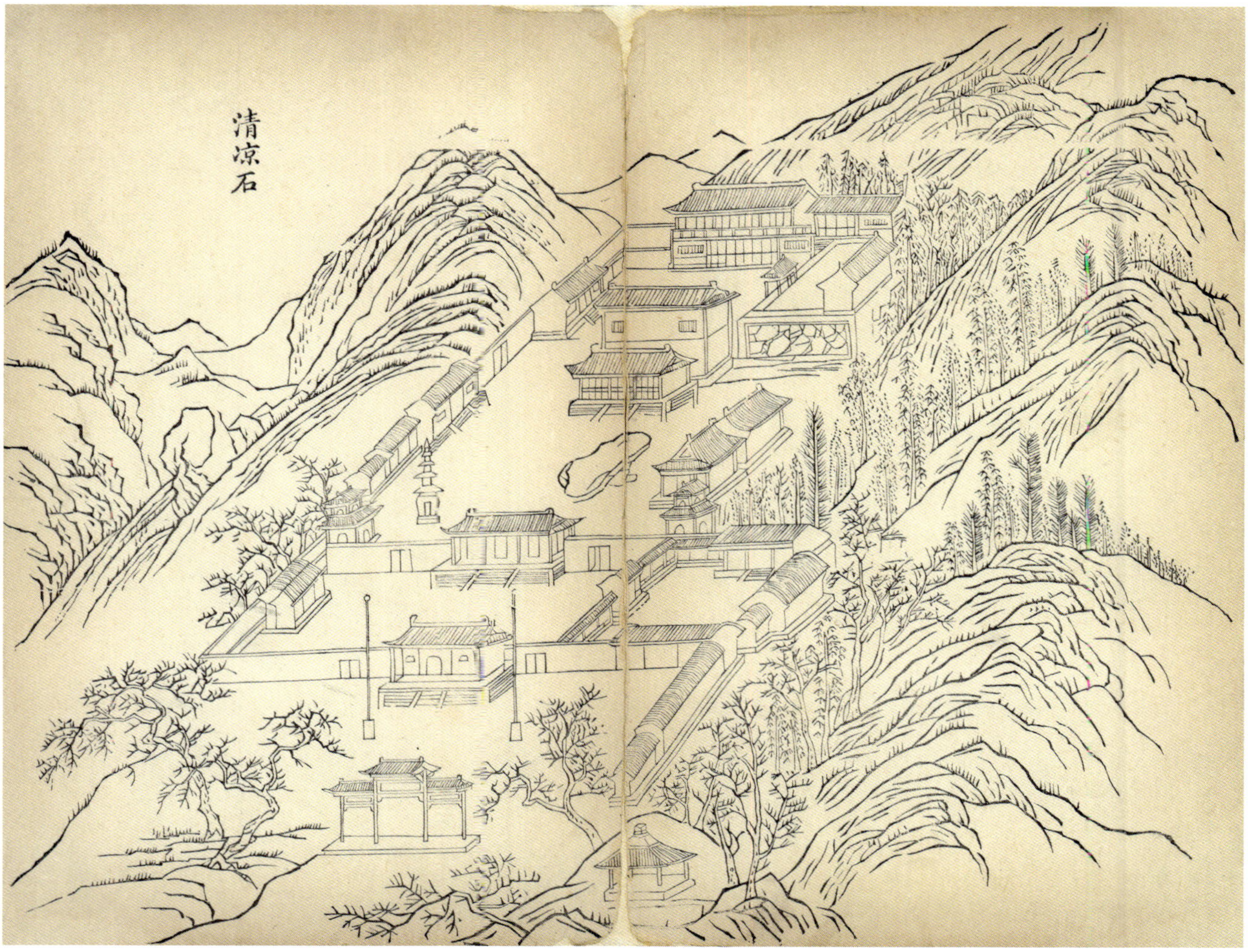
清涼石

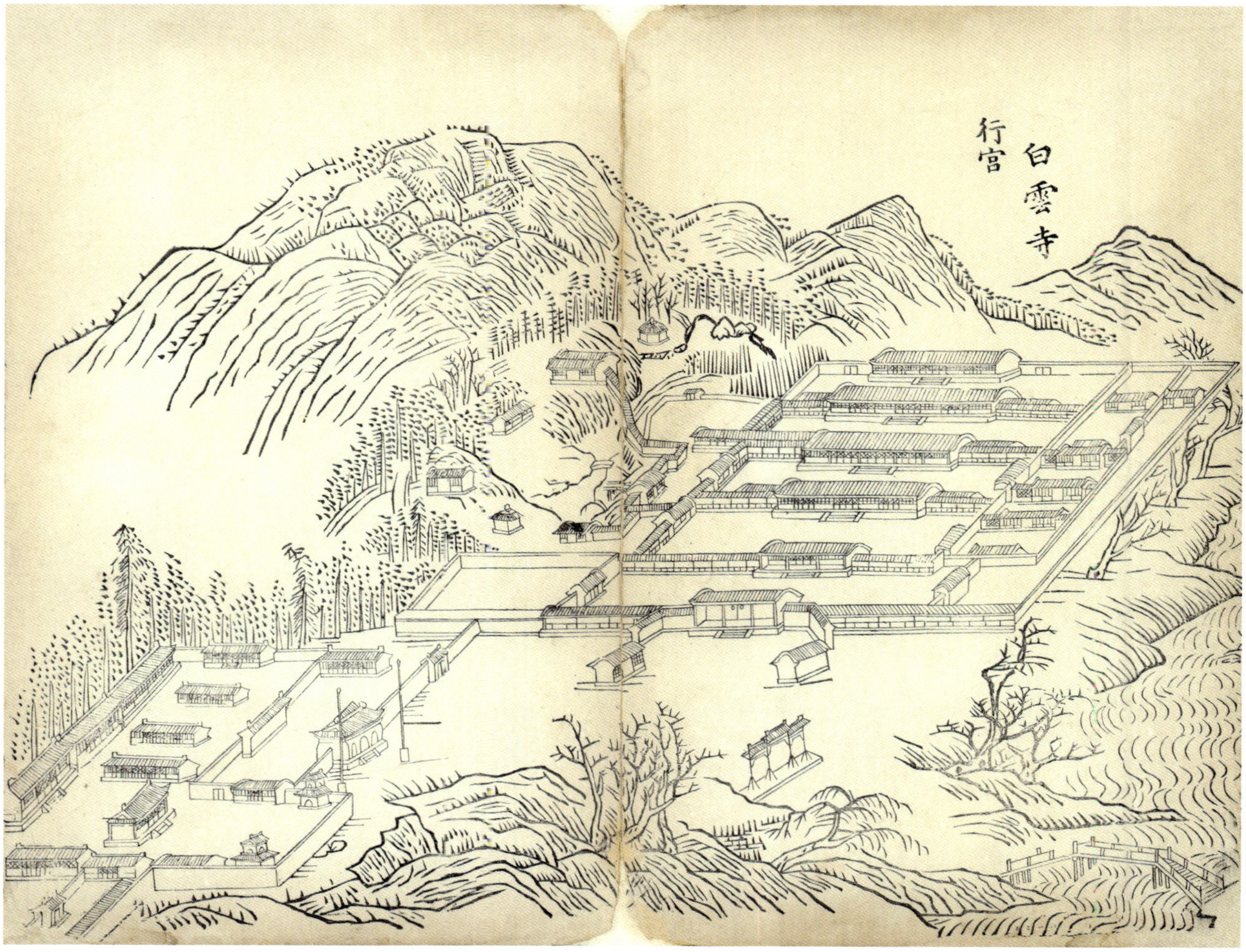
白雲寺
行宮

五臺山聖境圖

作　者　不詳
年　代　清光緒年間
類　型　紙本彩繪
載體形態　一幅
尺　寸　縱八四厘米，橫一六八厘米
索書號　214.253/074.2/1908

五臺山位於山西省忻州市，四大佛教名山之一，爲文殊菩薩道場。據《名山志》記載：『五臺山五峰聳立，高出雲表，山頂無林木，有如壘土之臺，故曰五臺。』由於五座高峰形如平臺，故稱五臺山。據傳這五座山峰分別代表了文殊菩薩的五種智慧。東臺爲望海峰，建有觀海寺，供奉聰明文殊菩薩；西臺爲挂月峰，建有法雷寺，供奉獅子吼文殊菩薩；南臺爲錦綉峰，建有普濟寺，供奉智慧文殊菩薩；北臺爲葉斗峰，建有靈應寺，供奉無垢文殊菩薩；中臺爲翠岩峰，建有演教寺，供奉孺童文殊菩薩。五臺山別名紫府山，《古清凉傳》載：『五臺山，名爲紫府，常有紫氣，仙人居之。』由於山上氣候凉爽，是一處避暑勝地，故而又名清凉山。

《五臺山聖境圖》將山體和建築融合在一起，較清晰地展現了山上的道路、景觀等情況，以淺淡的遠山、各類樹木、零星房屋、溪流和繚繞的雲氣作爲修飾，表現出山體的層次感，也展現出香霧繚繞

的宗教氣象。全圖色彩豐富，濃淡相宜，山體以黃色、淺緑、深緑爲主，五臺較均匀地分布在畫面之中，建築則紅墻灰瓦點綴其間，全圖布局嚴謹，各個部分相映成趣。這種以紅緑爲主色調的圖繪方式在清代官繪園林地圖中較爲多見。圖中的細節也非常豐富，以樹木爲例，有松葉點、梧桐點、胡椒點、雙鈎夾葉點、雙鈎圓點等等多種繪製方式，繪製者有意識地采取了多種繪製技巧，來增强畫面的變化，避免用筆死板，因此全圖顯得生意盎然，足見作者之用心。

此圖繪製的主要目的在於展現五臺山上的佛教建築，包括西天寺、吕祖寺、岩山寺、平掌寺、光明寺等，這些建築規格整飭，還原度較高，其中大白塔、廣宗寺、菩薩頂一帶建築規格明顯高於其他各處，成爲全圖的視覺中心，其他各處山峰、寺廟環繞周圍，突出其尊崇地位。這也體現出傳統輿圖的一大特點，即根據對象的重要程度來安排其視覺比例。如此，整幅畫面顯得主次分明，重心突出。除了建築之外，圖上還標繪了多處人文景觀，有江門子岩、羅羅洞、文殊洞、公布山、觀音洞、朝陽洞等等。

《五臺山聖境圖》是一幅珍貴的清代彩繪本五臺山圖，全圖内容豐富，描繪細緻，爲研究清代後期五臺山情况提供了寶貴史料。

北台
東台
廟頂菴
普濟院
烏木菴
光明寺
天一閣
平章寺
岩山寺
呂祖寺
西天寺
印牛洞
文殊洞
羅羅洞
跑馬白
湧泉寺
諸家庄
萬佛閣
甘和村
前石佛
後石佛
海會寺
南塔子

中台
西台
三泉寺
觀音洞
西天洞
廣宗寺
萬佛閣
觀音洞
朝陽洞
羅睺廟
文殊寺
明月池
萬緣庵
南山寺
玉皇廟
奶奶廟
棲賢寺
關帝廟

中台
北台
三泉寺
普覺寺
三聖庵
廣宗寺
萬佛閣
法通寺
觀音洞
文殊洞
公布山
朝陽洞
羅㬋廟
文殊寺
明月池
奶奶廟
棲賢寺
南山寺
萬緣庵
關帝廟

西台
五台縣
古竹嶺
永安寺
獅子窩
南台
古南台
鳳林寺
西天洞
白龍池
清涼石
竹林寺
金閣嶺
金閣寺
清涼寺
日照寺
天成寺
白塔院
千佛洞
梵仙山
車滿寺
吉祥寺
鎮海寺
山嘴
陽石玉
木子堂
白雲寺
山神庙
玉皇庙
牌樓寺

敕建五臺山文殊菩薩清涼勝境圖

作　者　不詳
年　代　清後期
類　型　單色刻本
載體形態　一幅
尺　寸　縱九一厘米，橫五〇厘米
索 書 號　214.253/074.2/1870

本圖采用山水畫法，繪出了文殊菩薩及五臺山各寺、廟、祠等。圖上方有朱印一方，印文爲『大五臺山文殊師利法王寶印』。圖上不注作者、年代等相關信息，不過，圖中出現的禪堂院爲菩薩頂大喇嘛佐巴隆柱於嘉慶十九年（一八一四）創建，道光二年（一八二二）至八年（一八二八）續建，道光十年（一八三〇）由皇帝賜匾更名爲慈福寺，而圖中仍稱其爲禪堂院，這説明此圖所表現的五臺山情況應在一八一四年至一八三〇年之間。

全圖上方區域印製了六首關於五臺山的詩，出自宋張商英述《續清涼傳》，内容分别爲：

東臺：迢迢雲水陟峰巒，漸覺天低宇宙寬。東北分明觀大海，西南咫尺望長安。圓光化現珠千顆，聳日初昇火一團。風雨每從岩下起，那羅洞裏有龍蟠。

南臺：披雲躡雪上南臺，北望清涼眼豁開。一片烟霞籠紫府，萬年松徑鎖莓苔。人游靈境涉溪去，我訪真容踏頂來。前後三三知者少，衲僧到此甚徘徊。

西臺：寶臺高峻足穹蒼，獅子遺踪入水旁。五色雲中游上界，九重天外看西方。三時雨灑龍宫冷，一夜風飄月桂香。土石尚能消罪障，何勞菩薩放神光。

北臺：北臺高峻碧崔嵬，多少游人到便迴。怕見目前生地獄，愁聞耳畔發風雷。七星每夜霑峰頂，六出長年積澗杯。若遇黑龍靈懆者，人間心念自然灰。

中臺：中臺岌岌最堪觀，四面林峰擁翠巒。萬壑松聲心地響，數條山色骨毛寒。重重燕水東南闊，漠漠黄沙西北寬。總信文殊歸向者，大家高步白雲端。

總題：五頂嵯峨接太虚，就中偏稱我師居。毒龍池畔雲生懆，猛虎岩前客過疏。冰雪滿山銀點綴，香花遍地錦鋪舒。展開座具長三尺，方占山河五百餘。

《敕建五臺山文殊菩薩清涼勝境圖》圖繪精美，内容詳細。山上標識了衆多建築物，其中以菩薩頂、廣宗寺、顯通寺、圓照寺、羅睺寺、塔院寺建築群最爲突出，這幾處建築規格嚴整，繪製精細，屋頂、石階的形狀也清晰呈現。除此之外的其他建築則綫條相對簡單，足見繪製者對於菩薩頂一帶的重視。同時，全圖的正上方區域畫出了巨大的文殊菩薩像，文殊菩薩端坐於西臺、中臺和北臺、東臺之間，頭頂有佛光，周圍有祥雲繚繞，顯得莊嚴肅穆，也使得全圖富於宗教意味。

敕建五臺山文殊菩薩清涼勝境圖

東臺
迢迢雲水陟峰巒游覽天低宇宙寬東北分明觀大海西南隩尺望長安圓光化現珠千顆聳日初昇火一團風雨每從岩下起那羅□□□□□□

南臺
披雲躡霧上南臺北望清涼眼豁開一片烟霞籠紫府萬年松徑鎖莓苔人遊靈境涉溪去我訪眞容躡頂來前後三三知者少稍傳到此□□□

西臺
□盤高峻是□□獅子遺踪八水旁五色雲中遊上界九重天外看西方三時雨灑龍宮冷一夜風飄月桂香上石尚能消罪障何嘗□□□神光

北臺
北臺高峻碧崔嵬多少遊人到便回怕見目前生地獄愁聞耳畔發風雷七星每夜露峯頂六出長年積潤丞若過黑龍靈□者人間心念自然灰

中臺
中臺方□最□觀四面□峯攤翠巒萬壑松聲□地響數條山色骨毛寒重重燕水東南瀾漠漠黃沙西北寬總信文殊歸向者大家高步白雲端

總題
五頂□□□□□中偏稱我師居毒龍池畔雲生猛虎當前客過疎氷雪滿山鎮點綴香花徧地錦鋪舒展開坐□長三尺方占山河五百餘

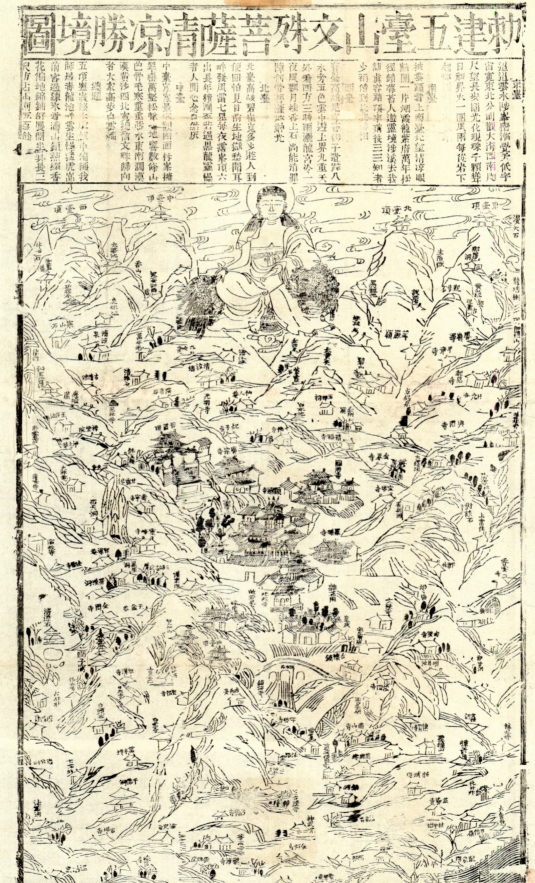

敕建五臺山文殊菩薩清涼勝境圖

東臺

迢迢雲水陟峯巒漸覺天低宇宙寬東北分明觀大海西南咫尺望長安圓光化現珠千顆聳日初昇火一團風雨每從岩下起那羅[illegible]

南臺

披雲躡雪上南臺北望清涼眼豁開一片烟霞籠紫府萬年松徑鎖莓苔人遊靈境涉溪去我訪真容踏頂來前後三三知者少衲僧到此[illegible]徘徊

西臺

寶臺高峻足空蒼獅子遺蹤八水旁五色雲中遊上界九重天外看西方三時雨灑龍宮冷一夜風飄月桂香上石尚能消罪障何管菩薩放神光

北臺

北臺高峻碧崔嵬多少遊人到便回怕見目前生地獄愁聞耳畔發風雷七星每夜露峯頂六出長年積澗[illegible]若過黑龍靈湫者人間心念自然灰

中臺

中臺岌岌最堪觀四面林峯擁翠巒萬壑松聲□地響數條山色骨毛寒重重燕水東南潤漠漠黃沙西北寬總信文殊歸向者大家高步白雲端

總題

五頂巍峩接太虛就中偏稱我師居毒龍池畔雲生慢猛虎崖前客過疎冰雪滿山鋪點綴香花徧地錦鋪舒展開坐具長三尺方占山河五百餘

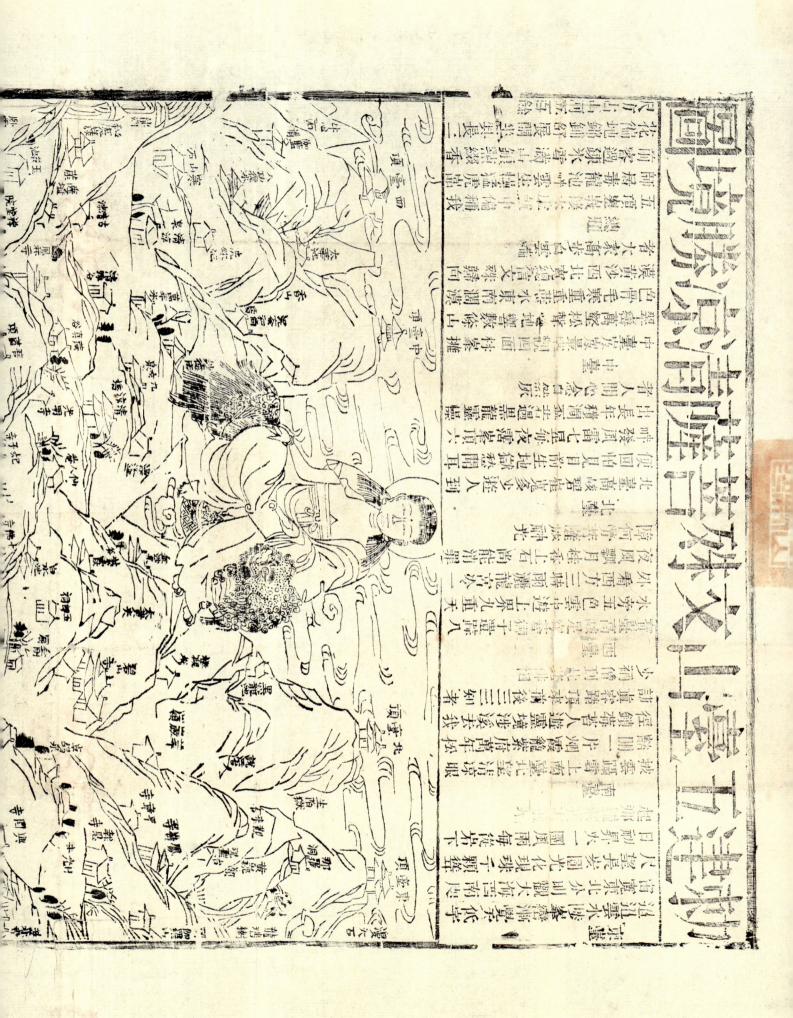

四川大峨眉山全圖

作　者　（清）江清亭繪

年　代　清同治五年（一八六六）

類　型　單色刻本

載體形態　一幅

尺　寸　縱四五厘米，横四九厘米

索書號　227.554/074.3/1866

圖上有漢文、藏文兩種文字。根據圖上落款，此圖爲清同治五年（一八六六）刻本，江清亭繪製，鈐『大峨眉山金殿普賢願王寶印』。左下角有印一方，爲『郫筒居士江清亭畫』，郫筒爲四川成都地名。

峨眉山風光秀美，歷史悠久，是享有盛譽的佛教勝地。此圖采用山水畫法，描繪了峨眉山的山川、道路、名勝、古刹，内容詳細。圖幅左上角題詞一首：『青雲繚繞七重天，頂上佛光圓。萬燈相萃禮普賢，鐘聲響玉泉。垂寶蓋，擁金蓮，象嶺月無邊。銀色界開蜀國前，龍虎濯疏烟。時丙寅仲冬郫筒江清亭畫。』詩作歌頌峨眉佛光和普賢信仰，與畫面相得益彰，也爲全圖增添了佛教文化色彩。

《四川大峨眉山全圖》表現了峨眉山從山脚一直到峨眉金頂沿綫的道路和建築，山頂有一片建築群，標識了普賢金頂、正頂金殿、睹光臺、銀瓦屏、普賢塔、金剛臺、銅鐘、銅碑、龍池、七天橋、卧雲庵等地名，還繪出了前往山頂朝拜者。圖中對於上山道路、沿途建築物的表現相對簡略，自山頂往下有天門石、天門寺、道祐寺、九老洞、鑽天坡、華岩頂、大坪、洗象池、蓮花石、長壽坡、蛇到退、廣福寺、中鋒寺、洪椿坪、仙姑彈琴、山王廟等多處景觀。而主圖之外，左側繪出一輪佛光，光芒四射，普照諸峰，諸峰有雲霞繚繞，顯得悠遠飄渺，這正是峨眉山著名的『佛光』之景，繪製者對其進行了較爲誇張的描繪。圖右側也列出了曬經山、弓背山、象嶺等山峰，衆山之間有一輪較小的佛光。這種將主峰置於圖中央進行全景式描繪，將一些比較遥遠的山峰列於兩側進行群像式描繪的繪圖模式，在相關輿圖中皆有不同程度的體現，是峨眉山圖的特色之一。

除本圖之外，國家圖書館還藏有另一版本的《四川大峨眉山全圖》，清同治十年（一八七一）刻本，落款爲大坪净土堂。圖上有寶印一方，印文爲『普賢願王法寶』。二圖内容、大小一致，僅有少許細節不同，應爲同一塊刻版。

青雲繚繞七重天。顶上佛光圓。
普燈相萃禮普賢。鐘声响玉泉。
垂寶蓋。擁金蓮。象嶺月無邊。
銀色界瀾蜀國前。龍雨灑珠煙。
時丙寅仲冬
郭筠清亭画
金剛台
萬佛頂
千佛頂
佛現頂
七天橋
仙人面
十七峯
白云峯
峨眉雪
普賢峯
宝掌峯
玉柱峯
觀音峯
聖鐘峯
蓮花峯
宝劍峯
呼應峯
天柱峯
玉女峯
二峩山
三峩山
大云壑
解脫坡
宝現溪
報国寺

御題天下大峨眉山勝景（圖）

作　者　不詳

年　代　清同治年間

類　型　單色刻本

載體形態　一幅

尺　寸　縱一〇〇厘米，横四八厘米

索書號　227.554/074.3/1870

圖上方有朱印一方，印文爲『敕賜正頂金殿普賢願王之寶』。本圖是目前存世的多種《御題天下大峨眉山勝景（圖）》版本之一。

峨眉山位於四川省樂山市，爲中國佛教四大名山之一，是普賢菩薩道場，歷來備受尊崇。《御題天下大峨眉山勝景（圖）》略去對山體的描繪，重點繪出了自臨江草鞋渡上至金頂沿途的名勝古迹和道路。圖上地名有千佛頂、萬佛頂、銅碑、觀音閣、藏經閣、勅賜正頂金殿、觀音井、沉香塔、開山祖殿、接引殿、大乘寺、太子坪、白雲殿、卧雲庵、睹光臺、萬年寺、壁山廟等等，較詳細地展示了峨眉山上的佛教名勝，尤其對其中多處『御書』『御題』『勅賜』進行了重點標識。圖左下角標識了嘉定府，城墻内有文字注記：『嘉定府勝景多，難以載全：金剛、大佛、鳳凰、巫魚、老哨、紅花、官斗、鐵牛、西湖、掘草鞋。』圖右下角爲峨眉縣，縣中的城隍廟、三清觀、行宫、禹王宫、文昌宫、文廟、關帝廟、火神廟等都有所體現，還標注了文字：『峨眉縣出南門，朝大峨山進香，大路上頂，一百二十里。』山上的建築比例較大，而建築之間除了道路之外，還以圖案化的樹木、雲紋、宗教圖案等紋飾隔開，顯得頗有裝飾性。在主峰的建築物之外，該圖左側繪製了在一輪佛光，普照天柱峰、觀音峰等山峰之下，不過這些山峰并没有以圖繪方式表現，僅僅以方框内文字的形式列出了名字。右側也列出了雪山、瓦山、曬經山、象嶺等地名。『佛光』是峨眉山的勝景之一，據説人們在峨眉山金頂背向太陽站立，陽光從身後照射進雲層，會出現人影置身佛光之中的奇景，又稱爲『峨眉寶光』，本圖對峨眉佛光進行了較誇張的描繪。

除了具體景物之外，圖右上方有詩一首：『崑崙發脉來，神矣更奇哉。天借星辰斡，七重洞洞開。』左上方也有詩一首：『震旦國天蓮，雲開望普賢。畫圖睹不盡，且掬數峰烟。』從這兩首詩來看，《御題天下大峨眉山勝景（圖）》可能不僅僅有指示道路的功能，還被廣泛刻印，具有供佛教徒瞻仰、想象峨眉佛境的功能。

《御題天下大峨眉山勝景（圖）》在大連圖書館亦有藏本，縱七九厘米，横四四厘米，與國家圖書館所藏本相比，主要内容、構圖方式基本一致，圖上方亦鈐『敕賜正頂金殿普賢願王之寶』印。不過繪製方式有所不同，左上角多出一段文字：『普賢西域向東來，漢明敕賜普光名。昔唐圓覺成此地，大清又成□普賢。願王現身正峰頂，萬盞明燈騰□來。』

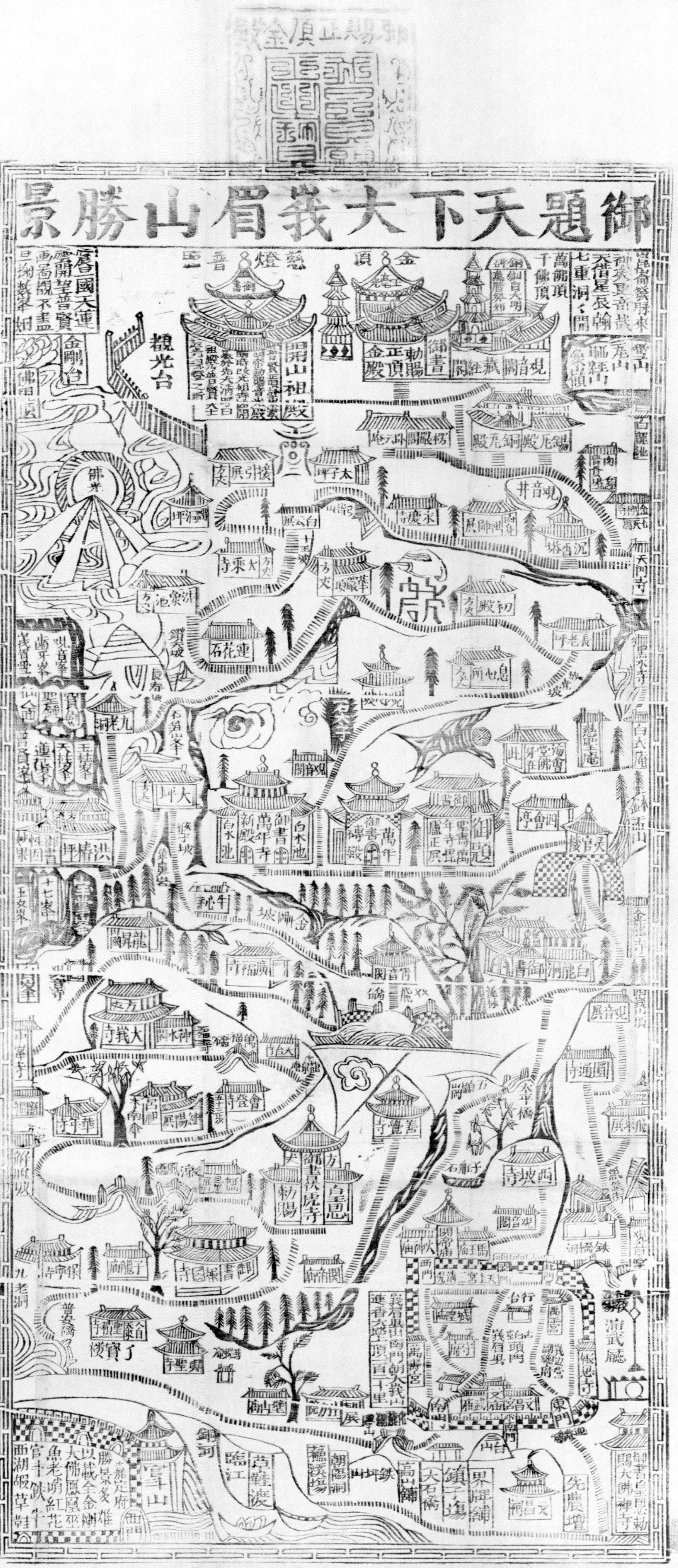

御題天下大峨眉山勝景（圖）

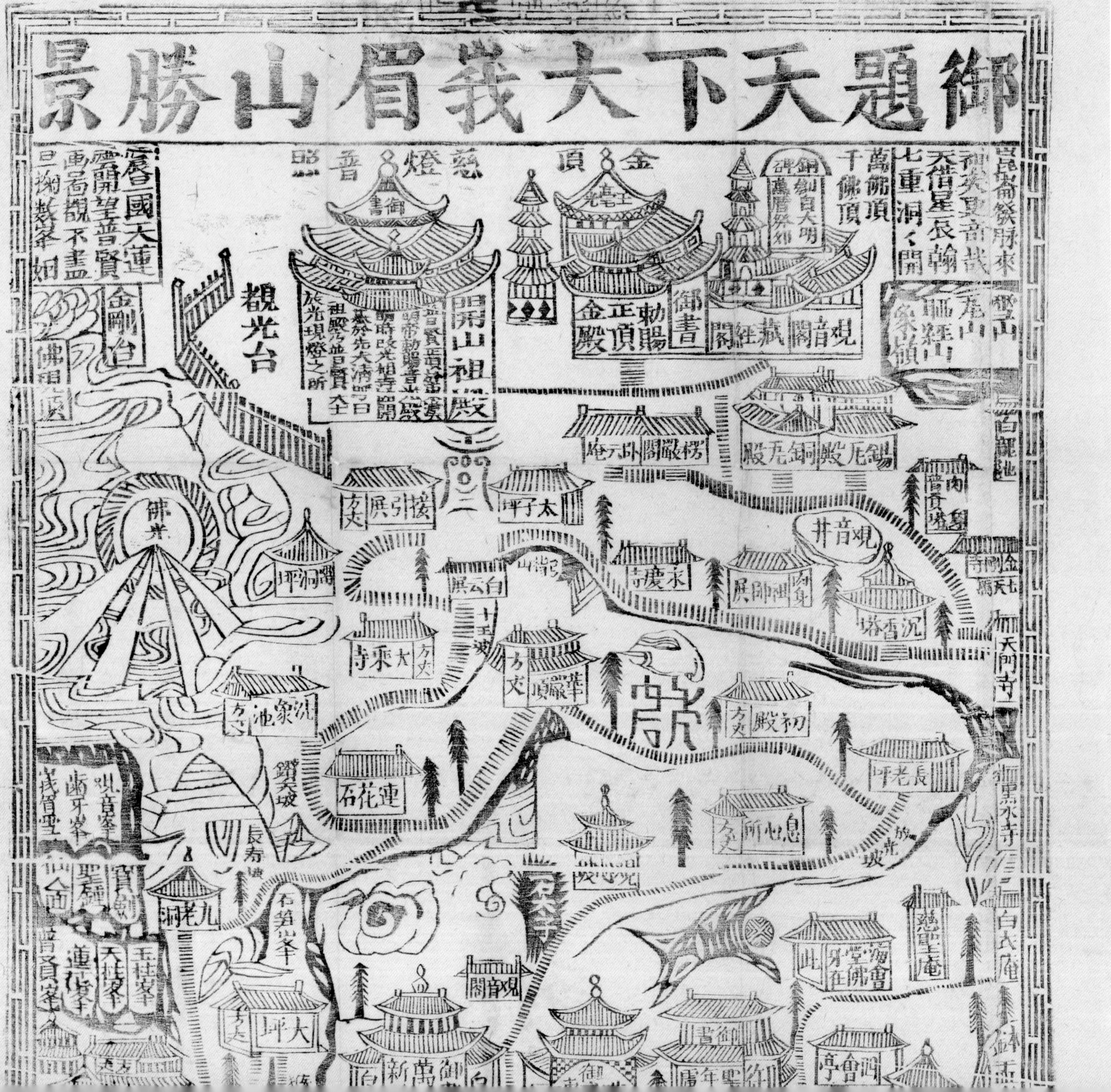
御題天下大峨眉山勝景
金頂
慈燈普照
開山祖殿
觀光台
金剛台
佛光
御書
勅賜正頂金殿
觀音閣
藏經閣
千佛頂
萬佛頂
七重洞開
錫瓦殿
銅瓦殿
楞嚴閣
臥雲庵
接引殿
太子坪
觀音井
永慶寺
沉香塔
大乘寺
華嚴頂
沉象池
連花石
初殿
長老坪
息心所
鑽天坡
長壽坡
九老洞
大坪
觀音閣
天門寺
黑水寺
白衣庵
會燈亭

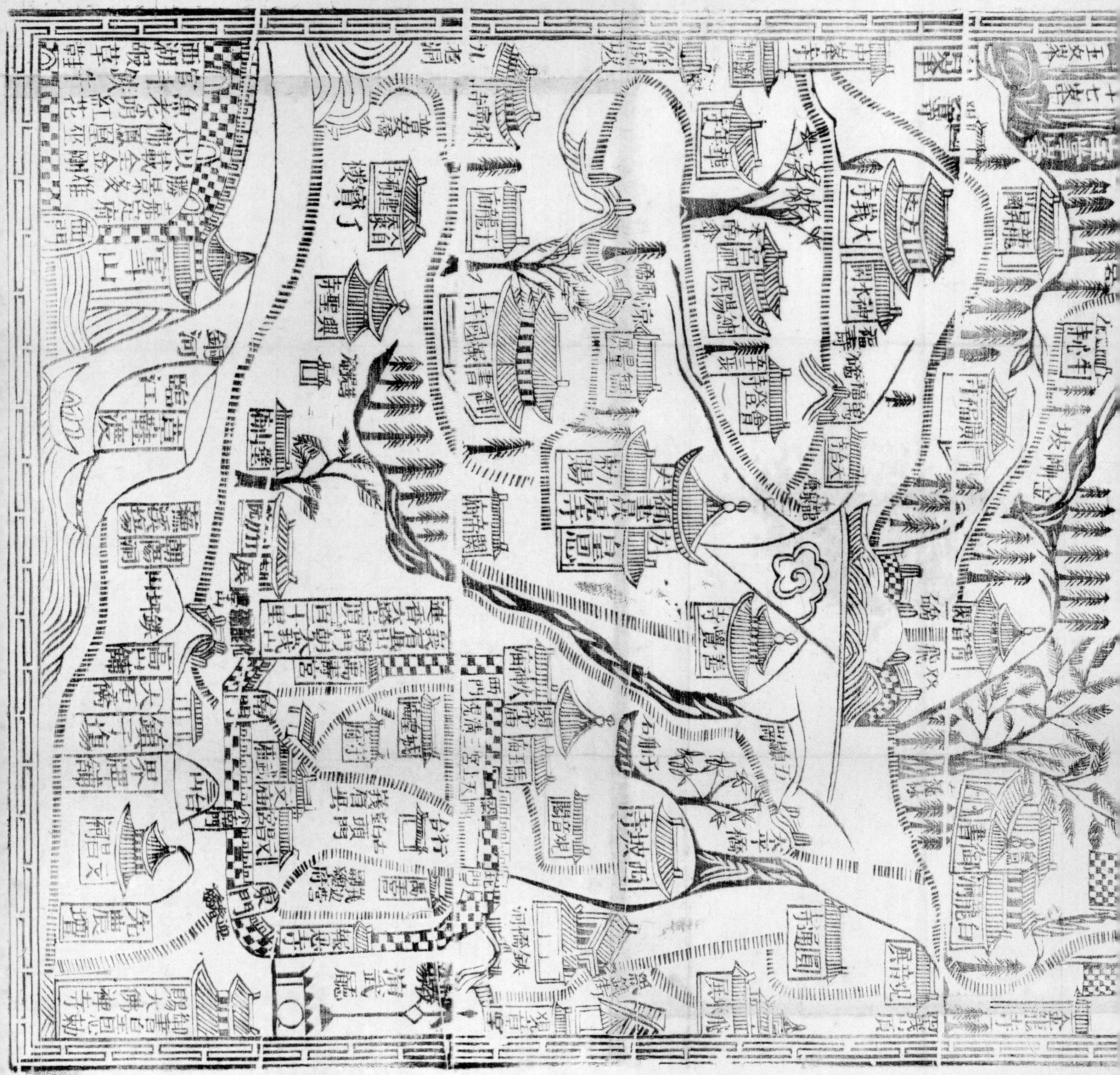

敕建南海普陀山境全圖

作　者　（清）圓通繪
年　代　清光緒二十九年（一九〇三）
類　型　木刻墨印
載體形態　一幅
尺　寸　縱一〇九厘米，橫五六厘米
索書號　223.321/074.3/1903

該圖上方有玉印一方，印文較模糊難以識別，右下角有『癸卯荷月刻板永存圓通常住置』字樣，應爲光緒二十九年（一九〇三）六月由僧人圓通所製。繪製較爲精細，全面地展現了普陀山上的地形和建築情況。

普陀山位於浙江省舟山群島，是四大佛教名山之一，觀音菩薩教化衆生的道場。《華嚴經入法界品》載道：『於此南方有山曰光明，彼有菩薩名觀世音。』普陀山孤懸海外，素有『海天佛國』『南海聖境』之稱，明周應賓《普陀山志》稱其爲『海上靈境』。這裏古刹林立，雲霧繚繞，有悠久的佛教文化歷史，受到歷代帝王的尊奉。《增廣印光法師文鈔・石印普陀山志序》稱：『以其名載華嚴，昔年善財親參，恩周庶類，歷代皇帝敕建，故致舉世欽崇，各國景仰。』

此圖右上空白部分有頌贊文字：『山開梁代，佛顯南天。著羅迦之勝迹，追慧鍔之遺賢。曉夜潮音，六朝鐵殿。晨昏鐘鼓，二梵金仙。朱甍炫耀，玉宇澄鮮。頌慈悲於大士，沐感應於微緣。四海梯航，緇黄雲集。九州瞻仰，善信心虔。輝煌宮刹，繚繞香烟。皇圖永固，聖火綿延。今來古往，百千萬年。』在上方空白處記録頌贊文字，在傳統佛教山嶽輿圖中較爲常見，國家圖書館藏《東南第一大九華山全圖》《大九華天臺勝境全圖》《敕建五臺山文殊菩薩清涼勝境圖》中都有此類現象。

《敕建南海普陀山境全圖》繪製精細，構圖考究，範圍東至琉球洋，西至鎮海寧波，南至昌門排，北至韭山大洋。這種對於四至的描述，是傳統輿圖的特點之一。全圖集山、海、雲於一圖，表現了普陀山上佛寺林立，山海相連的景象。圖中所標繪的景物以建築爲主，其中，『藏經閣—大雄殿—九龍殿—御碑亭—天王殿—法雨禪寺』一處建築群，和『藏經閣—圓通殿—天王殿—萬壽亭—湖心亭—御碑亭—普濟禪寺』一處建築群規模宏大、規格整飭，成爲全圖的兩處視覺中心，其他大小寺院分列於島上，遠處的山頂最高峰爲菩薩頂，峰下有慧濟禪林立於山上，周圍有雲氣繚繞，山峰上有『海天佛國』字樣，顯示出濃郁的佛教氛圍。除了建築之外，山上還有多種樹木、荷花等點綴其間，顯得生氣盎然；在海岸處還停泊了多艘船隻，岸上亦有信衆數人正前往朝拜。

此圖摹本頗多，除了國家圖書館所藏版本外，還有多種版本存世。如大連圖書館藏《敕建南海普陀山境全圖》與國圖所藏版本屬於同一圖系，衹是細節處有所不同，并非同一塊刻版。根據原圖編目信息，康熙二十六年（一六八七）改原定海縣爲鎮海縣，而此圖示注『西至鎮海寧波』，説明此圖的繪製至少應在一六八七年之後。除此之外，中國書店——海王村拍賣有限責任公司於二〇〇四年也曾拍賣一張《敕建南海普陀山境全圖》，圖左下標明『王天成出板』，孔夫子舊書網上也曾拍賣同名普陀山圖，圖下標『陳同和印造』。這些圖的內容與國圖藏版本基本一致，而細節和塗色方式則有所不同。這説明此版普陀山圖在清代流傳甚廣，出現了多種摹刻本，這也從側面反映了清代普陀信仰的興盛。

此外，國家圖書館還藏有另一版本的《敕建南海普陀山境全圖》，木刻墨印，手工設紅緑二色，縱八九厘米，橫五一厘米，由於落款處內容模糊，製作時間不詳。與本圖內容和畫面安排應屬於同一圖系，所配文字也一樣。不過畫面粗糙，細節刻畫比較簡單，文字書法也較爲隨意，可能爲民間流傳的摹刻版本。通過這兩個版本的比較，亦能一窺清代山嶽輿圖之流傳情況。

敕建南海普陀山境全圖

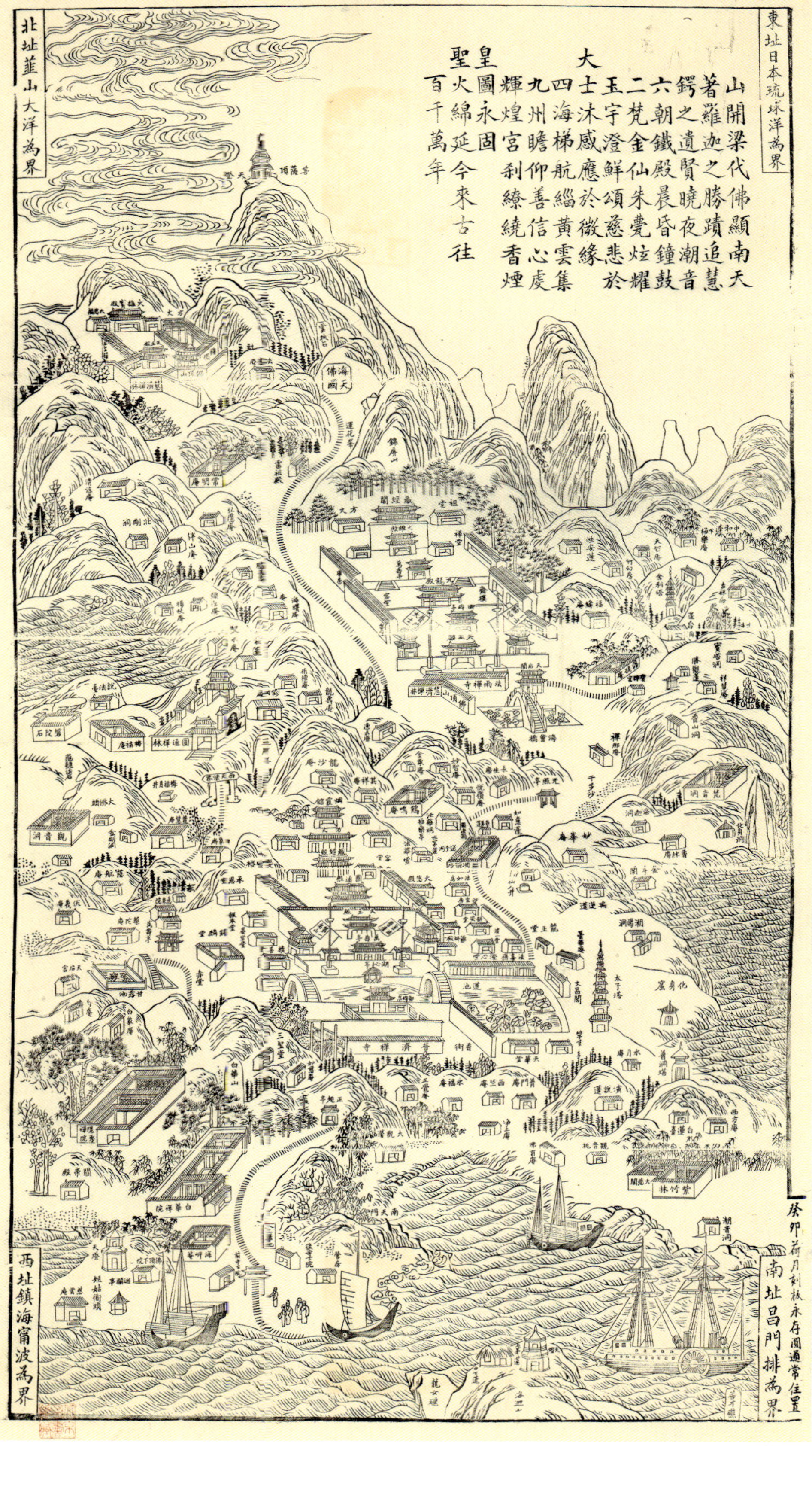
山開梁代佛顯南天
著羅迦之勝蹟追慧
鍔之遺賢曉夜潮音
六朝鐵殿晨昏鐘鼓
二梵金仙朱甍炫耀於
玉宇澄鮮頌慈悲於
大士沐感應於微緣
四海梯航緇黃雲集
九州瞻仰善信心虔
輝煌宮刹繚繞香煙
皇圖永固
聖火綿延今來古往
百千萬年
東址日本琉球洋為界
北址韮山大洋為界
西址鎮海甯波為界
南址昌門排為界
癸卯荷月刻板永存圓通常住置

敕建南海普陀山境全圖

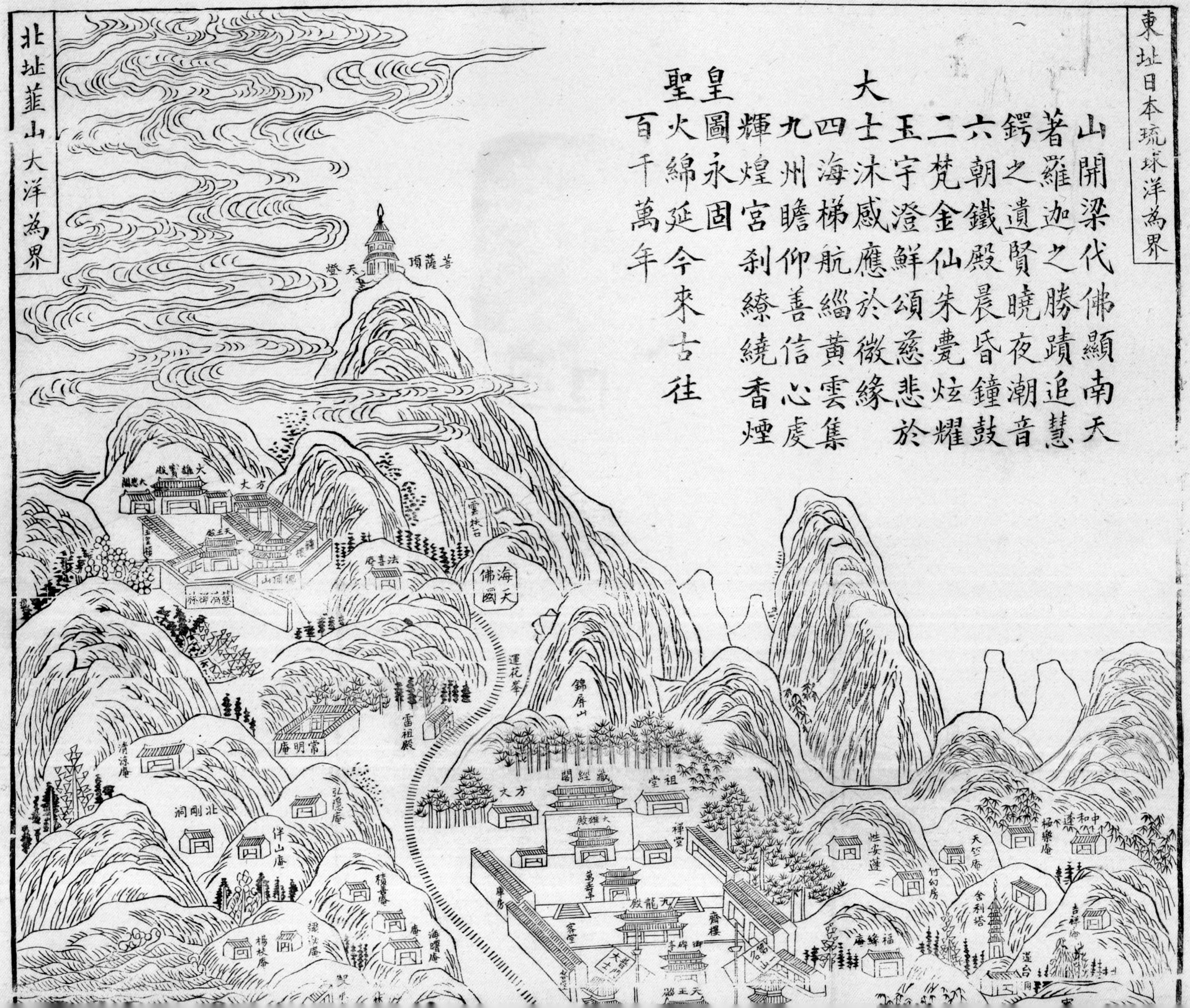

山開梁代佛顯南天
著羅迦之勝蹟追慧
鍔之遺賢曉夜潮音
六朝鐵殿晨昏鐘鼓
二梵金仙朱甍炫耀
玉宇澄鮮頌慈悲於
大
士沐感應於徵緣
四海梯航緇黃雲集
九州瞻仰善信心處
輝煌宮剎繚繞香煙
皇
圖永固
聖
火綿延今來古往
百千萬年

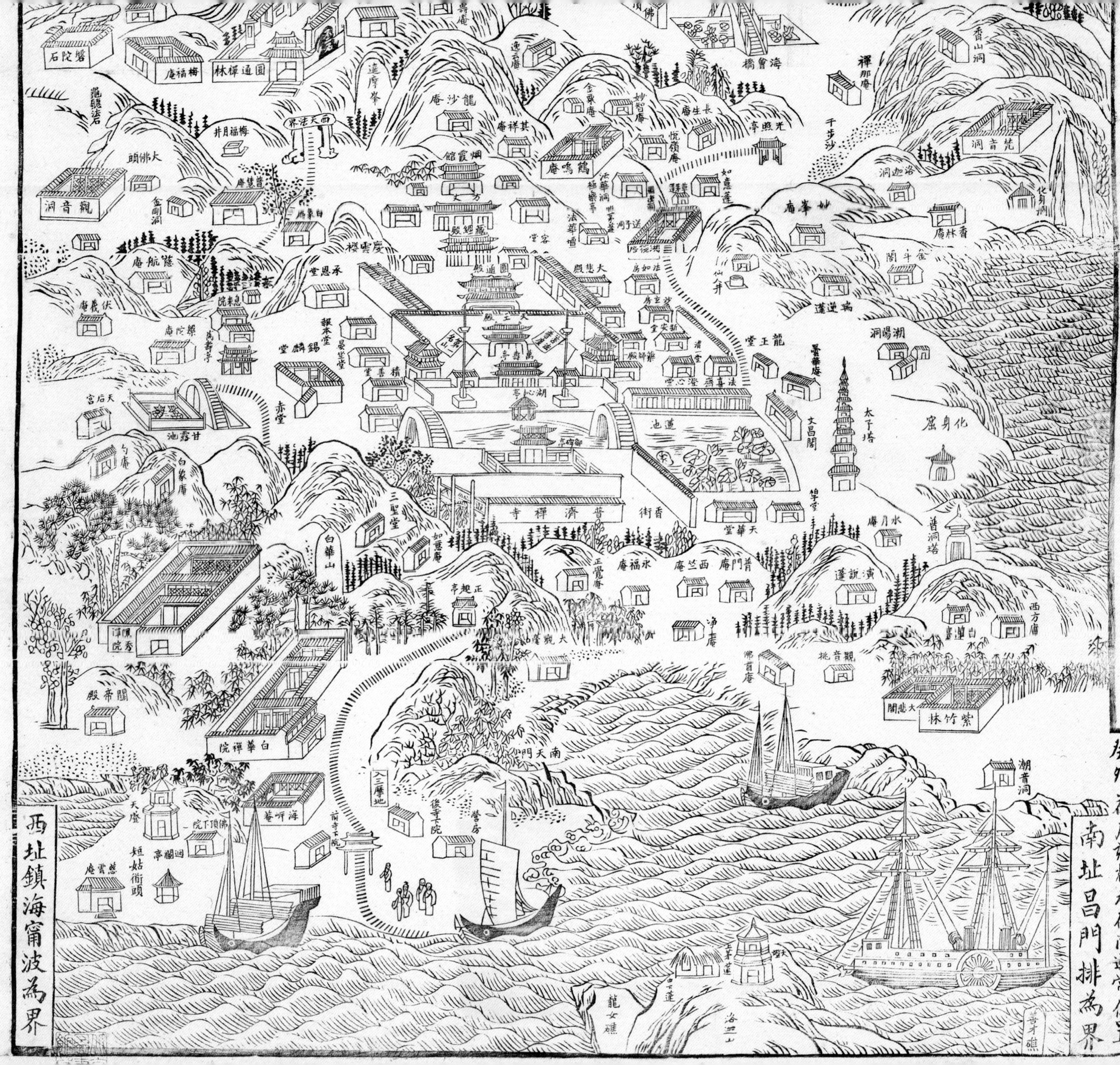

癸卯荷月刻板永存圓通常住置

東南第一大九華天臺山全圖

作　者　不詳，祥明記印

年　代　清光緒年間

類　型　木刻墨印

載體形態　一幅

尺　寸　縱九四厘米，橫五三厘米

索 書 號　222.634/074.3/1900

圖上方鈐扇形『法華禪寺』印，此外還有朱印一方，印文模糊，難以識別。從畫面表現來看，此圖另與國圖藏《大九華天臺勝境全圖》有諸多相似之處，應屬同一圖系。

全圖右上方有文字注記：『地藏菩薩，十殿慈王。四生慈父，六道梯航。化身九華，普蔭十方。創自唐虞，顯於晉皇。緇素雲集，人天敬仰。善信心虔，朝拜馨香。香烟繚繞，宮刹輝煌。皇圖永固，聖火綿長。今來古往，隻獨無雙。』體現出此圖的宗教性質，文字内容也與畫面反映的九華景象相得益彰。

《東南第一大九華天臺山全圖》和國圖藏《大九華天臺勝境全圖》所表現的地理區域大致相同，圖四角部分也出現了四至標識：『西至貫前通池州府爲界』，『東北至寧國府通青陽縣爲界』，『東至徽州通陵陽爲界』，『南至景德鎮通南陽灣爲界』，説明這兩幅輿圖有一定淵源關係。而從圖繪方式來看，《東南第一大九華天臺山全圖》比《大九華天臺勝境全圖》更爲具象，建築物和道路所占比例相對較小，圖中也多了對於山體的整體和細節性描繪，是一幅山體輪廓和建築道路相結合的山嶽輿圖，這種繪製方式在傳統山嶽輿圖中較爲多見。

《東南第一大九華天臺山全圖》内容詳細豐富，作者較靈活地運用了陰刻和陽刻，以陽刻表現山體輪廓，陰刻表現建築物等，圖中還以各類植物點綴裝飾，使得畫面生動活潑，頗有意趣。

東南第一大九華天臺山全圖

東南第一大九華天台山全圖

地藏菩薩十殿慈王四生慈
父六道梯航化身九華普蔭十
方創自唐虞顯於晉皇緇素雲集
人天敬仰善信心虔朝拜馨
香　香烟繚繞宮剎輝煌
皇圖永固
聖火綿長今來古
往
獨無雙
隻

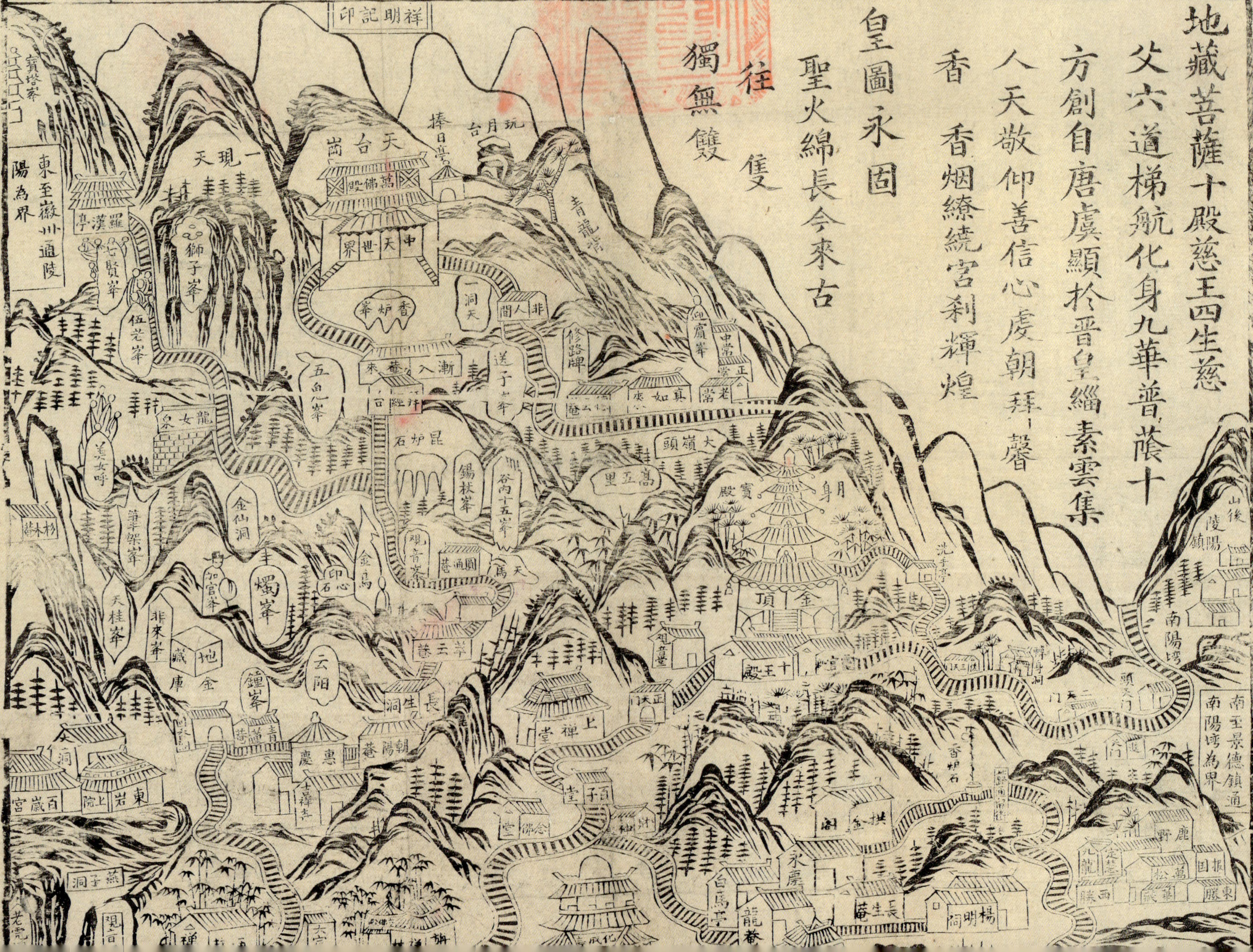

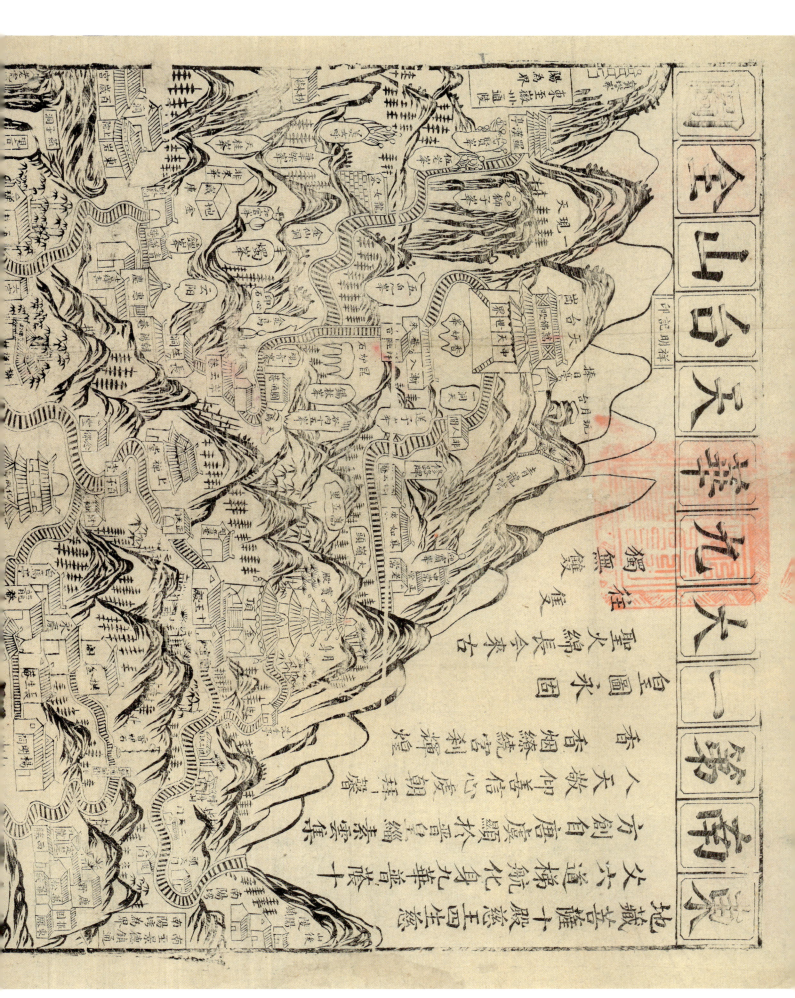

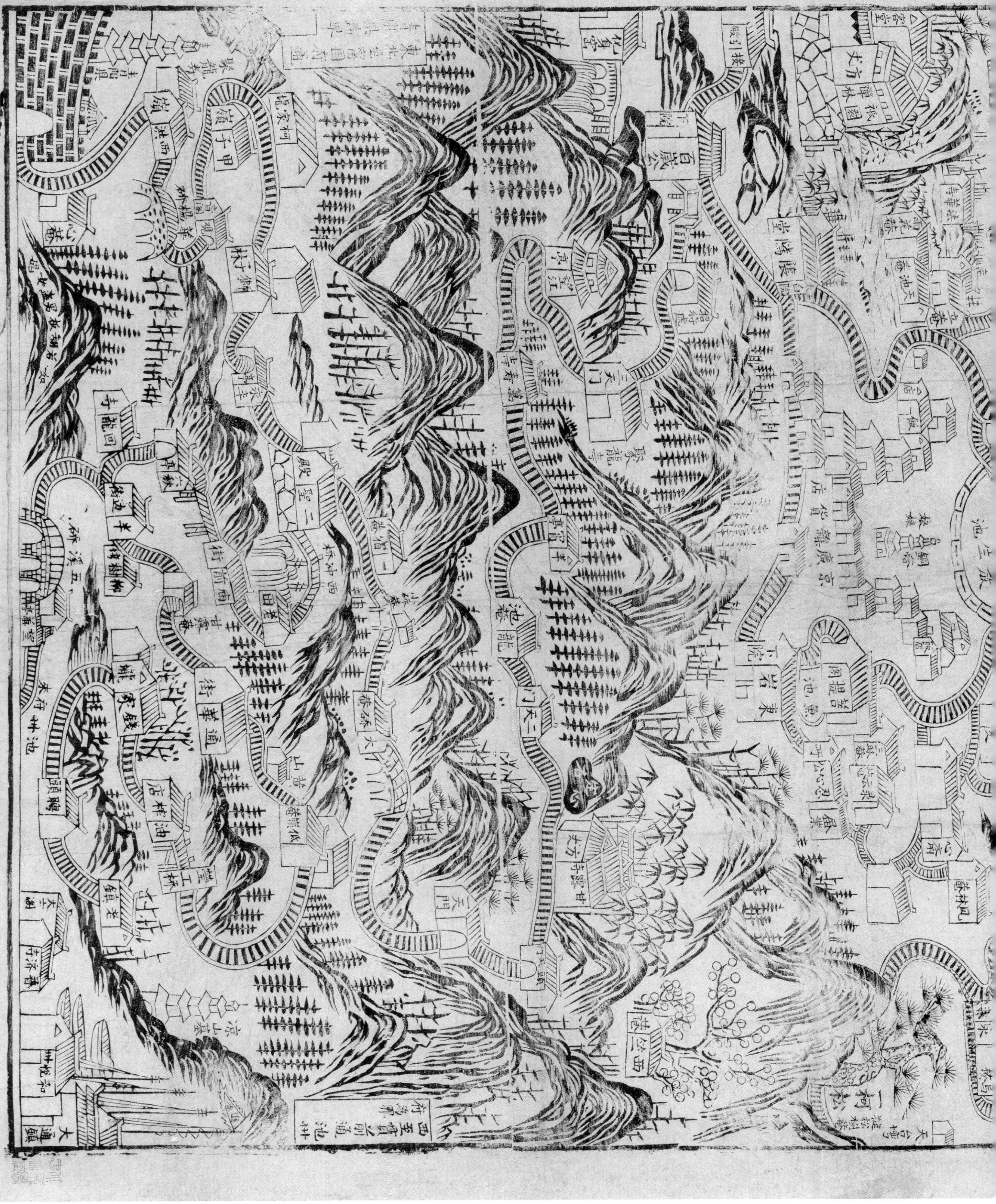

大九華天臺勝境全圖

作　者　不詳

年　代　清代

類　型　木刻墨印

載體形態　一幅

尺　寸　縱四五厘米，横三三厘米

索書號　（222.634）/074.3/1908

從此圖看來，原圖版略有斷裂。圖上方有扇形墨印一方，内容爲『天臺山正常住德雲庵』，又有朱印一方，印文模糊，難以識别。

該圖所表現的是九華山天臺峰一帶情况，九華山位於今安徽省池州市青陽縣境内，爲四大佛教名山之一，地藏菩薩道場。九華山上名寺古刹林立，文物古迹衆多。清代《九華山志》載：『天柱峰聳拔千仞，如柱倚天，此華東第一峰也。』《江南通志》稱九華山爲『江南香火之宗』。李白《望九華贈青陽韋仲堪》詩稱：『昔在九江上，遥望九華峰。天河挂绿水，秀出九芙蓉。』在九華山諸峰之中，天臺峰又名天臺正頂，是佛教徒朝拜地藏聖迹之所。所以，雖然天臺峰地勢略低於十王峰，却往往被視爲九華主峰。坐落於天臺、玉屏峰間的地藏寺，古名天臺寺，又名地藏禪林。作爲佛教勝地，天臺峰一帶被稱爲『中天世界』。

天臺峰一帶香火旺盛，勝迹衆多，往來信衆也很多，《大九華天臺勝境全圖》中羅列了此區域的多處地名，有佛教禪院如萬佛殿、祇圓庵、萃雲庵、十王殿、甘露寺、德雲庵，有山上景致如香爐峰、五鬼峰、昆爐峰等。具體説來，此圖主要有以下特點。

第一，此圖與山水畫關係不大，而更接近傳統輿圖的繪製方式，這是其功能定位所決定的。相較於許多山嶽輿圖先畫山水形體再標識地名的繪製方式，《大九華天臺勝境全圖》隱去了對山體形體的表現，主要表現各處禪院、殿宇之間的位置關係，以該區域的空間布局爲主要表現内容。全圖采用滿鋪畫法，并未留白，在殿宇中間或點綴山體，且出現了傳統輿圖的『四至』表現方式，有『東至陵陽鎮至徽州爲界』『南至景德鎮』『東北至青陽縣』『西至貫前通池府』等文字標識。

第二，該圖重點表現道路、建築。『道里』是裴秀製圖六體之一，意味着傳統地圖的一大要義就是表現道路，不過，相較於其他山嶽輿圖較多采用虚綫標識道路的方式，《大九華天臺勝境全圖》采用較寬的平行横綫表現登山石階，在全圖中顯得格外明顯和突出。除此之外，圖中對於岔路、彎道都有忠實表現，且輔以對路途長度的文字注記，這應該是爲了盡可能地提供詳細的信息。

第三，該圖對山峰采用抽象方式標識，在傳統山嶽輿圖中别具一格。『山』字本爲象形字，像地平綫上起伏連綿的群峰之綫描，在傳統輿圖中，山一般也采取筆架形狀的象形符號標識。但是在《大九華天臺勝境全圖》中，作者却根據群山各自的名稱和特徵，采用了不同的具象表現方式，例如，將七賢峰和五老峰畫成一群人的形象，將加官峰繪製成一位官服加身的男子形象，將燭峰繪製成蠟燭形狀，將香爐峰繪製成香爐形狀，將觀音峰繪製成觀音菩薩形象，將鼓峰以一面鼓標識等等，不一而足，這種畫法生動，與衆不同，體現了中國傳統圖繪的活潑意趣。

大九華天臺勝境全圖

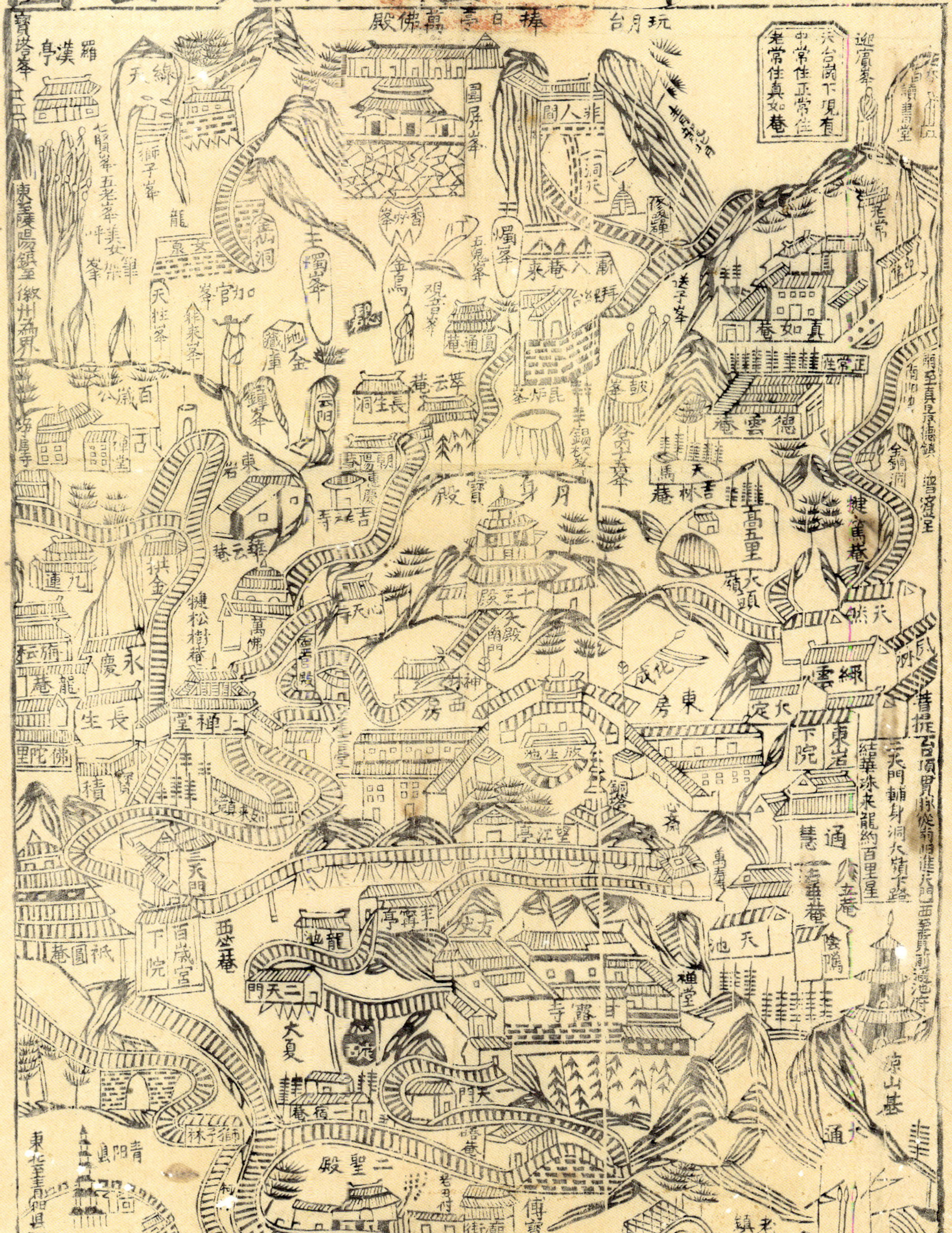

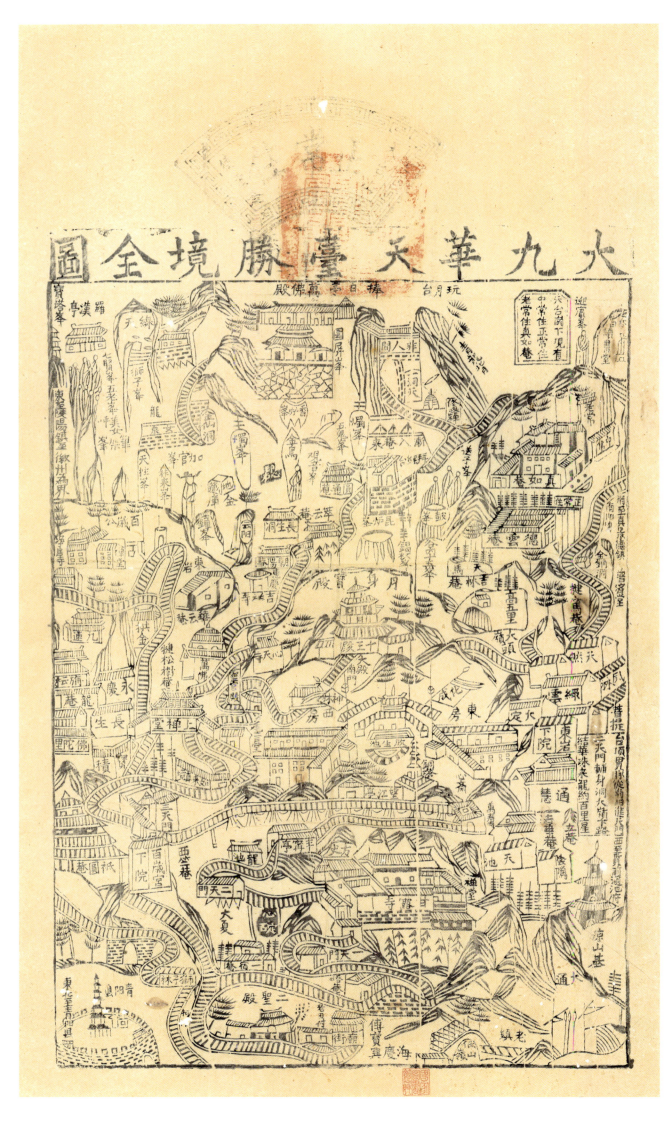

大九華天臺勝境全圖

玩月台
捧日亭
萬佛殿
天台閣下現有
中常住正常住
老常住真如庵
迎仙峯
讀書堂
羅漢亭
寶塔峯
線天
獅子峯
七賢峯
五老峯
美女峯
筆架峯
龍
安泉
金仙洞
天柱峯
飛來峯
加官峯
圓屏峯
非人間
香爐峯
蠟燭峯
五鬼峯
觀音峯
金烏
地藏庫
八庵來朝
拜經台
圓通庵
長生洞
翠云庵
朝陽庵
東岩
百歲公
真如庵
正常住
德云庵
鼓峯
送子峯
老常
天馬庵
吉林庵
高五里
月身寶殿
吉祥寺
華云庵
東至陵陽鎮至徽州為界
普濟堂

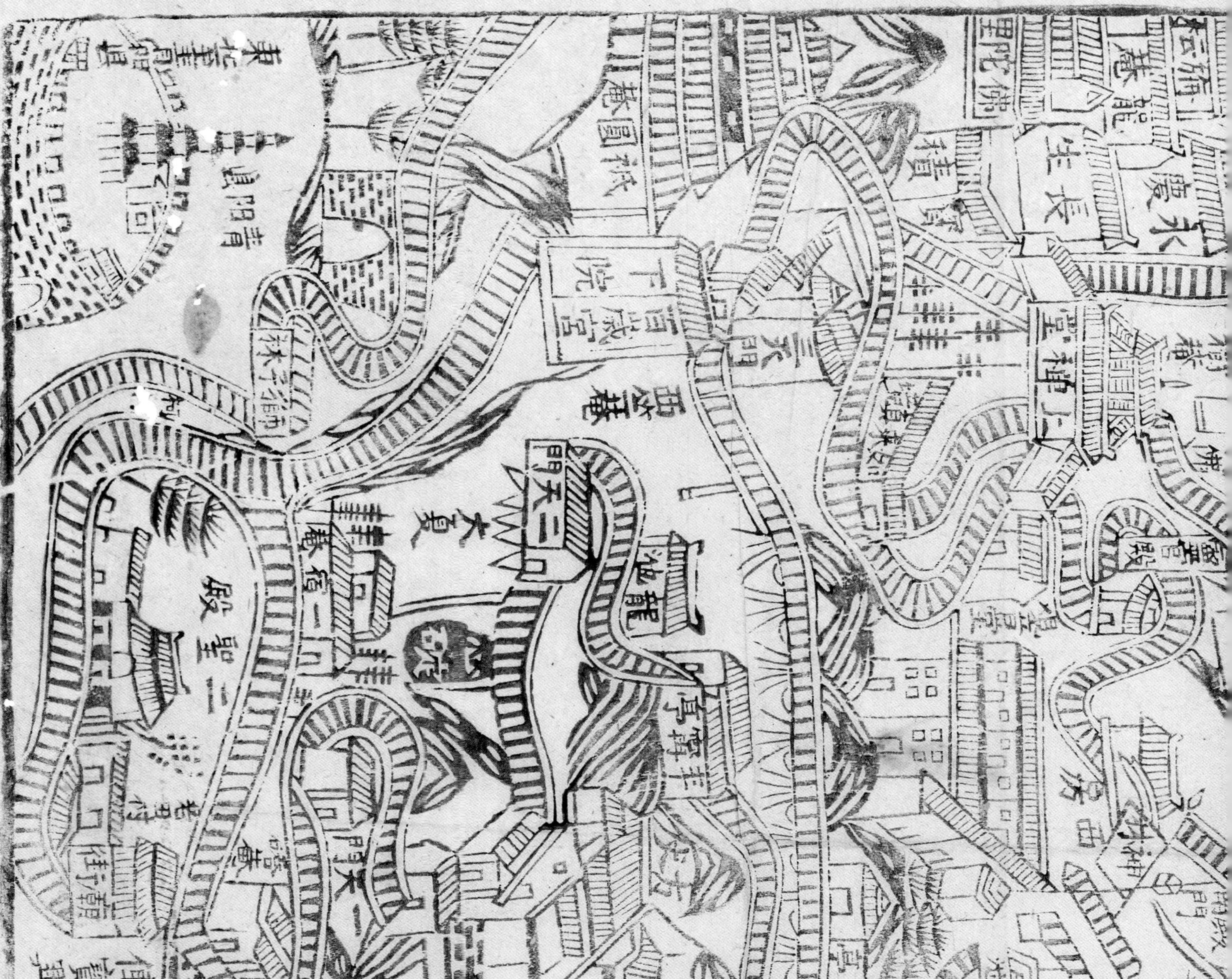
三天門
二天門
西竺庵
天池

峨山圖說

作　者　（清）譚鍾嶽繪

年　代　清光緒十七年（一八九一）

類　型　單色刻本

載體形態　二册

尺　寸　每頁縱三二厘米，横一九厘米

索書號　227.554/074.3/1891

此圖是目前已知較早全面介紹峨眉山自然、人文風光的圖册。峨眉山位於今四川省峨眉山市，是中國四大佛教名山之一。峨眉山風景秀麗，氣象萬千，有『峨眉天下秀』之美譽。《水經注》稱：『眉山去成都千里，然秋日清澄，望見兩山相峙，如蛾眉焉。』《峨眉郡志》稱：『雲鬘凝翠，鬢黛遥妝，真如螓首蛾眉，細而長，美而艷也，故名峨眉山。』李白《登峨眉山》贊美此山『蜀國多仙山，峨眉邈難匹』。峨眉山爲普賢菩薩道場，亦是道教所尊奉的第七洞天，歷來香火鼎盛，往來信衆頗多。山中多古刹禪院，由山麓到山頂分布著近百所大小廟宇，宗教氛圍濃郁。

『峨山圖說』四字爲光緒十三年（一八八七）顧復初題寫，書前有《峨山志圖說序》一篇，爲光緒十四年（一八八八）十月善化黄錫燾書。後有鈐印兩方，印文分别爲『錫燾季載』『善化黄氏』。由序文可知，此圖册爲光緒年間，峨眉山被列入祀典之後繪製。文人譚鍾嶽受命前往峨眉山，描繪山上道路、水道、峰巒、寺廟、古迹等情況，介紹沿途詳情和登山路綫。

本《圖說》前半部爲總圖和各路綫分段圖，凡五十四幅，各圖附說；後半部爲各景點圖，無圖說。（注：原圖册中有少數空白頁面，因版面調整需求，現將其删除，後續頁面做接排處理。）前面的總圖部分，詳細描繪了峨眉山的全貌，標注了山上的各處道路、沿途廟宇、山峰名稱等，繪製詳盡細緻，甚至標注了各個景點之間的步數，足見譚鍾嶽是在長期實地考察的基礎上完成此圖的。之後的景點圖部分，譚鍾嶽頗有創造性地將峨眉山上的名勝概括爲十景，即金頂祥光、象池夜月、九老仙府、紅椿曉雨、白水秋風、雙橋清音、大坪霽雪、靈岩叠翠、羅峰晴雲、聖寺晚鐘。這一總結囊括了峨眉四時景象、晨昏風光，對後世影響很大。畫作細緻生動，富於變化，虚實相生，意境深遠，山石、草木、建築、人物相映成趣，構圖别出心裁，頗有文人意趣。

此圖曾於一九三六年由華西大學英文系教授、哲學博士費爾樸譯爲英文版，爲華西大學哈佛燕京學社叢書之一，也是較早介紹中國山嶽情況的外文書籍。英文名爲 OMEI ILLUSTRATED GUIDE BOOK。

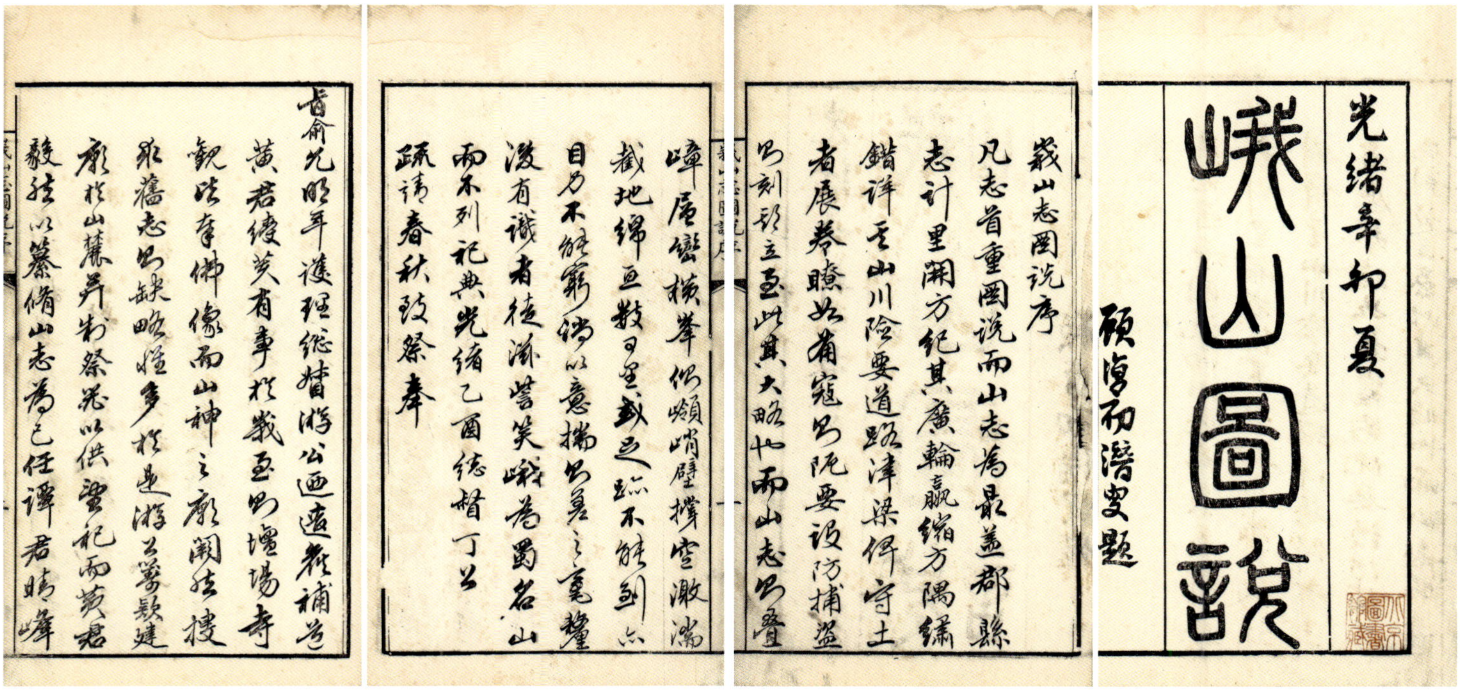

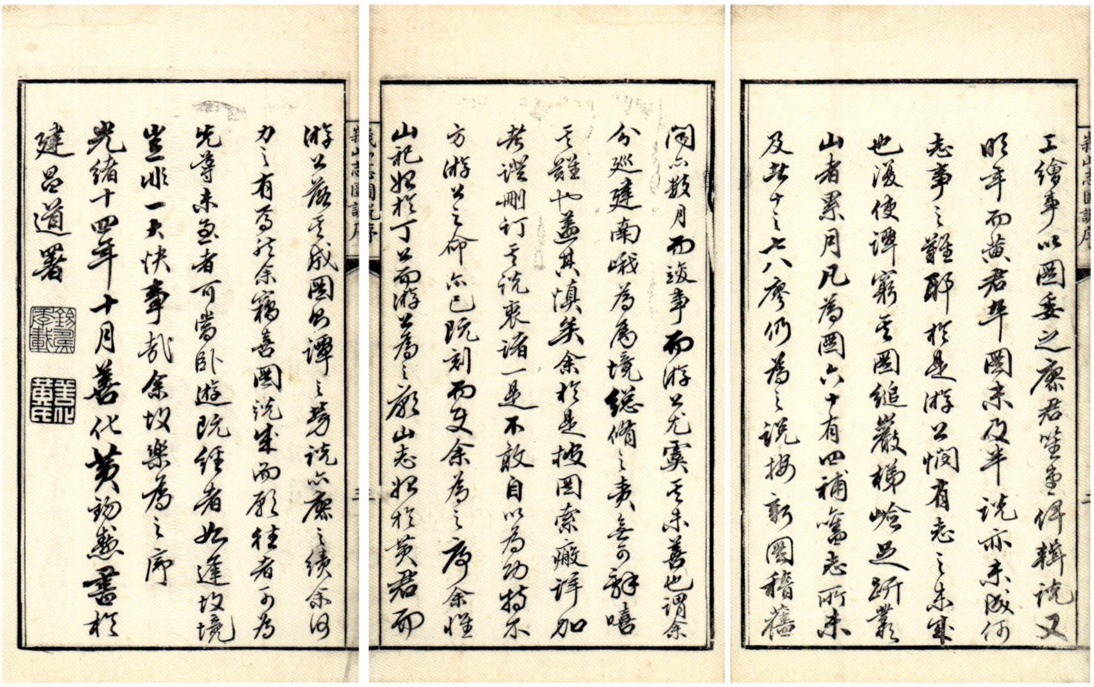

《峨山志圖説序》

凡志首重圖説而山志爲最。蓋郡縣志，計里開方，紀其廣輪贏縮、方隅繡錯，詳其山川險要、道路津梁，俾守土者展卷瞭如。備寇則扼要设防，捕盗則刻期立至，此其大略也。而山志則叠嶂層巒，横峯側嶺，峭壁撑空，激湍截地，綿亘數百里。或足跡不能到，亦目力不能窮，倘以意揣，則差之毫釐，後有識者，徒滋訾笑。峨爲蜀名山，而不列祀典，光緒乙酉，總督丁公疏請春秋致祭，奉旨俞允。明年，護理總督游公迺遣舊補道黄君綬芙有事於峩，至則壇場寺觀皆奉佛像，而山神之廟闕然。搜求舊志，則缺略惟多，於是游公籌欵，建廟於山麓，并製祭器以供望祀。而黄君毅然以纂脩山志爲己任，譚君晴峰工繪事，以圖委之，廖君笙堂俾輯説。又明年，而黄君卒，圖未及半，説亦未成，何志事之難耶！於是游公憫有志之未成也，復使譚窮其圖，縋巖梯崄，足跡叢山者累月，凡爲圖六十有四，補舊志所未及者十之七八。廖仍爲之説，按新圖稽舊聞，亦數月而竣事。而游公尤虞其未善也，謂余分巡建南，峨爲屬境，總脩之責無可辭。嘻！其難也，蓋其慎矣！余於是披圖索瘢，詳加考證，删訂其説，衷諸一是，不敢自以爲功，特不方游公之命尔已。既刻而使余爲之序，余惟山祀始於丁公，而游公爲之廟；山志始於黄君，而游公落其成；圖則譚之勞，説亦廖之績；余何力之有焉？然余竊喜圖説成而願往者可爲先導，未至者可當卧遊，既經者如逢故境，豈非一大快事哉？余故樂爲之序。光緒十四年十月，善化黄錫燾書於建昌道署。

光緒丁亥季春

峩山總圖

顧復初題

此峩山總圖也世傳大峩爲黃帝問道於廣成子處佛經稱普賢道場歷建大小七十餘廟皆奉普賢故雖天下名山未列祀典攬勝游蹤爰稽志乘而闕畧維多兹繪總圖較加詳慎然亦發其大凡至窮原竟委備悉分圖可按而索也

峩眉縣至回龍寺圖

鍾嶽題

總圖

自峨眉縣出南門至正頂計程百二十里凡山路水道寺宇峯巒古蹟了了縷載燦若列眉餘詳散圖

顧復初書

譚鍾嶽繪

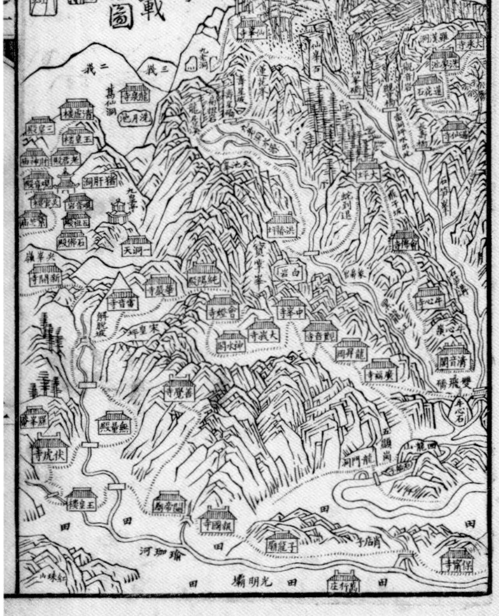

圖一

日枕峩眉山東麓故名開皇十三年置屬眉郡唐宋屬嘉州元屬
嘉定路明屬嘉定州
國朝雍正十三年改州為府縣屬焉東北各一門西門二南門二
遊山者出大南門門曰勝峯諸峯相對蒼翠環照過石橋曰儒林
古化龍橋亦名勝峯儒林街人家數十南行至回龍寺小而幽比
邱尼居之前臨澗水碧玉縈迴古樹數株西坡古剎在其間唐武
德六年建舊名壽聖西坡寺今就圮

迴龍寺至峩神廟圖

山神舊無廟祀今
上光緒十有一年四川總督丁文誠公寶楨以峩為山鎮水旱癘
疫禱求輒應有功德於民奏請春秋致祭部議奉
旨俞允其明年護理總督游廉訪智開捐建峩神廟於縣南城外
學堂山並製祭器歲遣官望祀咸於斯廟門外有泮池故址井研
胡世安登峩道里紀云聖宮外合三流為泮澄波千頃鼈樂達香
亦多雅致即茲地矣前瞻古塔後倚崇山嘉樹叢篁映帶左右遊
人至此遠觀近矚蒼翠紛來飄飄然不啻置身兜羅綿雲表也

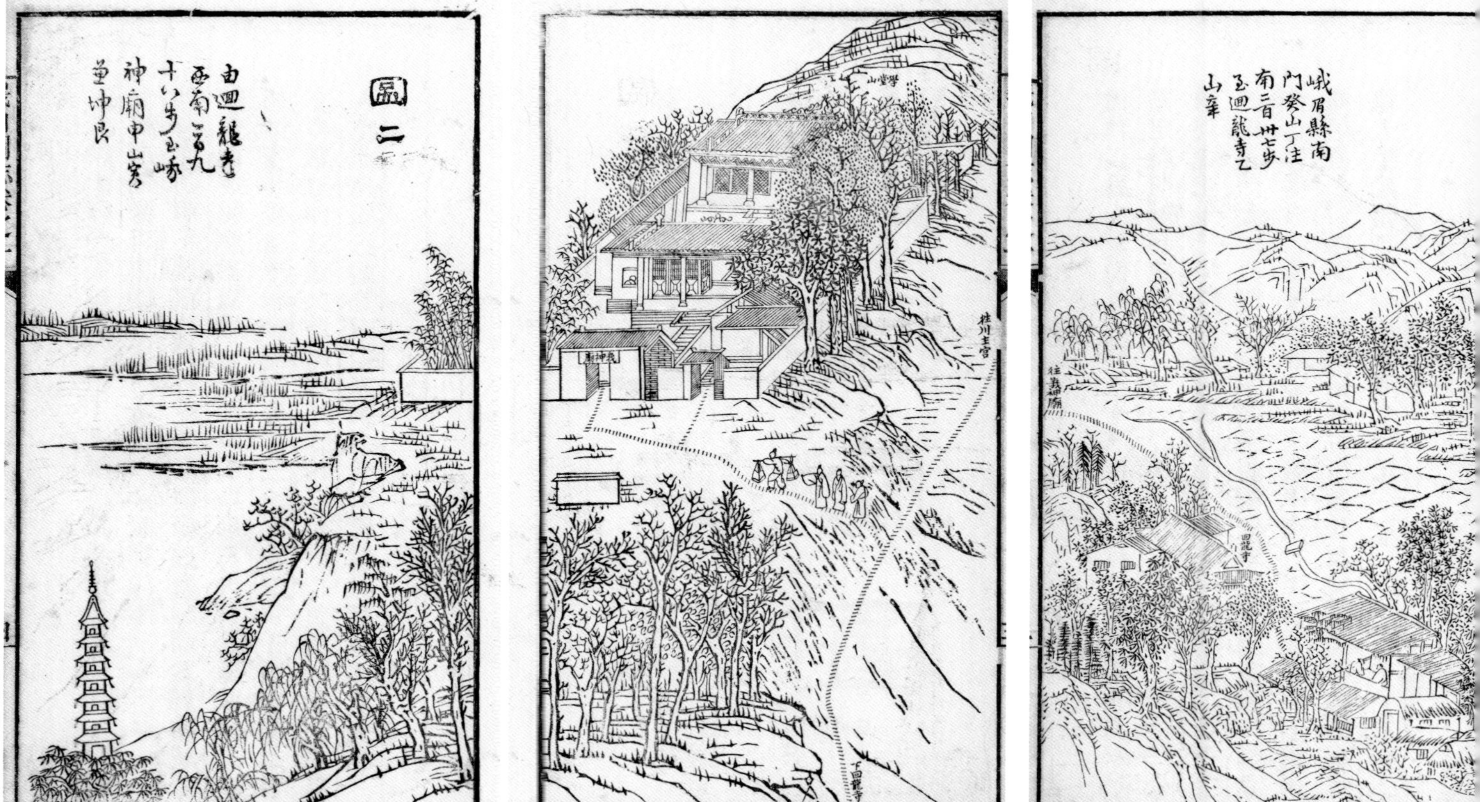

峩神廟至什方院圖

由峩神廟上行過古石坊右爲川主宮正殿祀李二郎神前有劇臺後鄰什方院院外歧路中蜿蜒樛結有涼亭一夏秋時清風徐來遊人多憩於此

什方院至壁山廟圖

圖三

由峩神廟往西南四百九十八步至川主宮正殿來山母山門戌山辰又往右六十七步至什方院亥山巳

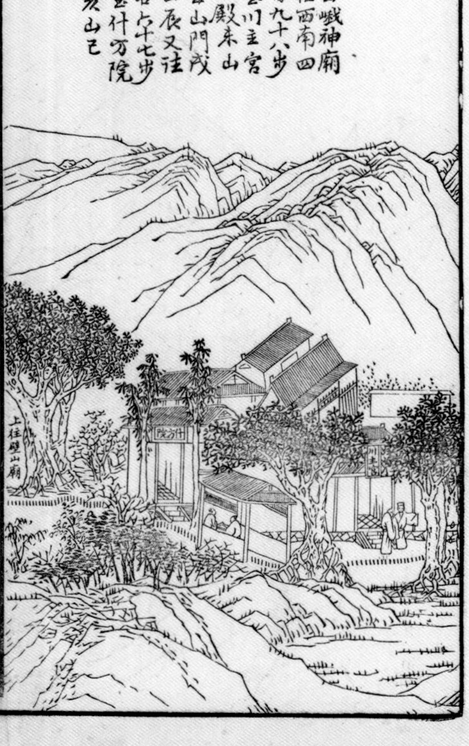

圖四

由川主宮往西南六百卅四步至壁山廟甲山庚

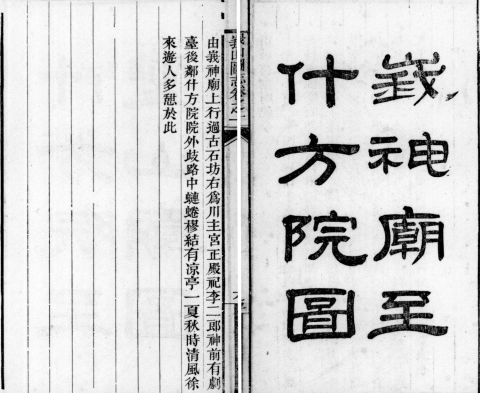

之神一路榕木森森蔭周數畝堪避暑雨

壁山廟至菩提菴圖

由壁山廟西南行二里許有菩提菴在路左門對四峩如玉屏前立出菴左行百餘步茅屋數椽古致歷落連畦蠟樹葱蘢居民賴以爲利

圖五

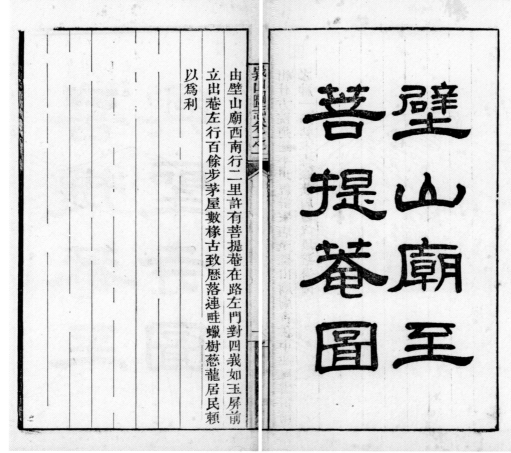

菩提菴至興聖寺圖

過菩提菴沿茆屋行百餘步茂林脩竹中左爲興聖寺寺宇兩層佛像尊嚴山門外路嵌鞾石以形似呼之遥望金頂及衆山最高處歴歴可數按舊志興聖菴近聖積寺疑此卽古興聖也

興聖寺至聖積寺圖

聖積寺至文昌廟圖

由聖積寺大道行過普安橋一名普菴橋又曰普賢橋水出銅河卽余大師坐化處昔人稱有普賢殿普安院今俱廢右上爲文昌廟廟後有八卦井今廢惟源泉混混灌注田疇農無旱魃之患出廟左行經石坊有瓦店一家卽往保甯寺之坦途也

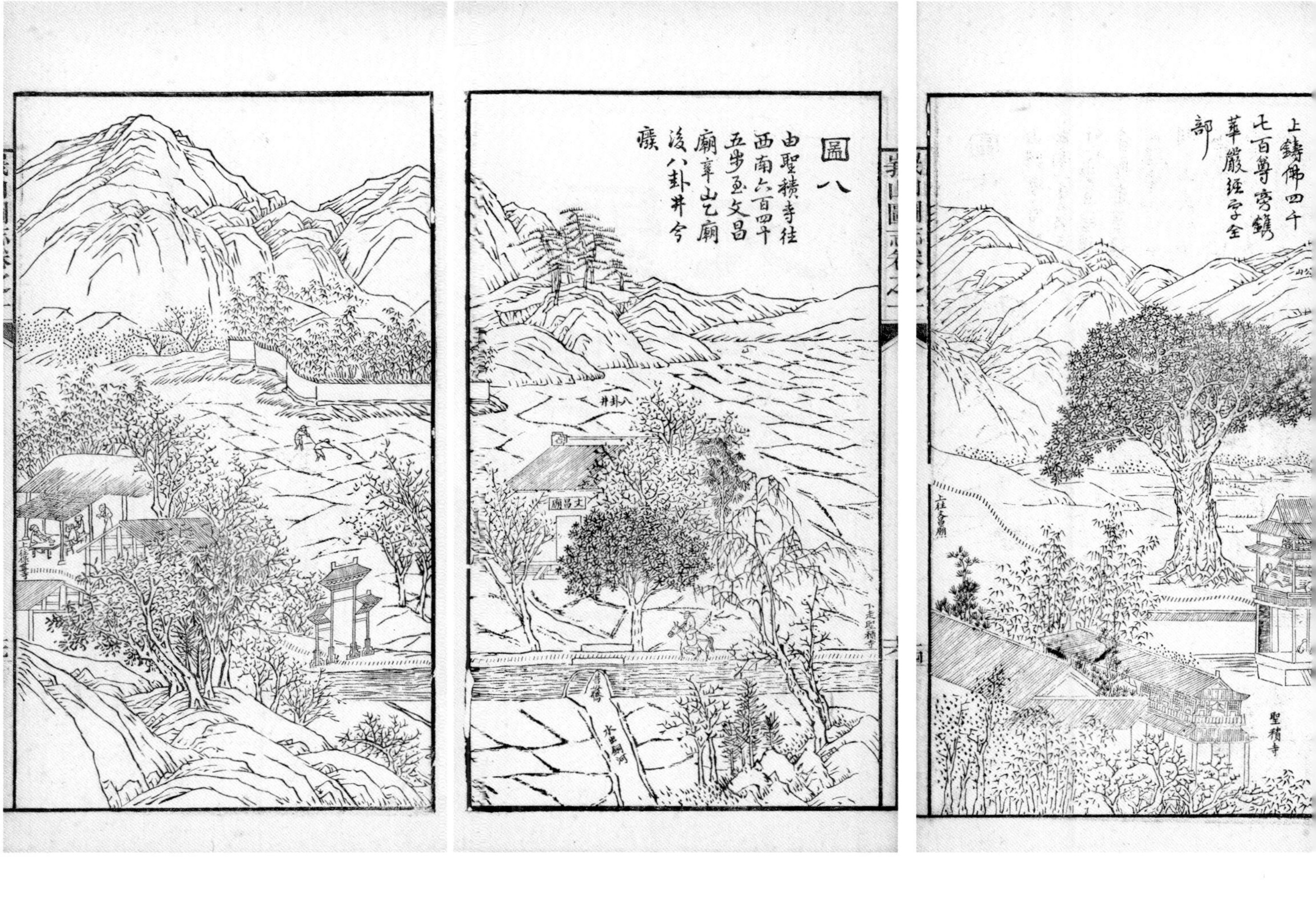

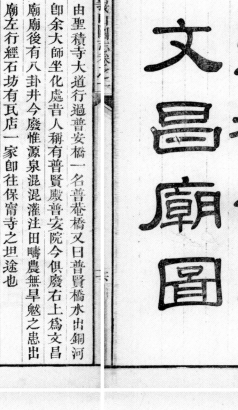

文昌廟至保甯寺圖

圖九

由文昌廟往南一千四百九十七步至保甯寺正殿壬山丙山門子山午

由瓦店平行二里許卽保甯寺古卓錫莽明嘉靖四十四年僧德統建萬曆辛卯僧德佐重建

國朝康熙五十年僧莪雲加修之因易今名歴經雍正三年連碧禪師嘉慶十三年仁寬禪師隨廢隨舉代有經營增其壯麗瀠洄水抱平逵山環不亞聖積眞境

保甯寺至子龍廟圖

圖十

由保甯寺西八百卅七步至子龍廟戌山辰廟前分路三百廿五步至萬行莊古海會堂丁山癸

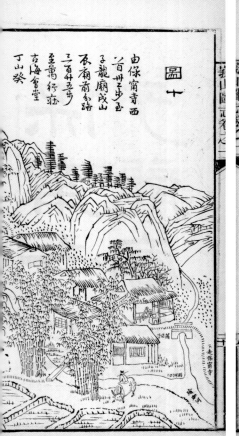

至子龍廟廟外順河下為萬行庄古海會堂右通冠莪場後即光明壩

子龍廟至報國寺圖

由子龍廟沿河而上漸入山徑里許繞古樹林進報國寺古會宗堂一名問宗堂又曰會宗坊道人明光開建有碑記立伏虎寺堂原在伏虎寺右山麓虎頭山之陽嗣遷至此初仍舊額後易今名按光明著有心經楞嚴經解八識規矩註會心錄禪林功課大乘百法註峩眉傳等書行世寺左往龍門洞捷徑也

報國寺至善覺寺圖

出報國寺仍由大路上行有木坊榜善覺寺三字登其峯有二坪為善覺寺卽古降龍寺明萬曆時道德禪師建
國朝康熙間賜元亨禪師龍厢善覺寺匾額因以為名幷賜玉印一顆其文曰普賢願王法寶御書玉音一章至今珍藏之寺後宋皇坪乃天皇授道於軒轅處寺左山麓宋紹興間虎狼為患人不敢至士性禪師建尊勝幢以鎮之患遂絕

善覺寺至伏虎寺圖

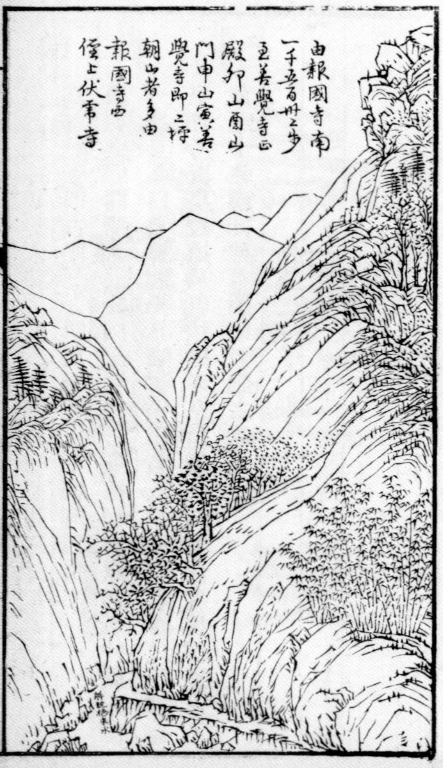

神廟渡發隆橋經觀音堂卽伏虎寺行僧心安開建明末燬於兵燹

國初僧貫之率徒可聞結茅爲虎溪精舍順治十八年川省大僚捐廉興建經營十餘載始告成功前後左右凡十有三層崇隆廣大爲入峩第一大觀也光緒十年僧靜安重新之右後爲龍鳳輝室康熙壬子蔣虎臣太史超自稱華陽山人寓此改名羅峯菴藏頒賜　御書法寶匾額由伏虎寺左過木橋卽無量殿殿後太湖石煎湯服之可療心氣上高洞口過涼風橋橋爲

國初四川巡撫羅公命僧可聞修古有涼風亭石壁峭削中有空洞風颼颼自口出曰涼風洞因以名亭谷口舊有震旦第一山坊今圮

伏虎寺至雷音寺圖

由涼風橋上行半里許至馬家溝昔有茶菴今廢渡解脫橋水聲潺潺聽而忘倦謂入此解脫塵凡出此解脫險阻耳直上竹林陡窄滑澾木磴層層約高百餘丈爲解脫坡左卽古解脫菴又名觀音堂光緒十年改爲雷音寺寺下有仙人會舊傳一池入山者必沐浴而後登今其址亦不存矣

圖十三

圖十四

由伏虎寺西北一千四百卌四步至雷音寺卽解脫寺中山寅

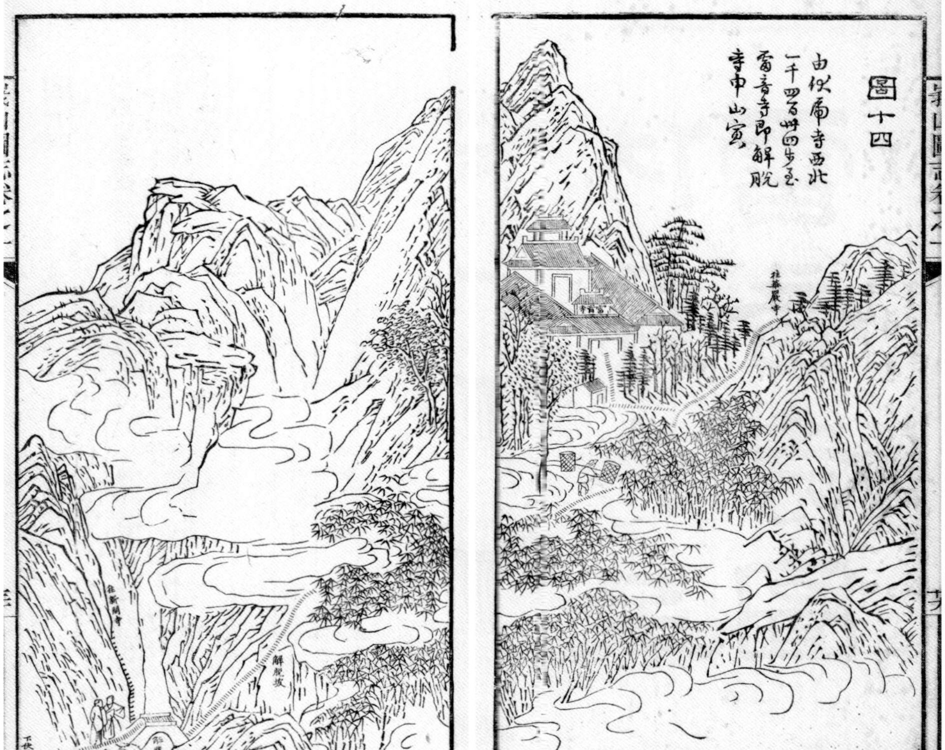

雷音寺至華嚴寺圖

由雷音寺直上爲華嚴寺一名會福爲唐福昌達道禪師道場僖宗時僧慧通易名歸雲閣宋紹興三年僧士性重修節梲旋螺制極奇古又名雲篆殿爲白牛長老住持明洪武時僧廣圓奉勅重修掘地得宋碣鐫華嚴堠左刻至縣十五里右刻至頂七十里寺後有雲卷石山頂即古心坪因昔古心禪師建有靜室得名寺左過青竹橋有玉女池仰望尖秀插空者爲玉女峯相傳池爲天女浴器深廣四尺歲旱不涸宋邛州刺史馮楫結茅峯下日誦華嚴經不輟天女感而饋食焉池畔有飛龍菴每大風雨聞石中龍吟一夕雷劈石開龍飛去故名又有鳳嶺菴今俱廢路右有古枏一株大圍十餘尺孤挺數尋始敷枝葉青青如圓蓋可覆畝許俗呼

木枏纖古名木涼纖

華嚴寺至純陽殿圖

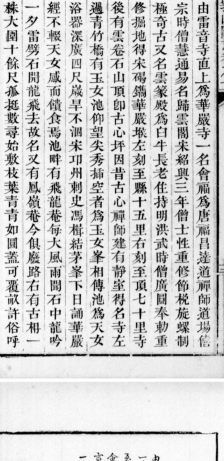

由木涼繖左上過木坊不數十武進純陽殿殿宇歷級而升重樓瑰瑋爲明初御史郝衞陽所造崇禎六年巡按劉宗祥率峩眉令朱國柱捐金增修益稱完美殿後雲霧縹緲間有坪曰華嚴古稱赤城山相傳爲赤城子隱居舊址向有香煙羅漢白雲等寺今一片荆榛無跡可尋殿左行里許忽逼窄異常不容輿馬明初蜀獻王遊峩至此下輦行五十三步後人重其步因以名其地

純陽殿至會燈寺圖

由五十三步度凹平行里許卽會燈寺寺右荒煙蔓草中有天台菴故址寺前陡下過小石梁爲太平橋前望二山中凹稱馬鞍山茅屋數椽呼袁店子

圖十七

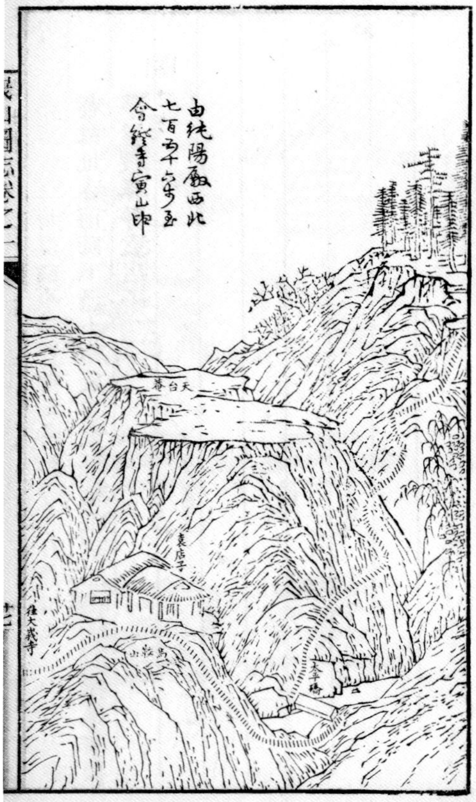

會燈寺至大峩寺圖

從袁店下坡過正心橋再過萬定橋古萬福橋又稱萬佛橋路右巨石壁立大峩石三字呂純陽書靈陵太妙之天六字明督學郭子章書路左神水池卽玉液泉五代時智者禪師知此水發源西域後卓錫荆門龍女爲引神水並浮所寄中峯寺鉢杖自玉泉流出舊有神水通楚碑紀其事又有巨石刻陳圖南草書福壽字蘇東坡雲外流春字上有神水閣一名聖水閣明巡撫安慶吴用先建高僧化機隱此由閣右進大峩寺古福壽菴明僧性天開建後圮

國初僧智行重建名大峩菴康熙間峩邊叅將李楨增廣之易菴爲寺光緒十一年僧員明重脩向有九曲渠流杯池靈文閣勝峯立禪彌陀等菴今俱廢惟寺後古松一株老幹龍鱗爲千百年物上有中和石再上有歸子石一名魚兒石石有二孔水常溢不涸山頂爲黄帽山後爲寶掌峯寺外往左轉右卽呵呼菴故址有鳳嘴石俗呼雞公石刻歌鳳臺三字相傳爲楚狂陸通隱居舊廬明弘治間督學王敕改今名前卽歌鳳橋古百福橋俗名礬水橋往來聽之四山皆響如洪濤巨浪挾風雨而來昔人稱爲山潮以之驗雨晴占豐歉爲不爽云

圖十九

圖十八

大峩寺至中峯寺圖

由歌鳳橋順上渡結緣橋行二里許卽中峯寺一名集雲在晉爲乾明觀資州明果禪師除蟒患始改爲寺隋茂眞尊者重脩之相傳有孫王宋三眞人羽化於此宋黄培翁曾習靜其中卽隋智者

中峯寺至觀音寺圖

由中峯寺左上三望坡以路險峻行者三望乃至或云昔軒轅帝訪道天皇眞人時曾於此三舉望祭故名前有石橋一道亦名三望舊有茶菴今廢層級而登進觀音寺內一石蹲峙呼雞毋以形似也出寺往左上絲綱坡向有怪異傷人自修寺後怪頓息

處丈餘至今猶存右有雄黃石歷傳唐玄宗幸蜀夢眞人乞武都雄黃石上遣使齎送至此煙雲相隔使者呼應因得造焉見一叟幅巾被褐危坐手指石曰致藥於此上有表錄上皇帝中使顧石有朱書百餘字就錄一行則行滅呼應之名或曰即此眉人程堂

登峩見菩薩竹有結花於節外枝者茸密如裘卽寫於寺壁宛有生趣今佚

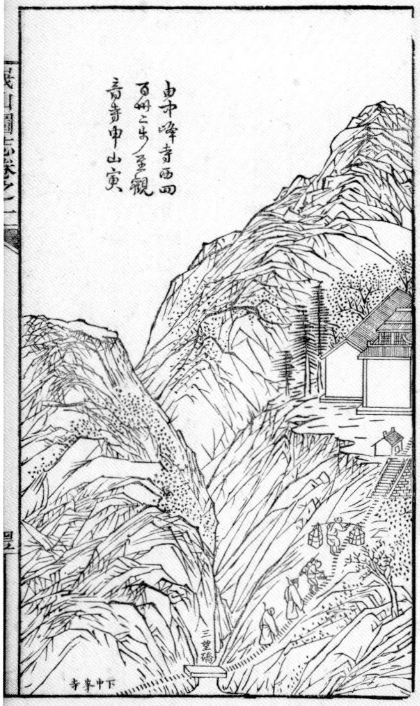

觀音寺至龍昇岡圖

從絲綱坡策杖攀藤盤旋里許躋龍昇岡以岡名寺此地稍寬衍梵宇幽敞迴望山後一峯獨峙圓轉自如名香爐峯以形肖也

龍昇岡至廣福寺圖

舒卷中翠竹離離卽廣福寺一名慈雲寺乃前牛心別院也寺後綠陰簇抱蔽虧天日爲牛心嶺往石船子下龍門洞則從寺右小徑去矣

廣福寺至清音閣圖

由廣福寺左一路順下石磴粼粼苔蒼蘚碧水聲湍激殿殿如雷俯視雙流飛注門捷若不相下有橋翼然稱雙飛橋相傳左橋建自軒轅遊勝峯時水從黑龍潭繞白水寺而來右橋則自古至今幾經舉廢水從九老洞遶洪椿坪黑水寺而來出橋數十步兩水會合一石蹲峙爲牛心石遊山者從右橋行數十武有瓦亭一顚軒敞爲遊人小憩之所再過小亭內有明御史馬如蛟碑記又數十步由左進清音閣閣凌空高聳兩水環抱閣右一徑通金剛坡往大坪閣左則仍轉兩亭過左橋往白龍洞

清音閣至金龍寺圖

從左橋緣磴道北上過接御亭故址路右即古德林綠雲蔽天空翠欲滴爲明時洪濟和尚手植楠樹即高僧會宗法號別傳也相傳當日種一樹誦法華經一字一禮拜挨字計株約六萬九千七百七株天時地利手到春生今存十餘株皆本長丈餘始枝葉分起如兩手捧佛眞不啻檀林祇樹從路左進白龍洞洞久淹毘盧僧建寺於其上仍舊名順上斑籙紛披猿鳥相逐刹竿隱隱出青霄間者爲金龍寺

金龍寺至萬年寺圖

由金龍寺右上靈官樓古大峩樓云是公輸子所造明末燬於兵火

國朝康熙間川督蔡毓榮鼎新之易今名經四會亭有銅鑄接引

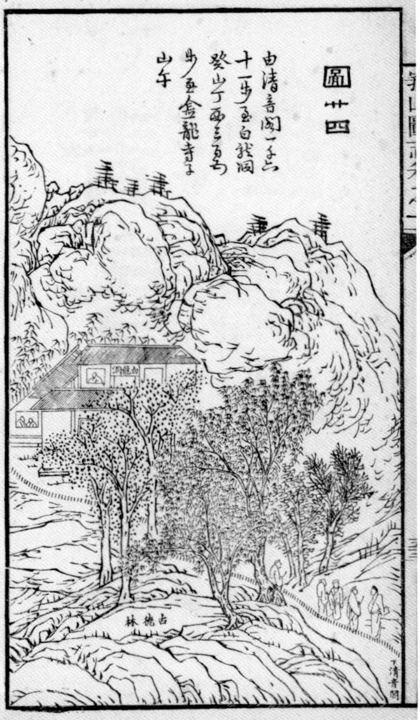

圖廿四

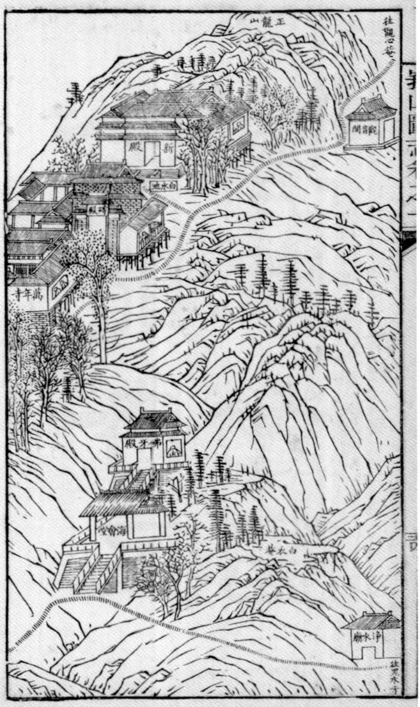

圖廿五

銅鑄普賢丈六騎象像象高長各丈許足踏三尺蓮花徧體爲朝山者摩損光緒十三年署成綿龍茂道黄沛翹捐金修補並砌石欄以護之宋太宗仁宗眞宗俱有御賜寶供康熙壬午有御賜經

書後爲新殿殿右山邊有明月池又號白水池從四會亭左過山王廟往慈聖菴明萬曆癸巳無窮禪師建藏慈聖太后御賜經典袈裟供器今尚有銅鐘一由菴左上海會堂卽佛牙殿原有御賜紫衣及丁雲鵬畫列代祖師像八十八軸今俱燬惟佛牙尚在重十三觔長尺二寬八寸厚三寸堂左數里有白衣菴故址再里許爲淨水溪有淨水廟古業淨堂黄冠居之萬年寺左古楠一株橫圍二丈三尺五寸左上觀音閣後爲正龍山前平地突起如盂呼鉢盂峯

萬年寺至觀心菴圖

從觀音閣右上里許道左有石高丈餘中有人形頭面手足俱備無斧鑿痕相傳爲太子石之迹數折路左有羅漢洞上有山王廟橫過白果樹數株均十數圍境頗清幽稍坦處明時空安禪師開建觀心菴

國朝乾隆間燬於火洪湛禪師重新之出菴右徑陡絕輿馬不通上爲頂心坡又名觀心坡俗名點心坡以左右懸巖攢仰至頂六十里登者躡足膝輒點心云

圖廿六 由萬年寺北一千二百四十七步至觀心菴峨山底

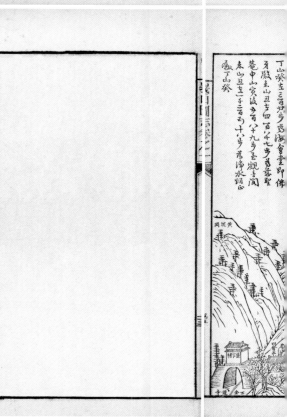

觀心菴至息心所圖

循坡直上仰望怪石嶙嶙如排牙礪齒劍峙森嚴勢欲飛走者爲鬼門關石嘴長拖形如象鼻稱象鼻巖又上石脊眠亘左右懸巖稱大小鷲嶺以形似鷲頸名之過關空空洞洞石梁數尺天然鞏固名仙女橋橋東北隅昔古智禪師建有萬松菴今廢渡橋直上結一刹名息心所上覆木板以蔽風雨右山有地藏菴故址從左路平行往石碑岡岡下數百步外一片荆榛爲慶雲菴故址

息心所至長老坪圖

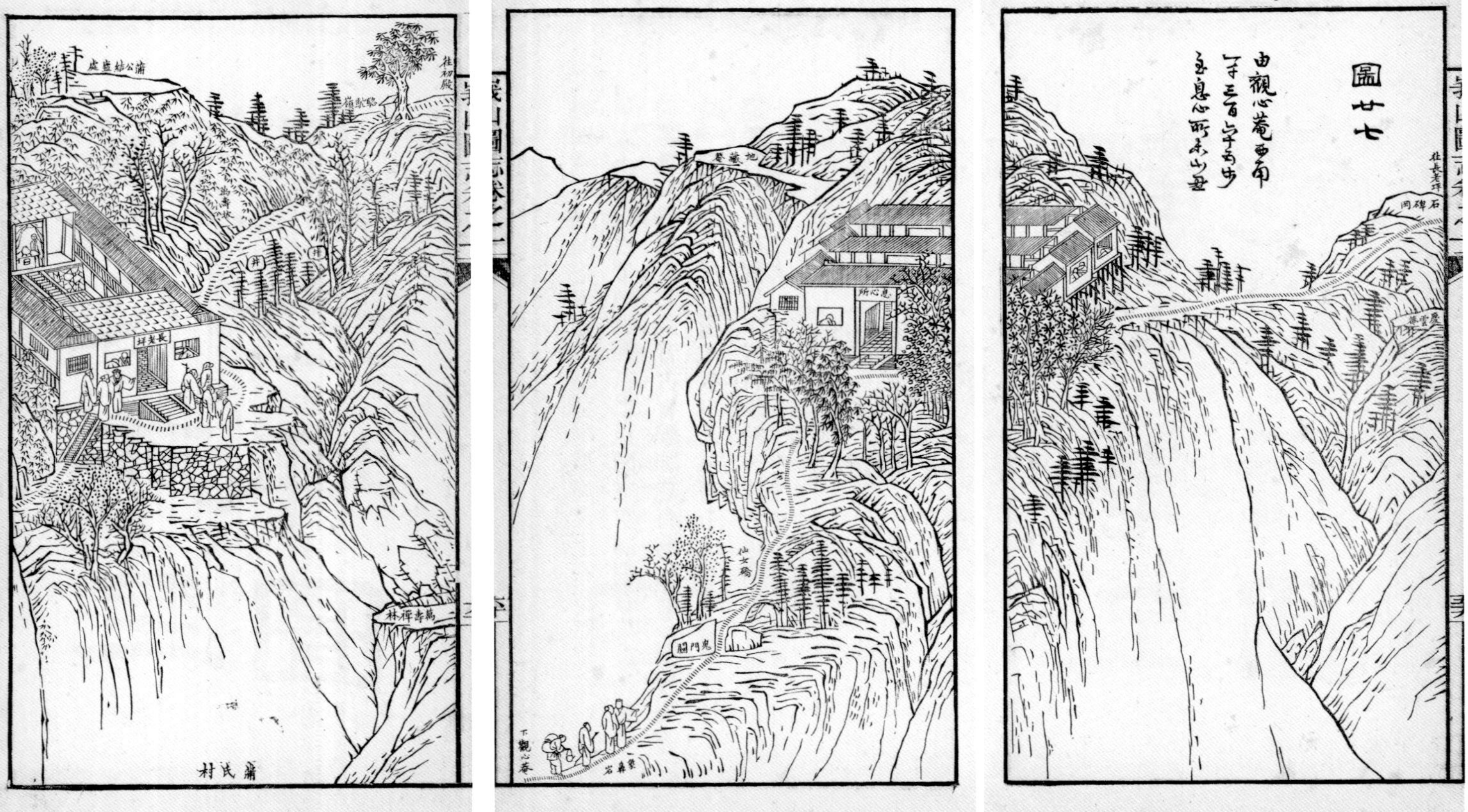

所恃藤蘿古木叢茸遮蔽不欲示人以險者然僧云下有綠映沱水甘美再下有石洞風從內出呼風洞過橋上坡甚陡峻名放光坡傳爲普賢現瑞之所上卽長老坪寺頗宏敞爲

國朝康熙二年峩澂禪師移建於茲額仍長老坪者示不忘本也寺後萬个千竿爲翠竹峯峯左爲蒲公結廬處下爲蒲氏村由寺左而上有萬壽坡坡下宋紹興間懷古禪師創修正殿三楹奉古佛蒲公像明正德初宗寶禪師重修額曰萬壽堂命徒會賢理之於坪側元寶山別建淨室尋改永明萬壽禪林今廢故址尚存再

上山肩爲駱駝嶺以形名也

長老坪至初殿圖

下駱駝嶺行半里許路稍坦又斜上轉至初殿昔漢時蒲公採藥見鹿跡現蓮花因開建此山故額曰初殿其山形若鸞鷟亦名鸞殿又曰簇店蓋原祇板屋一間僧煮湯以俟遊客蒸炊後改店爲殿卽雲窩也明時續恩禪師鑄銅佛彌勒諸天像大小三十餘尊崇禎時鑄有鐵鐘

國朝乾隆間被火焚南舟禪師重修之出殿右上卽古石碑按殿門外有琉璃牌坊古石碑側有木坊爲弘川禪師建道光時圮

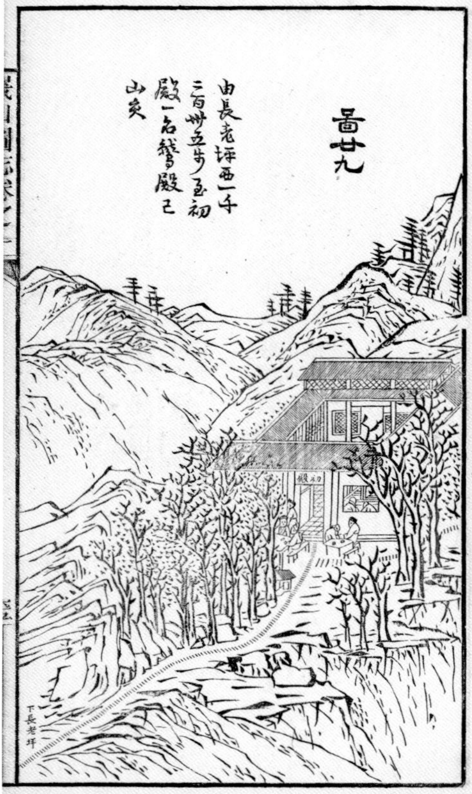

初陞至華巖頂圖

由古石碑直上危磴高懸爲上天梯歷級而升進玉皇亭古刹雲深殿宇孤聳額華巖頂頂從巖隅泉甘如醴名九龍井相傳建寺時患無水老僧夢神指示卽其處鑿之水隨杖涌汪洋浩瀚至今仰汲頂前巖下有桂花洞匹練方橫一枝獨占平泉莊裏鮮此天香出亭右順下路稍坦復上古樹一株雪枝霄幹老氣横秋呼老僧樹右望山峽中一片瓦礫爲九龍院故址

華巖頂至蓮華石圖

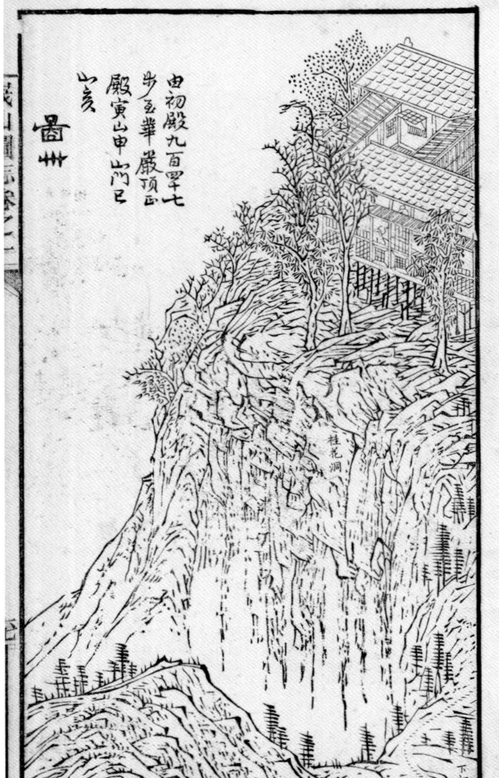

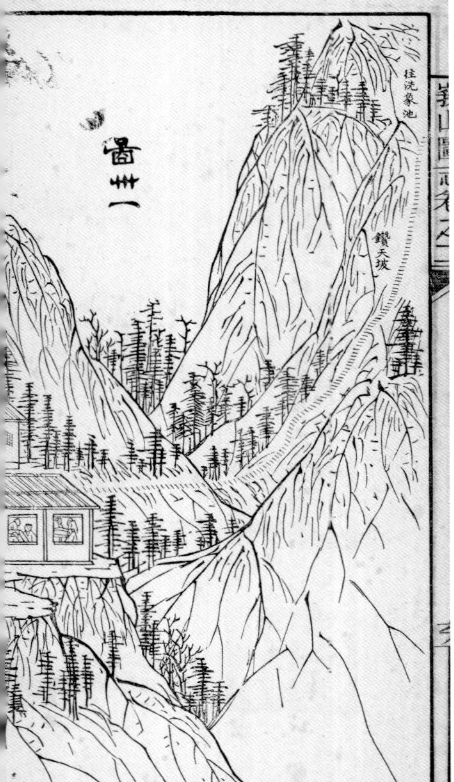

孱顔似芙蓉墜粉細蕊層亭天然錯理中結以菴院額曰蓮花石原名蓮花社社原在山頂左右靜室精工絕倫今僅存其名矣菴右爲九嶺岡岡下舊有永延寺明周藩建今圮從菴中穿過平步里許亂峯壁立如臨絕地橫行數武復陡上危棧齒齒若登天然俗呼鵓鴿鑽天彷彿似之

蓮華石至洗象池圖

由鑽天坡轉左逆右歷石磴陡上過月臺見寺宇軒豁額曰洗象池原名初喜亭自白水至此遊踪稍適因名其地曰初歡喜以前去尚多險徑又曰錯歡喜寺近無泉由弓背山架木引水入寺汲飲便之寺左有石砌六方小池深廣丈餘卽古洗象池相傳普賢乘象過此必浴其象而後升今涸亂葉覆之旁一石高澗二尺爲升象石石上小井不涸亦不溢池下石巖刻有巖谷靈光四大字巖下大小深壑終古雲封莫知底藴稍上有盤陀石再上有左慈洞寺後羅漢坡有石罅數尺呼羅漢洞寺右巖壁層立爲獅子巖

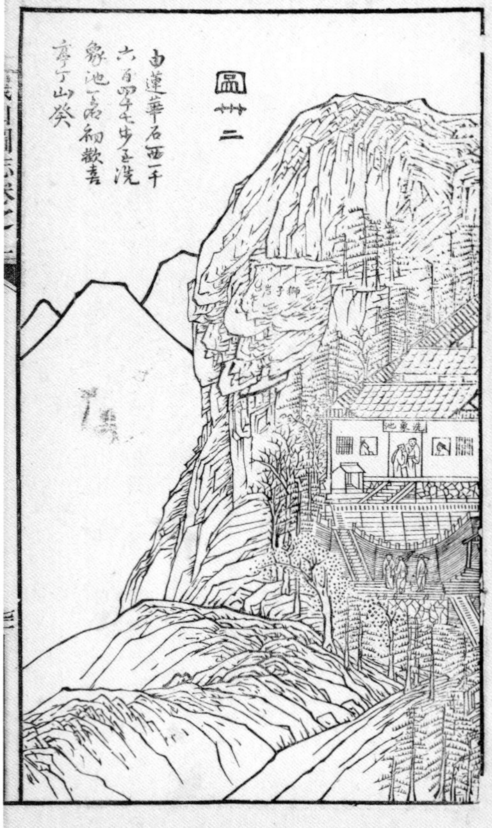

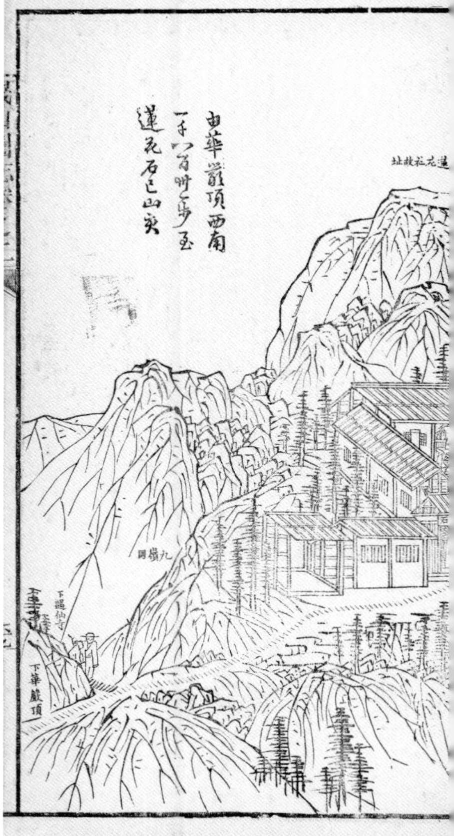

洗象池至大乘寺圖

由洗象池左直上數里橫過柏林卽滑石溝溝上有井泉清前卽大乘寺殿舍原覆木皮古稱木皮殿今用木板矣寺內竪一鐵碑字篆籀赤綠蒼繡爲漢時法物寺右數百步有化城寺故址相傳昆明施紹高太和王藎台來此遇白猿獻菓啖之仙去舊有碣紀其事今失寺左行里許直上閻王扁昔有胡僧縛木架石以引行者爲胡僧梯一名淩雲梯又有秦人劉海英趙光明募設木柵闌干攀援而上今廢右爲梅子坡疏影橫斜往來遊人望以止渴焉

大乘寺至白雲寺圖

翠篠寺右爲弓背山山勢長拖下有分水嶺左水出雅河右水經虎谿橋會洗象池黑水寺各水合雙飛橋水繞迴龍山石船子龍門洞至峩眉縣北門出銅河山產桐花鳳五色具備每桐花放時卽來花落不知所之唐李德裕有畫桐花鳳扇賦詳藝文

白雲寺至雷洞坪圖

由白雲寺左陡上二里許荒烟岑樾中爲雷洞坪寺舊志再上有古廟一座爲雷神殿鐵像十餘尊明萬曆年鑄頫巖荳鐵碑禁人語否則迅雷驚電風雨暴作相傳龍雷會居其下凡七十二洞歲旱禱於第三洞初投香幣不應則投死彘及婦人衣履之類往往雷雨交作又上三坪進寺額曰雷洞坪自漢時開建

國朝康熙四十一年賜御書靈覺二大字金剛經一部乾隆四十一年僧聞奇聞剛重新之道光二十三年僧心量移基重建同治甲子年僧覺圓又遷建於此此地空濛暗黑長無天日寺右懸巖絕壁間有飛來劍一名仙人劍歷傳女媧於此煉石伏羲於此悟道鬼谷於此著珞琭子三洞沉黑人跡罕到寺左峭阪險峻盤迴

紆折而上名爲八十四盤

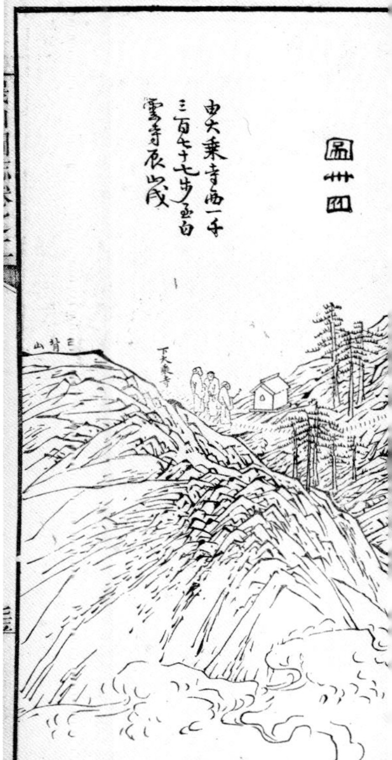

雷洞坪至接引殿圖

從盤路曲折而上右爲接引殿

國初順治庚子年河間府僧年八十見佛像臥荒叢中乃誓饑七日募修時大雪已露餓六日適蜀人趙翊凰登山見而憫之歸白督臺李公捐金五百命僧聞達重修之殿右瀕巖爲金剛嘴巖下有石形似鐘名聖鐘對岸一石屹立十餘丈呼仙人石望之儼然

接引殿至太子坪圖

山字字畫色赤高寬二尺許年年必現現未必全若全現則年占大有復屈曲仰登凡數百丈名三倒拐一曰三倒角前有巨石横亘當途爲觀音巖原有觀音殿又三濟禪師建有回龍菴今俱廢傍巖斜上進太子坪以坪名寺層樓高聳內供太子因名一名萬行菴古智禪師開建聞達禪師重修之基址屢易從此至頂喜無險徑昔建有大歡喜亭今慶寺前巖下石形如象呼象王石自大乘寺以上遍山皆桫欏花宋子京贊曰衆葩共房葉附花外根不可徙見偉茲世昔賢遊記指大歡喜亭八十四盤上有桫欏坪蔣超辨之實在千佛頂後與獅子羅漢等坪同列詳舊志凡例

太子坪至天門寺圖

由太子坪左斜上道左有永慶寺原名盤龍由寺横過至祖師殿殿左里許有大覺寺故址殿右上沉香塔以塔名寺明通天和尚奉勅開建神宗賜額護國草菴慈聖太后賜有珍珠織御書佛號金繡長旛并九層沉香塔高丈許覆以層樓雕鏤金彩工極天然通天和尚法身在焉萬曆間賜住持本炯勅書一道塔左古有空樹老僧入定其中枯幹復榮今亡按老僧即晋蓮公禪師弟子慧持也塔右直上天門寺明瑞峯禪師建寺右兩石對立劃然中分入其門如登閶闔名天門石

天門寺至七天橋圖

從天門石凡三折始達山徑境極幽峭過亭進七天橋以橋名寺古文殊菴亦名金剛寺被焚後光緒十年大峩寺僧員明重建寺左古七天橋俗傳為九天仙女降會處而道書註峩山為第七洞天也舊有為天一柱坊今圮渡橋上和尚塔塔藏法身趺坐原額誤題普賢塔譚鍾嶽以為和尚法身不當冒普賢之名改題和尚塔

七天橋至金壁圖

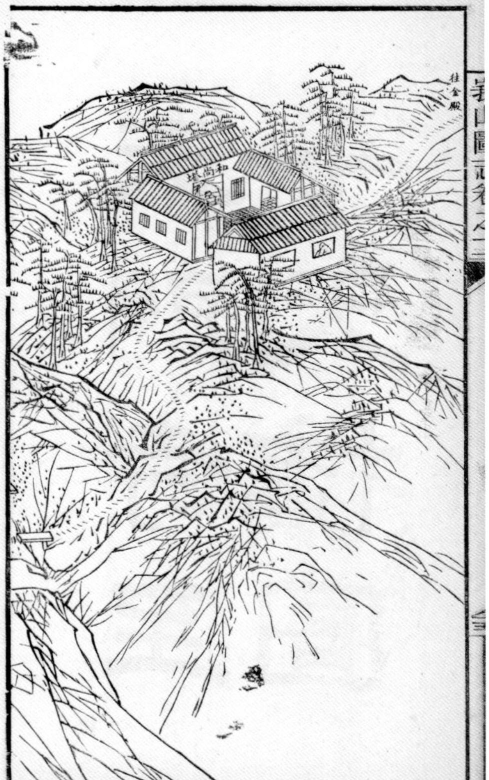

圖卅九

由天門寺南三百二十四步至七天橋古金剛寺卯山酉又南三百五十七步至和尚塔辰山戍

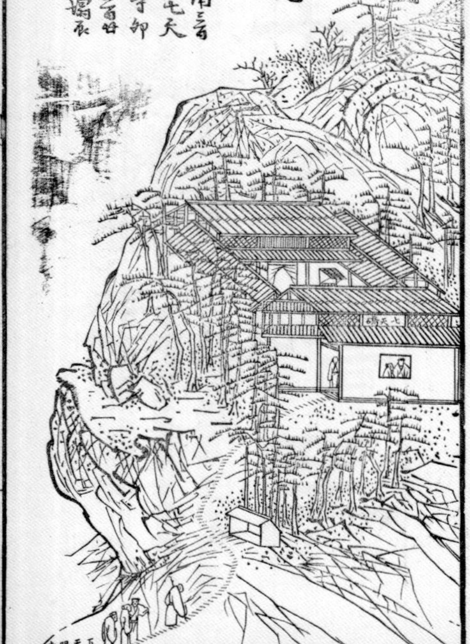

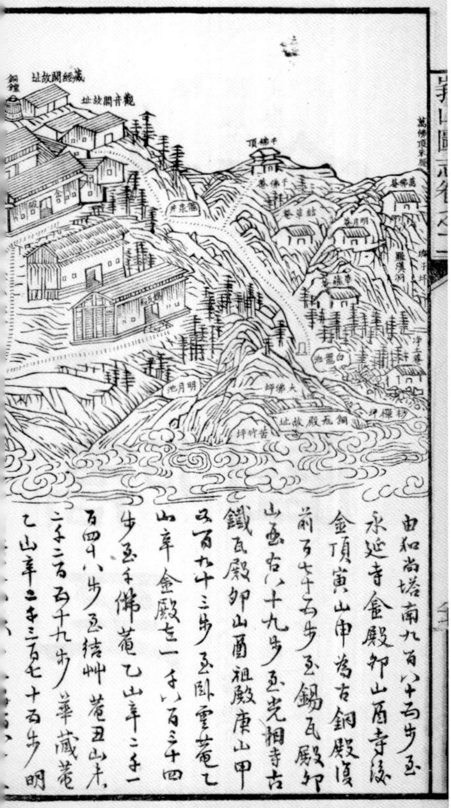

由和尚塔南九百八十五步至永延寺金殿卯山酉寺後金頂寅山申為古銅殿頂前五七十五步至錫瓦殿卯山酉右八十九步至光相寺古鐵瓦殿卯山酉祖殿庚山甲又百九十三步至臥雲菴乙山辛金殿左一千八百三十四步至千佛菴乙山辛二千一百四十八步至结艸菴丑山未二千二百五十九步華藏菴乙山辛二千三百七十五步明

僧惟密嗣修
國初總兵祁三昇捐覆鐵瓦由殿後層梯而上造金頂瓦柱門檽窻壁皆銅爲之而滲金高二丈許深廣各丈餘中設普賢像旁列萬佛門陰刻全蜀山川程途明瀋府捐造今毀光緒十二年僧心啓改砌磚房惟王毓雲集王羲之書傳光宅集禇遂良書兩記銅碑巋然完善光澤可鑑頂後懸巖下臨無地巖左祖殿亦修磚房以護佛像有覩光臺居其中佛光每現於巳午先布兜羅綿雲平如玉地名銀色世界上有圓光外暈數重五色斑爛虛明若鏡觀者各自見形名攝身光雲散復出大圓光映物絢蒨不可正視名清現又有紫雲捧虹者名金橋白色無紅暈者名水光形如箕則曰辟支光如鐃鈸則曰童子光光止一光變態而名異嘗光欲現時三小鳥飛鳴譯其語曰佛現佛現明巡撫廖大亨有佛現鳥賦詳藝文至夜佛燈始見數點若螢火飛明漸至數千百萬儼若燈光冉冉而來落雪上有聲以手覆之浮光四迸不可掩殿前鐵闌干十餘丈殿左鐵塔矗立塔左有石屹然曰金剛石又曰金剛嘴嘴下萬石嵯岈名七寶臺又名獨尊臺臺下峭削六稜多石室石樞刻有鬱儀引日精結璘致月神得道處字頂左銅塔銅碑銅鐘鼎峙藏經觀音兩閣圯金殿前有瑞星石橫過即錫瓦殿殿右過楞嚴閣故址即光相寺往臥雲菴菴爲僧性天建明末圯總制哈瞻令僧可聞重修康熙壬午賜僧照玉御書經典右有盤陀石石下爲光明巖絕頂無水惟此菴下有井絡泉日飲千人因汚穢涸寺僧誦經泉復出金殿左下新鑿龍泉再下古白龍池深廣二丈水清多蜥蜴色白微黃長數寸四足兩顙豎角有花文性馴而靈相傳爲龍子遇旱禱雨輒應有碣刻明巡按馬如蛟七絕一首云龍向深山學化龍涓涓泉水自從容聞經想已能吞墨好去乘時惠九農池左凈土菴明神宗時僧大智建內監遺願碑大佛坪方廣里許銅瓦殿僧別傳建前有摠參歷井坊以分野應參井也今俱圯千佛萬佛兩頂並峙各建菴於其下再下明月華藏兩菴皆結茅以奉香火焉山後昔有七二古德名菴坊今圯

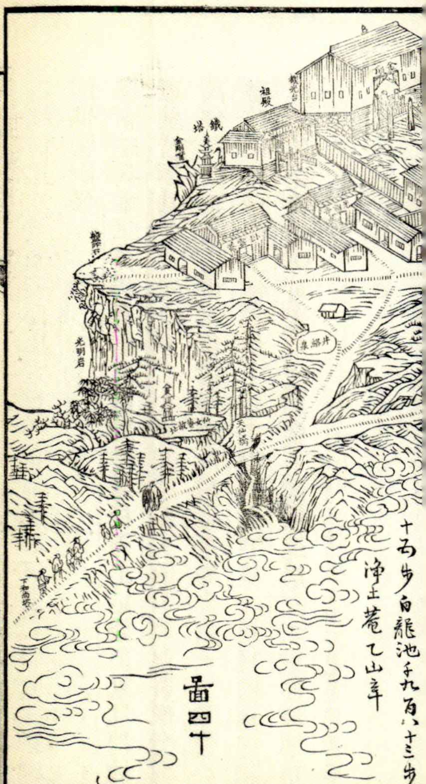

蓮華石至遇仙寺圖

由蓮花石下分路望東北隅下遇仙寺據高臨下寥曠欲騖其坡名長壽坡坡左尖石屹立低昂不一稱石筍峯坡足石梁橫亘爲長壽橋橋右高巖瀑布飛射水出礄下順山麓屈曲而行有觀音礄直跨山澗右望百尺危巖跳珠噴雪如驚濤怒湍聲震山谷者呼觀音巖古苔如亂髮鬔鬖纏挂枯木頑石下垂十餘丈縷縷不絕名普賢線方物畧稱仙人絡鬢曰附陽而生垂若文絛大槪苔類土石所交煎湯服之治氣痛有效亦山靈變幻之奇也

遇仙寺至僊峯寺圖

由觀音橋依山順行渡仙峯橋上有……

仙峯石亦呼天門石不數十武即仙峯寺梵宇頹敝僧指寺右山徑曰過坡即往九老洞路也寺前瀕巖古樹一幹而葉分四種僧呼椰瓢樹前望大小尖峯逼肖芙蕖遂名蓮花峯屈曲而下僧呼九十九倒拐一名壽星坡有壽星橋横亘山澗順巖而上復平行數十步爲扁擔巖下視溪水盈盈爲龍居溪昔有瘋僧百餘歲至此遇蟒當途默視而去至今山旁草木人不敢樵採云按九老洞在九嶺岡初殿上黄帝訪天皇眞人至此遇一叟問有侶乎荅以九人故名洞深窈莫測舊有然炬入者行三十餘里聞雞犬鼓樂之聲蝙蝠如鴉撲炬乃出中有觀音水一勺可資掬飲巖下即卜應泉也

僊峯寺至洪椿坪圖

從龍居溪沿巖而下路右即洪椿坪以坪名寺古千佛菴伏牛山楚山禪師開建一云寶掌禪師建明德心禪師重修法嗣鋭峯接踵歷二十餘年落成殿宇樓閣結構精工

國初峩雲圓滿禪師復鼎新之康乾間

御賜經典字幅寺後山頂有天成石池因名天池峯右爲咒詛泉相傳當日大衆千人苦乏水源老僧持咒引水故名亦名錫杖水從寺左下行經木坊渡積善橋一名萬度向有上中下三道僧指橋右小徑曰此下雙飛橋路也

洪椿坪至大坪圖

由積善橋陡上危坡俗呼蛇倒退其地昔多虎患因建山王廟鎮之患乃止道左有仙姬池池內蛙鳴聲韻悠揚儼然一部鼓吹僧呼仙姬彈琴穿過茂林重歷月臺始達禪院舊名淨土今榜大坪以地名也相傳後殿初建時掘地得一圓石中空水一盂金魚二尾生機潑潑廟右敞坪有千年古松虬枝鶴骨鬱鬱森森昔開山老僧趺跏於其下每見龍虎當前勢欲攫人輒默祝馴服至今虎夜巡更蛇不傷人亦異矣

大坪至會佛寺圖

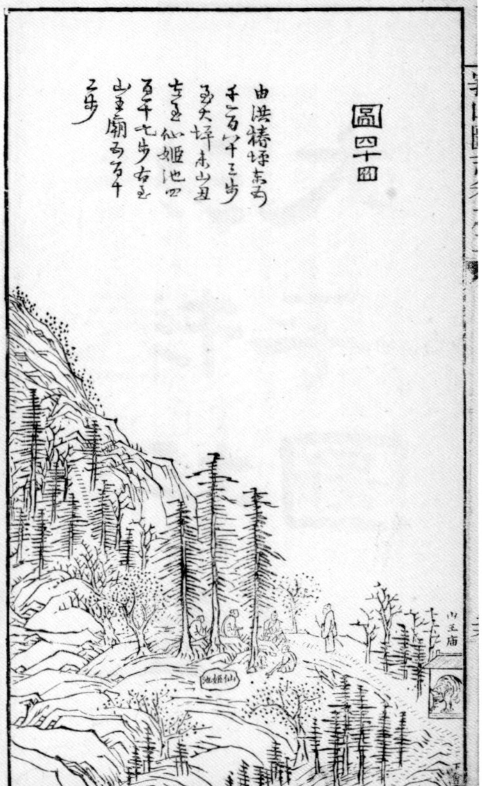

猴子坡路在山脊陡甚行者股栗進會佛寺寺爲洪椿坪住持僧剏建右爲象鼻巖昔有靜室今圮左爲石筍溝水出黑龍潭寺前陡下有坪差堪駐足稱牛心坪旁爲杉樹岡即下牛心寺要道也

會佛寺至牛心寺圖

牛心寺一名延福唐慧通禪師以山多回祿改爲臥雲乃孫眞人思邈修煉處所遺鐵臼銅鑽質樸色古今隨夔吏去矣藥爐丹竈在峯頂石洞中洞爲藥王洞巖石碎裂無草木說者以爲丹氣薰蒸所致方士多取煮服以爲能助精養神洞外一石可以箕踞宴坐名玩丹石寺壁相傳有張僧繇畫羅漢像筆跡超妙眉目栩栩欲活頗著靈異一云吳道子畫今毀寺爲宋繼業三藏所搬淯祐間僧紹才重修明洪武時廣濟禪師住持温井渴凉井水甘洌合寺仰汲寺內有卜應泉久晴將雨久雨將晴前一日取供炊臼粲必赤爲雨暘之應故名寺右有青蓮峯峯下有黑龍江再下石磴丈許爲祖師洞由寺左行仍轉雙飛橋去矣

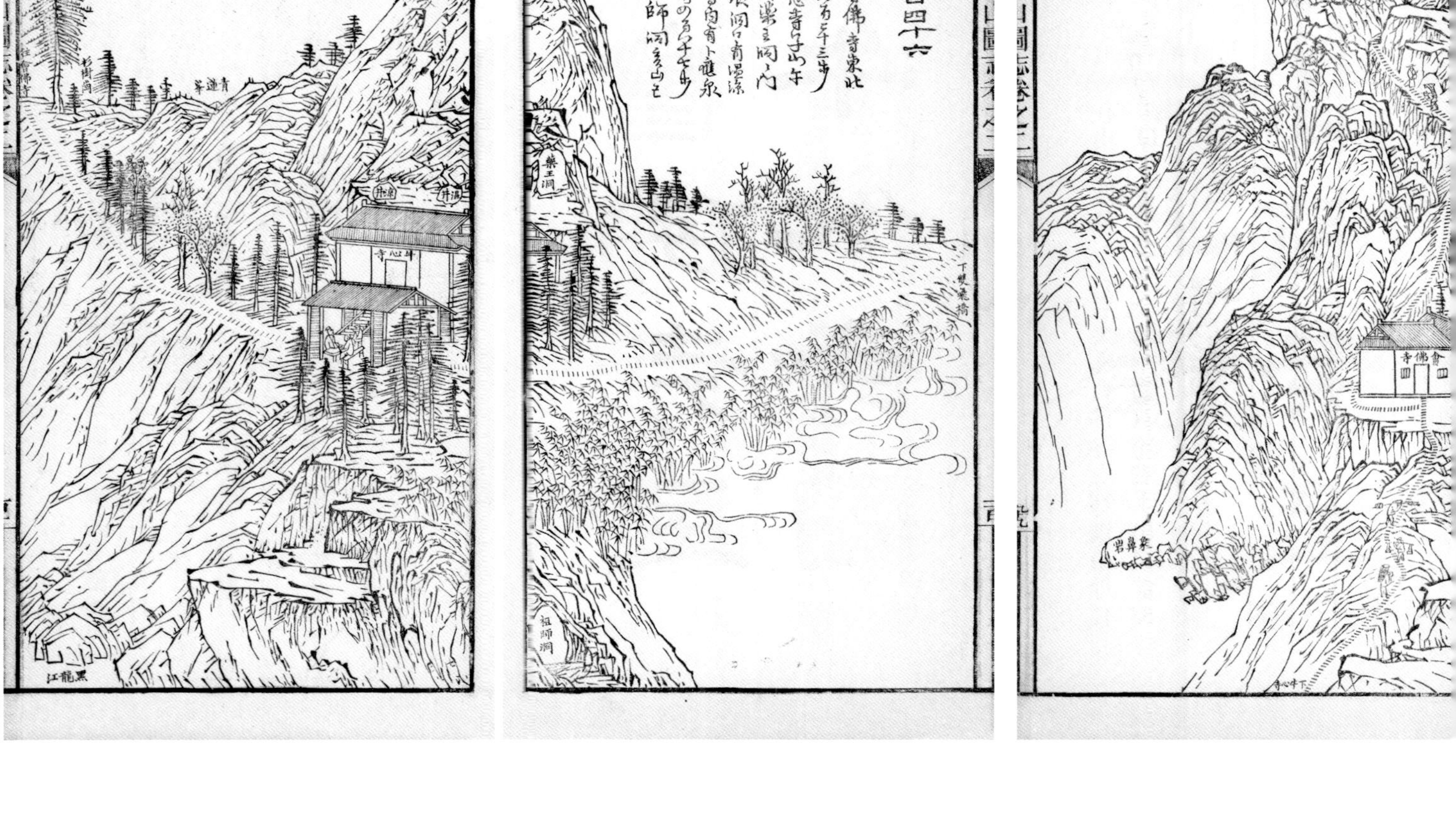

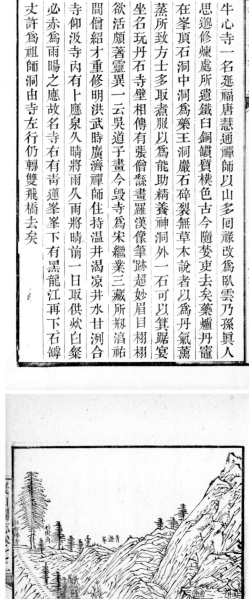

牛心寺至黑水寺圖

由牛心寺轉萬年淨水廟左旋過鐵索橋兩道一虎跳橋唐僖宗時僧慧通至此水泛不得渡見一虎蹲伏其旁跨之而濟因以名橋後蜀人張鳳𤞑等七人遊此又題其橋曰七笑一無懷橋以巖龕爲無懷洞名之路右八音池又曰樂池遊人鼓掌一蛙大鳴羣蛙次第相和其數八將終一蛙復大鳴羣蛙頓止作止翕然一律如玉振金聲池邊一石可以小憩上有雞公石因作祟被雷擊之改呼雷打石一路曲折紆轉呼十二盤循石磴而上進黑水寺古名華藏剏自魏晉肇公唐僧慧通率其妹慧續尼駐錫道聞朝廷賜有無縫衣玉環供器今無存寺宇屢經舉廢
國朝乾隆四十四年僧明仙重修之寺後對月峯原有祖師堂慧通肉身在焉寺前原有慧續尼院郎續入定處相傳有黑虎巡廊之異今堂院瓦解僅存其名矣出寺仍轉雷打石往白䄡殿殿小而新比邱居之寺後絕頂產茶味佳而色一年白二年綠地氣所鍾隨時變異

黑水寺至

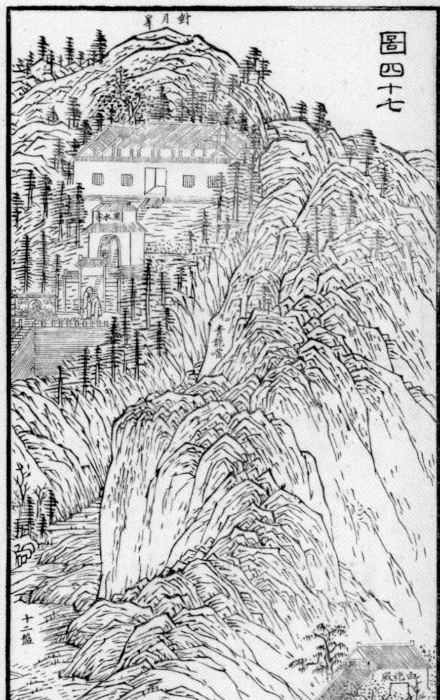

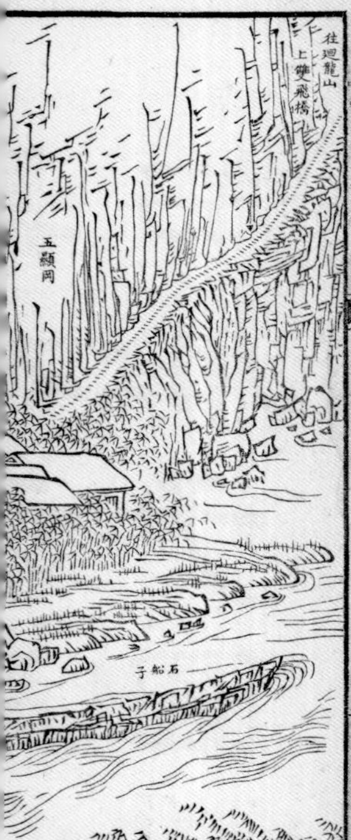

由黑水寺仍轉雙飛橋廣福寺下回龍山山勢崔巍周圍五里自牛心石俯瞰眾流滙歸成渠甫有歸宿源來淼淼瀉去潺潺則回龍實為砥柱矣由茲屈曲而下為五顯岡小店零星參綜錯伍再下瀬河逆行百餘步見長石横臥溪中類艅艎若浮水面稱石船子俗號普賢船迫視之微肖紋理縱横亦異他石豈慈航寶筏於此示相耶道左昔建有藏舟於壑山房今廢沿河順下有鐵索橋一道長二十餘丈横亘溪中渡橋即往峩眉縣之山徑也

石船子至龍門洞圖

由鐵索橋左沿河蹁蹴而下見澗流自兩山石門中噴出為龍門峽峽之中兩岸巖壁千尋色如碧玉光潤照人有兩瀑布各出一巖頂相對飛下巖根有盤石承之激而濺沫跳珠常見籜葉隨出相傳即呂純陽劍畫十字洞旁蕺篁遺墜也越數丈巖半有圖龕即龍門洞去水可二丈遊人乘槎至洞口萬壑千巖競來邀盻入尺許另透天光一線豁然開朗左壁刻龍門二大字為宋蘇東坡書一云富春孫公雙鈎石凸凹作鱗爪名以龍床龍枕遊人援梯而上俯臨深潭紺碧無底非復人寰宋范成大云聞峩眉雙溪不減廬山三峽及至龍門則雙溪又在下風蓋天下峽泉之勝當以龍門為第一觀

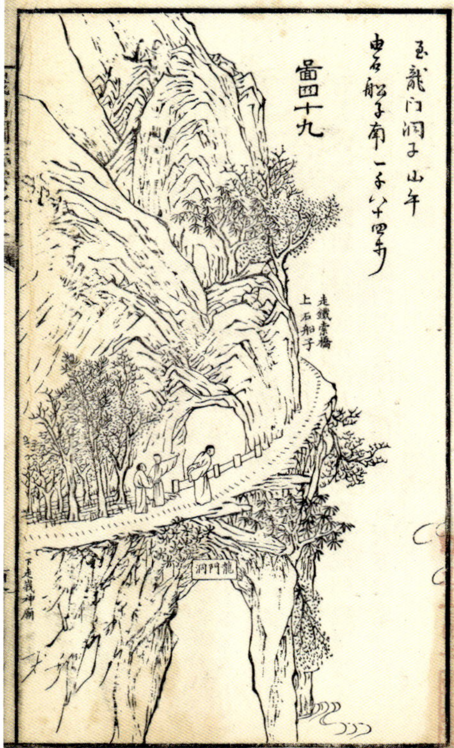

龍門洞至新開寺圖

由龍門洞石繞蕭店伏虎寺至解脫橋左上陡甚度凹即旺相臺橫下新開寺明萬歷三年僧大用建後左爲滴水巖右爲尖峯嶺大松一株輪囷古致酷似獰龍前左對岸桂樹二株半去皮膚而生趣盎然當門小坡名以木魚形相似也按寺近舊有蟠龍寺爲唐慧覺禪師建又有羅漢寺初建日梵僧赴齋齋畢不見西北隅有佛到寺因開山日得石佛故名又傳尊者曾到其間留有佛迹焉而孤峯絕壁鳥道紆縈人跡所不能到也故又稱不到寺今俱廢

新開寺至靈岩寺圖

由新開寺下坡經青龍場野店二十餘家過高橋進接引殿再渡

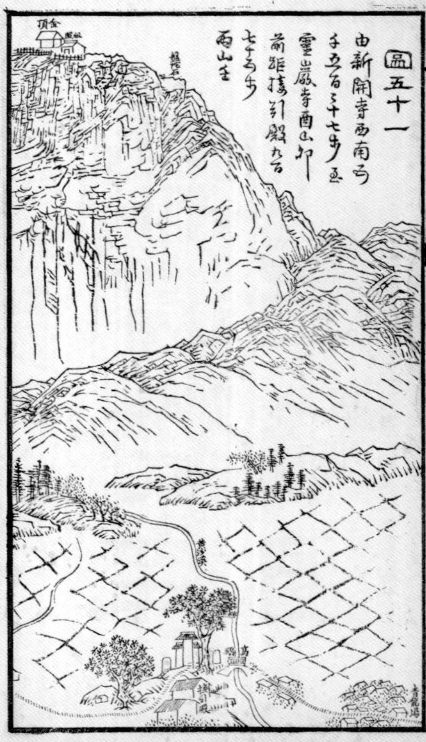

躡道重建之仍曰靈巖景泰間僧寶峯增修三世佛殿殿前為明王樓東為伽藍堂西為祖師堂凡禪堂齋堂靜室香積客廳以次告成規模廣大天順庚辰頒賜藏經成化乙酉寶峯詣闕請額賜名會福弘正間僧本印重修寺宇昔有四十八重今存五之一僧衆昔以千計今寥寥矣佛光時現寺後有覩佛臺按寶掌生於周烈王丁卯年至唐高宗顯慶二年卒住世一千七十二年詳舊志

桃諺曰得綏山一桃雖不得仙亦足以豪三峩即小峩一名鏵丞山海經所謂西皇山是也在縣東西六十里距二峩九里高半之兩山耕作約數千人其間草木茶菜荳芋蕃廡豐熟足當田疇十分之五桃花白而實紅土人呼曰蟠桃味甘香惟較二峩產者頗小耳由大峩靈巖寺經青龍場渡孝心鐵索橋上紫芝廟遞上清虛樓樓後望三峩如在目前餘詳圖中不贅

三峩至四峩圖

四峩一名花山其形稜瓣如花因以為名在大峩之直北距峩眉縣二十里酈道元水經注云峩山東北有武陽龍尾山仙者羽化之所殆即此與昔印宗禪師止錫四峩每跏趺時祥雲結蓋遇旱延禱甘霖立沛有龍王受戒猛獸調伏之異詳舊志高僧山有圓通寺由紫芝廟轉青龍場至其處計程三十里而遙按二峩三峩四峩均以大峩得名大峩高峻俯瞰羣山兼有三峩之勝綿亘岌翠環峙於前愈顯大峩雄偉上接穹蒼為名山之祖也

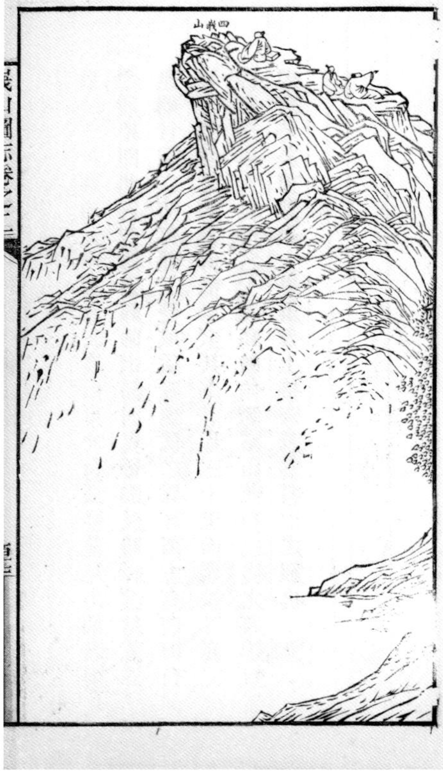

金頂祥光

峩山圖志卷之二　金頂祥光景一

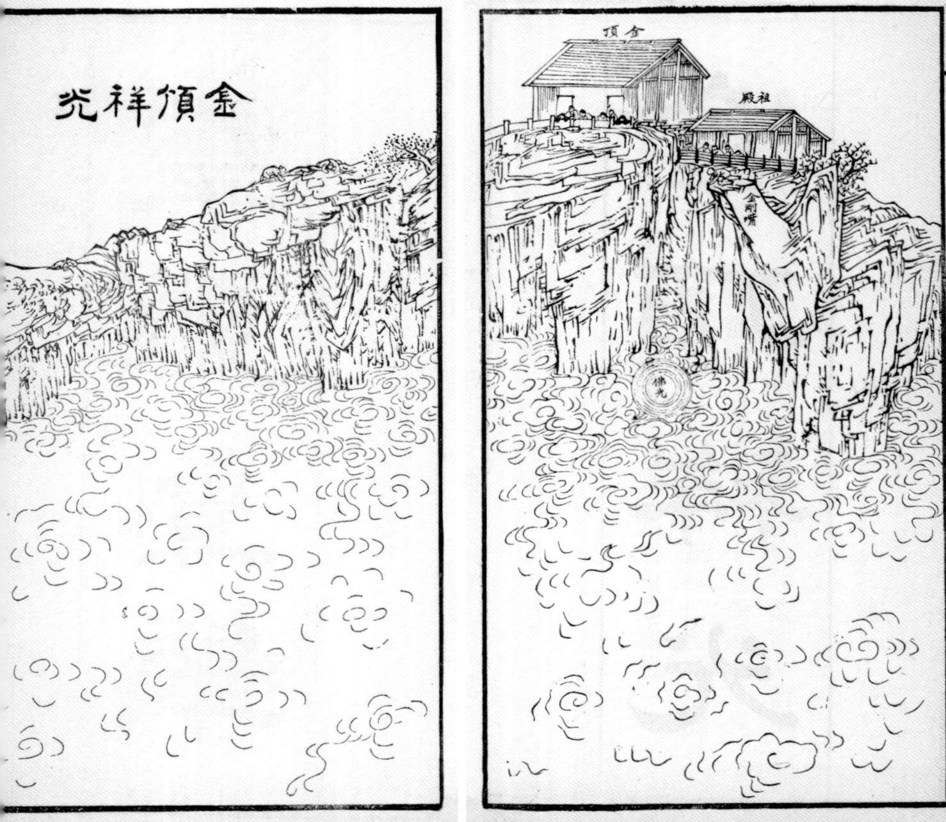

金頂祥光

靈巖疊翠

峩山圖志卷之二　靈巖疊翠景二

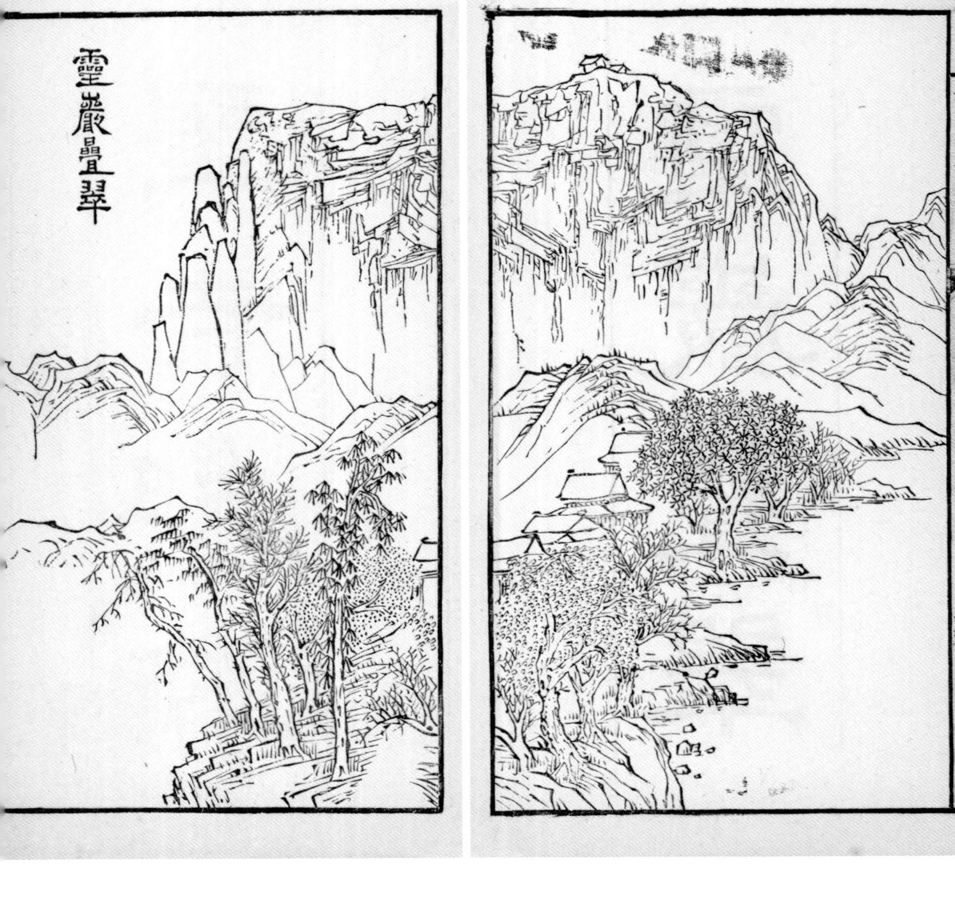

靈巖疊翠

聖寺晚鐘

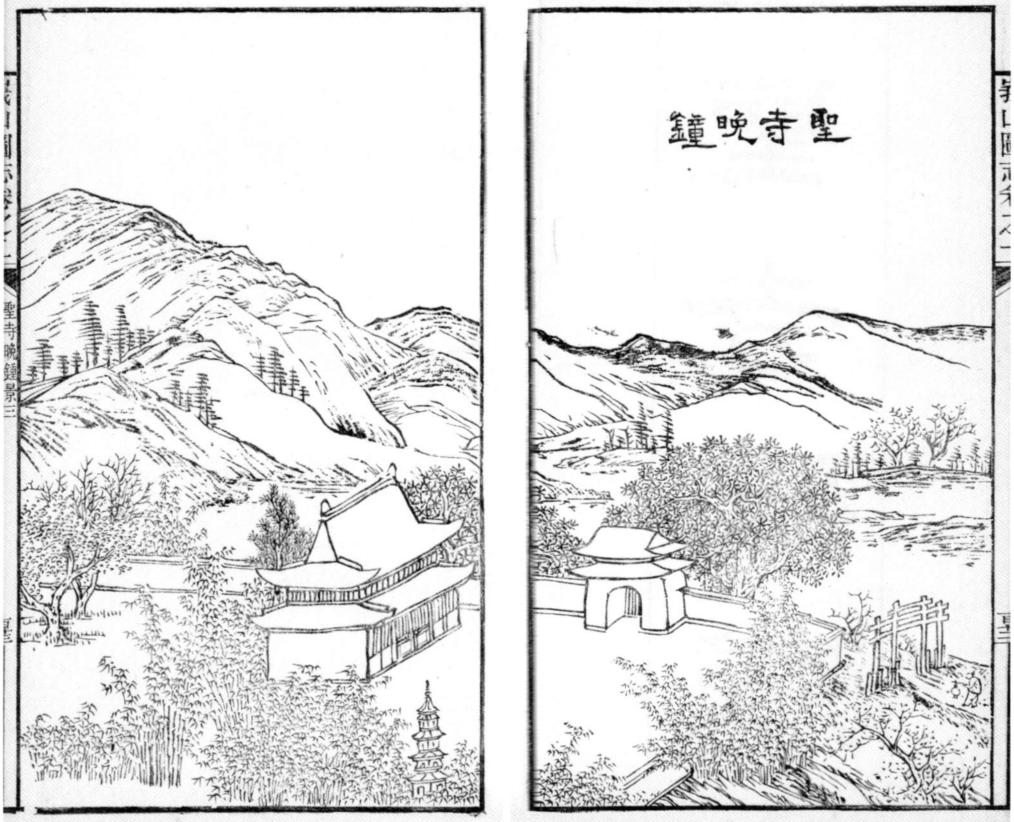

象池夜月

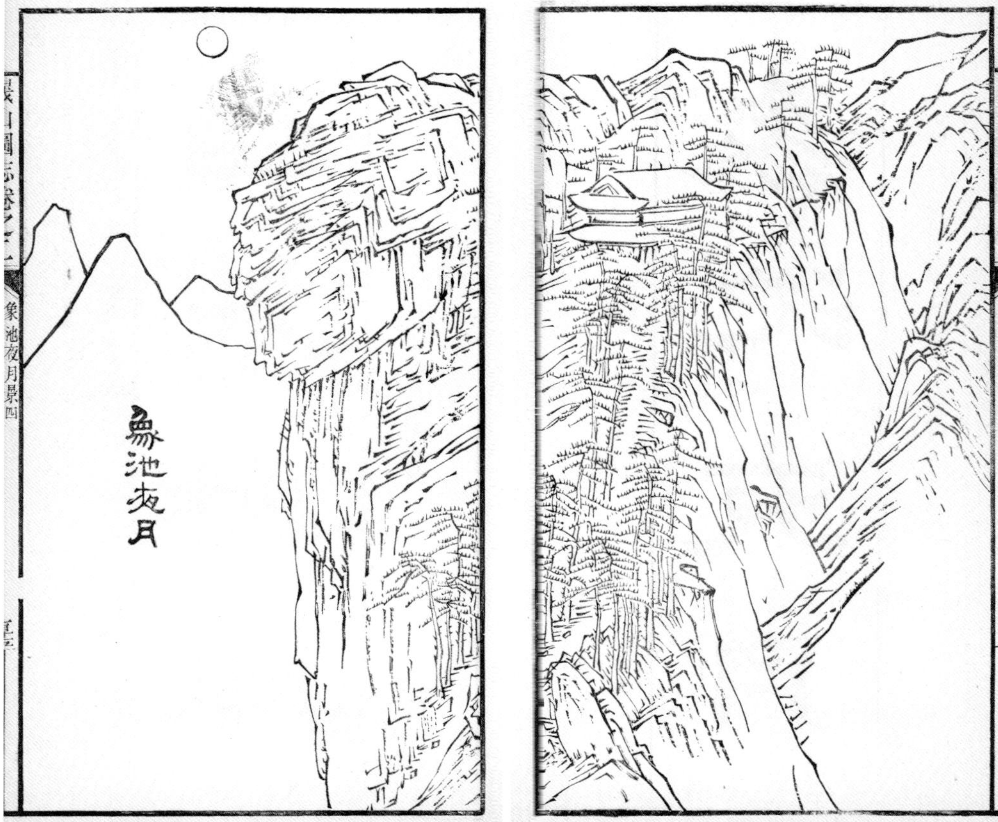

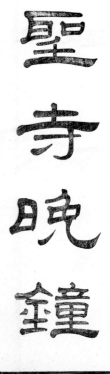

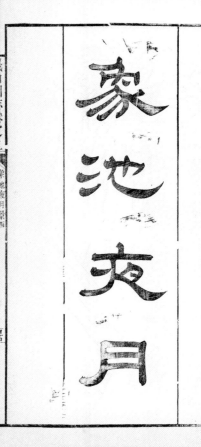

白水秋風

紅椿曉雨

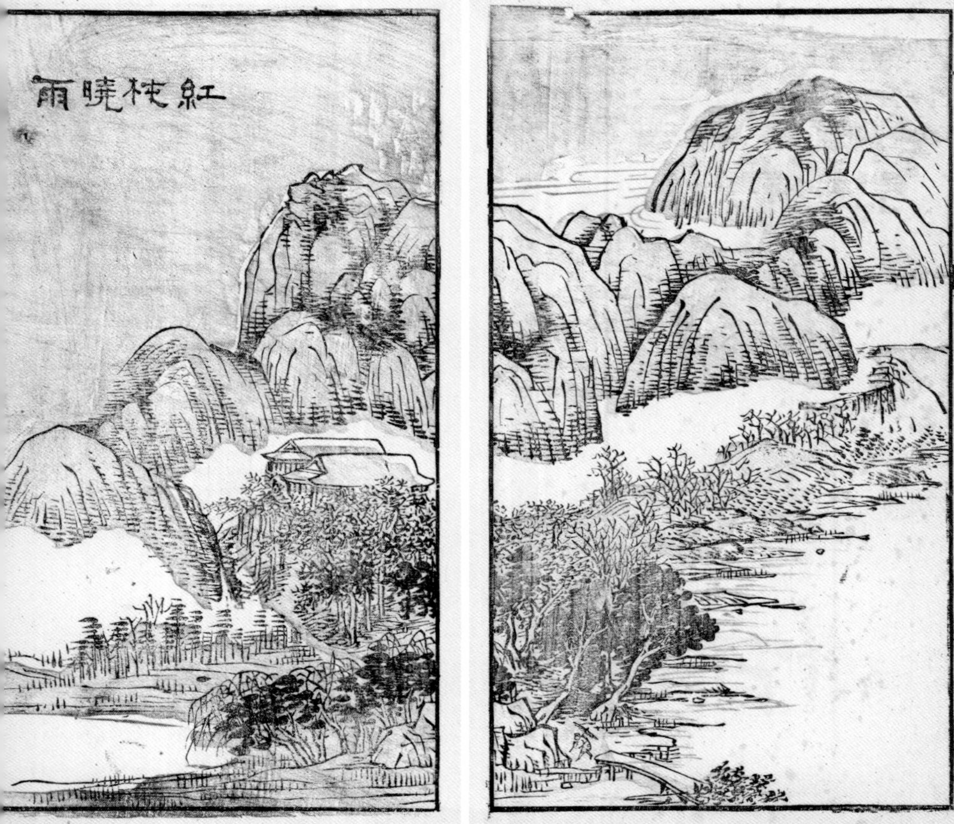

峨山圖志卷之二　雙橋清音景七

雙橋清音

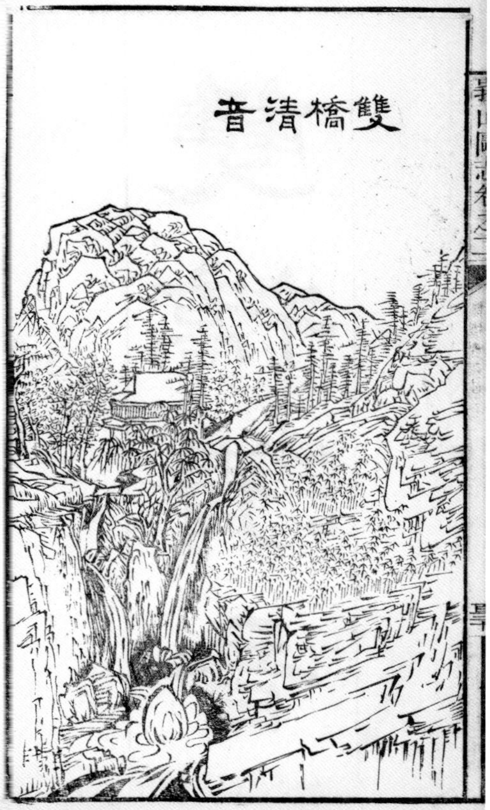

峨山圖志卷之二　九老仙府景八

九老僊府

羅峯晴雲

大坪霽雪

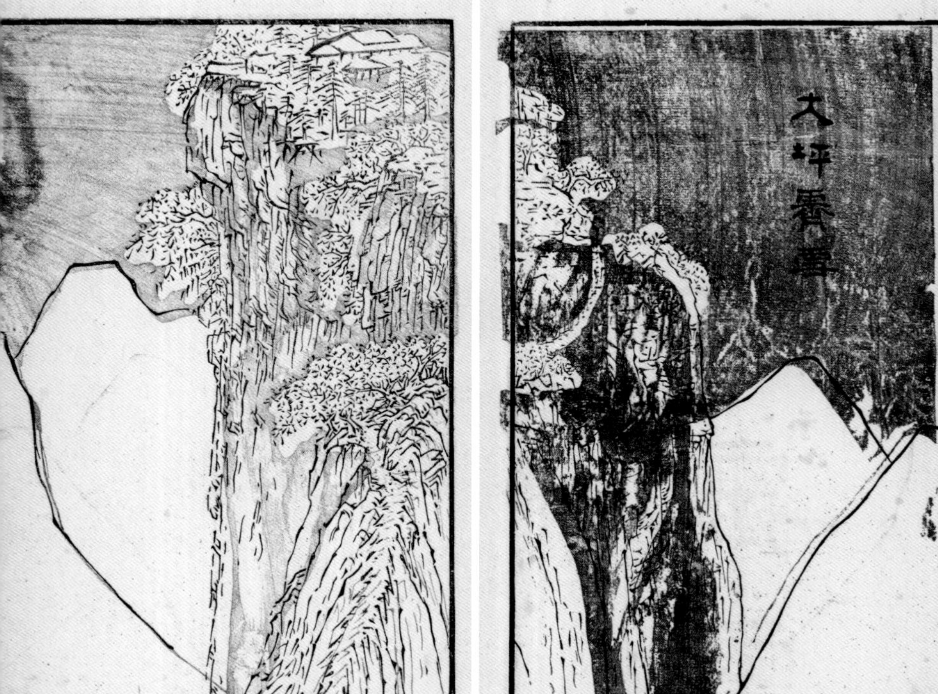

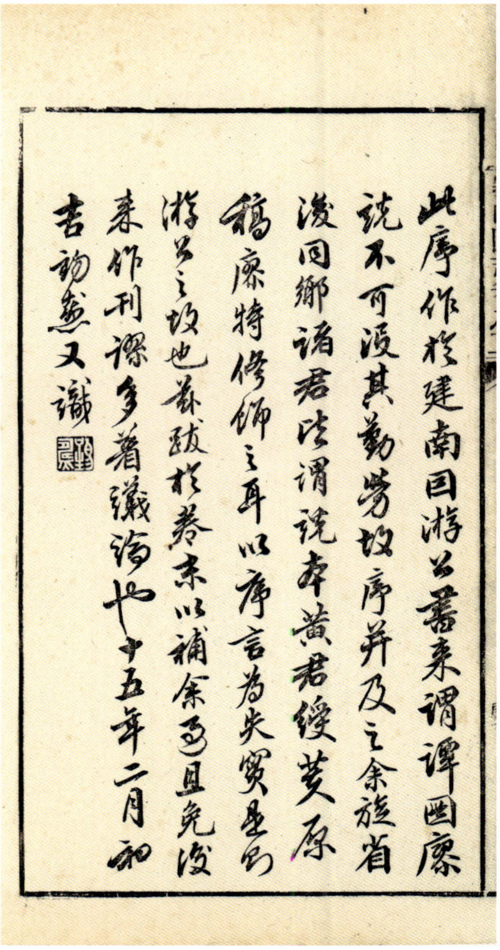
此序作於建南因游公書來謂譚圖廖說不可沒其勤勞故序并及之余旋省後同鄉諸君皆謂說本黃君綬芙原稿廖特修飾之耳以序言為失實是則游公之故也茲跋於卷末以補余過且免後來作刊謬多著議論也十五年二月初吉錫燾又識

此序作於建南，因游公書來謂譚圖廖説，不可没其勤勞，故序并及之。余旋省後，同鄉諸君皆謂説本黄君綬芙原稿，廖特修飾之耳。以序言爲失實，是則游公之故也，兹跋於卷末以補余過，且免後來作刊謬多著議論也。十五年二月初吉，錫燾又識。

五嶽真形之圖

作　者　（明）孫秉陽刻石

年　代　明萬曆二年（一五七四）

類　型　石刻拓本

載體形態　二幅

尺　寸　縱一〇七厘米，橫六八厘米

索 書 號　2/074.3/1574

此碑現存於河南登封縣中嶽廟，正面爲登封縣知縣孫秉陽所鐫之圖，以五個不同的道教符號代表五嶽；碑陰爲陳文燭《解五嶽圖贈少林寺僧洪川廣令歌》。國家圖書館所藏拓本爲一九八三年據刻石拓印。

《五嶽真形之圖》爲道教符箓，據傳此圖傳自太上老君，爲道士進山修道的護身符。此碑正面以五個符號分别代表五嶽，每個符號之下均有圖説，分别介紹了各山的行政歸屬、相關神明、主管事項、相關傳説等。其下有對《五嶽真形圖》的詳細描述：『謹按《抱朴子》云：凡修道之士，棲隱山谷，須得《五嶽真形圖》佩之，其山中鬼魅精靈、蟲虎妖怪、一切毒物莫能近矣。漢武帝元封二年七月七日夜，西王母親降，見王母巾器中有書卷，紫錦囊盛之，亦是斯圖。太初中，李充稱馮翊人三百歲，荷菓葷留，負五嶽圖，帝封負［圖］先生。此圖如人出入作客、過江渡海，或入山谷，或夜行，又恐宿於凶房。若此圖隨身，一切邪魔魑魅魍魎水怪等，盡皆隱迹逃遁矣。所居之處，香花供養，虔心扶侍，必降真祥之祐，以感聖力護持。』落款介紹了此碑刻製機緣：『此圖郭次甫携之囊游二十年，持以見示，勒招隱亭中，五嶽山人陳文燭記，登封縣知縣孫秉陽刻石。』該碑背面又有陳文燭的《解五嶽圖贈少林寺僧洪川廣令歌》一首，爲『大明萬曆二年甲戌春日沔陽陳文燭書』，展示了其對於《五嶽真形圖》的解讀方式：

夜望不厭山中月，晝行不厭山中雲。雲飛月落興無盡，搜圖指點嵩巒分。
此圖真形號最古，天壤名山惟如五。芙蓉日觀在東南，蓮花仙掌開西土。
太行峨峨碧玉間，一到嵩丘是中宇。携來傍我久有年，何人贈之郭次甫。
高僧况是惠遠流，卜居它日誰爲主？好勒磨，第一峰，寒林夜半生風雨。

五嶽爲東嶽泰山、西嶽華山、中嶽嵩山、南嶽衡山、北嶽恒山，這五座名山各據一方，成爲與中華文明密切相關的人文地理概念。五嶽之説較早見於《周禮·春官·大宗伯》：『以血祭祭社稷、五祀、五嶽。』隨着文化的發展，道教也逐漸將五嶽納入自己的信仰體系之中，《五嶽真形圖》就是道教信仰和五嶽觀念相結合的産物。《五嶽真形圖》非常神秘，却又流傳非常廣泛，歷來稗官野史對此众説紛紜。由於《五嶽真形圖》的神秘屬性，關於它的討論和研究還在不斷進行之中。

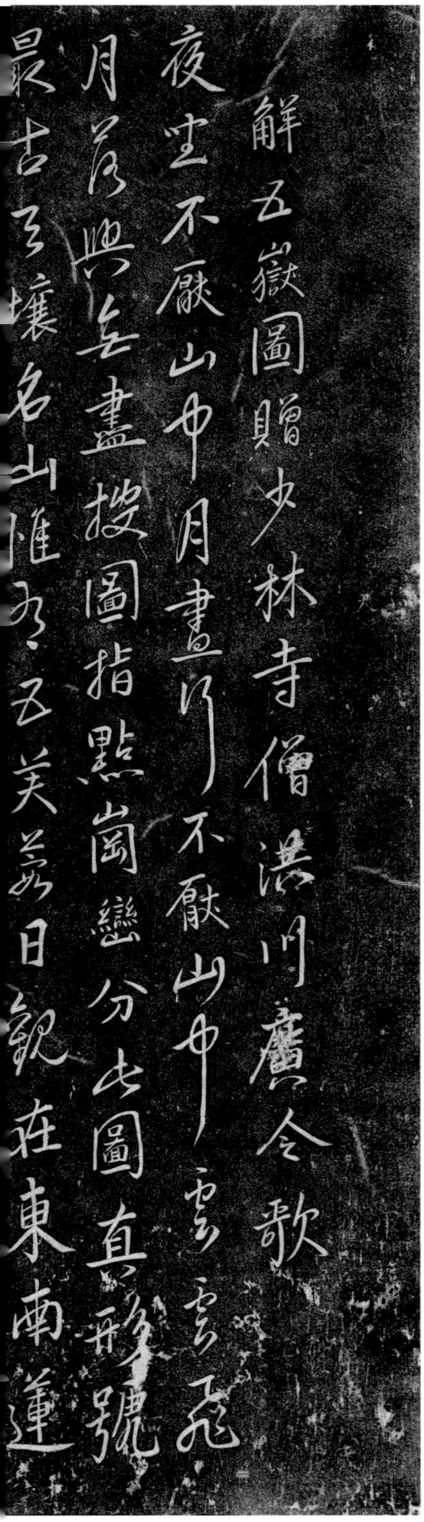

《解五嶽圖贈少林寺僧洪川廣令歌》　夜望不厭山中月，晝行不厭山中雲。雲飛月落興無盡，搜圖指點嵩巒分。此圖真形號最古，天壤名山惟如五。芙蓉日觀在東南，蓮花仙掌開西土。太行峨峨碧玉間，一到嵩丘是中宇。携來傍我久有年，何人贈之郭次甫。高僧况是惠遠流，卜居它日誰爲主？好勒磨，第一峰，寒林夜半生風雨。大明萬曆二年甲戌春日沔陽陳文燭書。

中宇攜來償我久有年何人贈之郭次甫
高僧況是惠遠流卜居亡日誰為主好勒磨
第一峰　寒林夜半生風雨
大明萬曆二年甲戌春日沔陽陳文燭書

五嶽真形之圖

蓋聞
乾坤之內五嶽者謂之神五嶽之中岱嶽為其祖莫不應乎造化生於混沌之初立自陰陽鎮乎坤維之位且五嶽者古經云分掌世界人間學事

東岱嶽泰山乃天帝之孫群靈之府也在兗州奉符縣是成興公真人得道之處長白梁父二山為副嶽神姓歲諱崇封號天齊仁聖帝岱嶽者主於世界人民官職及定生死之期兼注貴賤之分長短之事也

北嶽恒山在定州曲陽縣是長桑公真人得道之處天涯峻峒二山為副嶽神姓晨諱崿封號安天元聖帝北嶽者主世界江河淮濟兼四足負荷之類管此事也

中嶽嵩山在西京河南府登封縣是寇謙真人得道之處女几少室二山為副嶽神姓惲諱善封號中天崇聖帝中嶽者主世界土地山川谷峪兼牛羊食啗之種管此事也

南嶽衡山在衡州衡山縣是太虛真人得道之處潛山霍山為副嶽神姓崇諱嶹封號同天昭聖帝南嶽者主世界星象分野兼水族魚龍之事也

西嶽華山在華州華陰縣是黃盧子真人得道之處終南太白二山為副嶽神姓姜諱善封號金天順聖帝西嶽者主世界金銀銅鐵兼羽翼飛禽之事也

東嶽太靈蒼光司命真君
南嶽斐華紫光注生真君
中嶽黃元大光含真真君
西嶽素元耀魄大明真君
北嶽鬱微洞淵無極真君

謹按抱朴子云凡修道之士棲隱山谷須得五嶽真形圖佩之其山中鬼魅精靈蟲虎妖怪一切毒物莫能近矣漢武帝元封二年七月七日夜西王母親降見王母巾器中有書卷紫錦囊盛之亦是斯圖太初中李充稱馮翊人三百歲荷葉華留負五嶽圖帝封負先生此圖如人出入作客過江渡海或入山谷或夜行又恐宿於凶房若此圖隨身一切邪魔魑魅魍魎水怪等盡皆隱跡遁遁矣所居之處香花供養虔心扶侍必降真祥之祐以感聖力護持

此圖郭次甫攜之袁廷二十年持以見示
勒指隱亭中五嶽山人陳文燭記
登封縣知縣孫東陽刻石

五嶽真形之圖

蓋聞
乾坤之內五嶽者
謂之神五嶽之中
岱嶽為其祖莫不
應乎造化生於混
沌之初立自陰陽
鎮乎坤維之位且
五嶽者古經甚分
掌世界人間事

昆運

東岱嶽泰山乃天帝
之孫群靈之府也在
兗州奉符縣是成興
公真人得道之處長
白梁父二山為副嶽
神姓歲諱崇封号天
齊仁聖帝岱嶽者主
於世界人民官職及
定生死之期兼注貴
賤之分長短之事也

北嶽恒山在定州
曲陽縣是長桑公
真人得道之處天
淮崆峒二山為副
嶽神姓晨諱崿封
号安天元聖帝北
嶽者主世界江河
淮濟兼四足負荷
之類管此事也

中京縣得封嶽少帝界峪之

圖

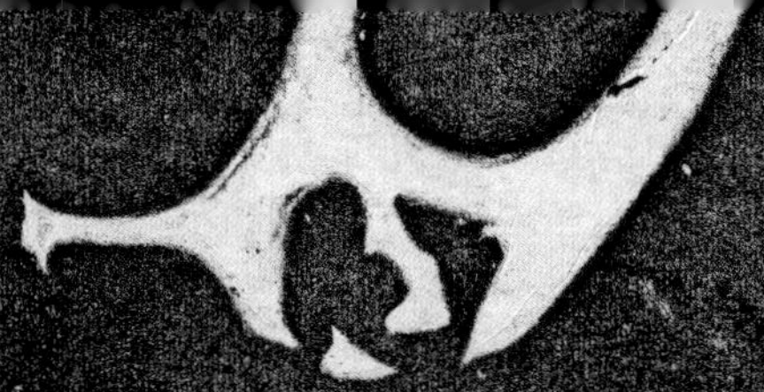

山在西
府盤封
謙真人
慶女凡
山為副
惲諱奘
天崇聖
者主世
山川谷
羊食啗
此事也

南嶽衡山在衡州衡山縣是太虛真人得道之處潛山霍山為副嶽神姓崇諱當封號同天昭聖帝南嶽者主世界星象分野兼水族魚龍之事也

東嶽太靈蒼光司命真君
南嶽慶華紫光注生真君
中嶽黃元大光含真真君
西嶽素元耀魄大明真君
北嶽鬱微洞淵无極真君

西嶽華山在華州華陰縣是黃盧子真人得道之處終南太白二山為副嶽仲姓姜諱昰封号金天順聖帝西嶽者主世界金銀銅鐵兼羽翼飛禽之事也

謹按抱朴子云凡脩道之士棲隱山谷須得五嶽真形圖佩之其山中鬼魅精靈蟲虎妖怪一切毒物莫能近矣漢武帝元封二年七月七日夜西王母親降見王母巾器中有書卷紫錦囊盛之亦是斯圖太初中李充稱馮翊人三百歲荷菓華留負五嶽圖帝封負先生山圖如人出入作客過江渡海或入山谷或夜行又恐宿於凶房若此圖隨身一切邪魔魑魅魍魎水怪等盡皆隱跡逃遁矣所居之處香花供養虔心扶侍必降真祥之祐以感聖力護持

此圖郭次南携之囊遊二十年持以見示
勒拾隱亭中五嶽山人陳文燭記
登封縣知縣孫秉陽刻石

武當山圖

作　者　（清）趙永中臨并繪

年　代　清中期

類　型　紙本彩繪

載體形態　一册

尺　寸　每頁縱二二厘米，橫一四厘米

索書號　（225.618）/074.3/1900

武當山位於今湖北省十堰市，爲道教聖地，又名太和山，受到歷代帝王的尊崇。元成祖封其爲『武當福地』，明永樂十五年（一四一七），明成祖朱棣封武當山爲『大嶽』，并在此敕建大嶽太和山九宫、八觀、三十六庵堂、七十二岩廟、三十九橋、十二亭等三十三處建築群，嘉靖年間，人們又對這些建築加以增修擴建。嘉靖三十一年（一五五二），武當山被封爲『治世玄嶽』。有明一代，武當山的地位一直非常高。及至清代，統治者主要崇尚佛教，武當山的地位逐漸衰落，不過清代皇帝仍然禮敬武當山。武當山不僅是一處文化勝地，更是一處軍事險地。它靠近華中軍事重鎮襄陽，對於此處的軍事防守意義重大，這也表現在了相關輿圖之中。

《武當山圖》前有序文兩篇。第一篇序由行書寫就，文末日期爲『甲子秋七月』。序文前後各有朱印一枚，印文分别爲『石竹』『精妙』。文中記載了武當山的歷史建制和受帝王尊奉的情况：『其地於秦漢時置縣立郡，洎宋元又置軍……明永樂間創修八宫二觀，并各直省建茶庵等處，加封大嶽，易名爲太和山。維我聖祖仁皇帝加封錫額，寵溢山靈，輝煌神嶽，與五嶽争烈。』從這些信息來看，此圖的繪製至早在清聖祖康熙之後，乾隆九年（一七四四）、嘉慶九年（一八〇四）、同治三年（一八六四）均爲甲子年，此篇序文的寫作應爲這三個時間之一。

第二篇序文由楷書寫就，考證了武當山名稱的由來，作者認爲，武當得名一是源自天象，一是源自武當山爲軍事要地。『荆南，火方也，楚主祝融，火神也。武當度分在翼，翼於南方七宿爲翼火蛇，又天之火宿也，於九星爲廉貞，於五行爲獨火，於天機爲燥。考山圖，孤峰焰起，群峭攢空，象亦火也，惟奉北宫真武之水精以鎮之，乃有水火既濟之功。武當之名，太和之義，或寓於此乎？』除此之外，武當山還是軍事重鎮，歷代受到統治者重視，并在此設立軍事建制，作者認爲『武當』得名可能也與此有關：『進者均陽，連比房陵，西通蜀漢，北接終南，山菁險深，自昔防之，且襄爲重鎮，南北朝開隴之師多出武當。前代建武當郡、武當軍、武當路以扼之，明置守山大璫，例比監軍，未必無意也。』因此作者强調此圖繪製的目的，除了描繪武當山峰巒秀麗、宫殿嵯峨，供閲覽者享受『卧游』之樂趣外，更意在警示地方官員『思所以敬其神明，綏靖山川，合於禮樂，治明鬼神，治幽之理，下祈民福，以上副聖朝巡嶽翕河之盛典』，作者聯繫到了《詩經》中『允猶翕河』之典故，强調名山之禮樂功能。文末署名爲『北平多山道人趙永中臨并繪』。其下有朱印兩方，内容分别爲『趙』『多山』。

全圖共分七個摺頁，沿上山水道徐徐展開。圖中以山水畫法詳細地描繪了武當山上的建築、山峰、道路、橋梁等，色彩鮮艷，繪製精美，集藝術性與實用性於一身。第一、二幅摺頁描繪了武當山北麓的净樂宫一帶景象，宫殿規制弘大，環境優雅，内有紫雲亭、馬王廟、報恩寺、拱辰門、察院、上下東門、營署、學宫、隍廟、魁星閣等，與净樂宫一水之隔爲滄浪亭、迎真觀、槐關古渡、觀音閣等建築，周圍有蓮池落雁、黄峰晚翠、東樓望月、滄浪緑水等景觀。第三幅摺頁描繪了黄沙河兩岸景象，一邊有羅漢寺、東園、七里屯、三皇廟，另一邊有祖師廟、范家橋等。接下來畫面延伸到小炮山一帶，山上有松樹、道觀，山下有鳴馬寺、大士灣、郭公井等。小炮山之後是大炮山，山上有元祐觀一座。接下來是沿途的迎恩宫、鐵瓦殿、紫陽庵、周府庵、申府庵、錦屏山、晋公廟，最後過渡到以南岩爲代表的山峰群，群巒叠嶂，有五龍宫、南岩宫等建築點綴其間，顯得頗有氣勢。

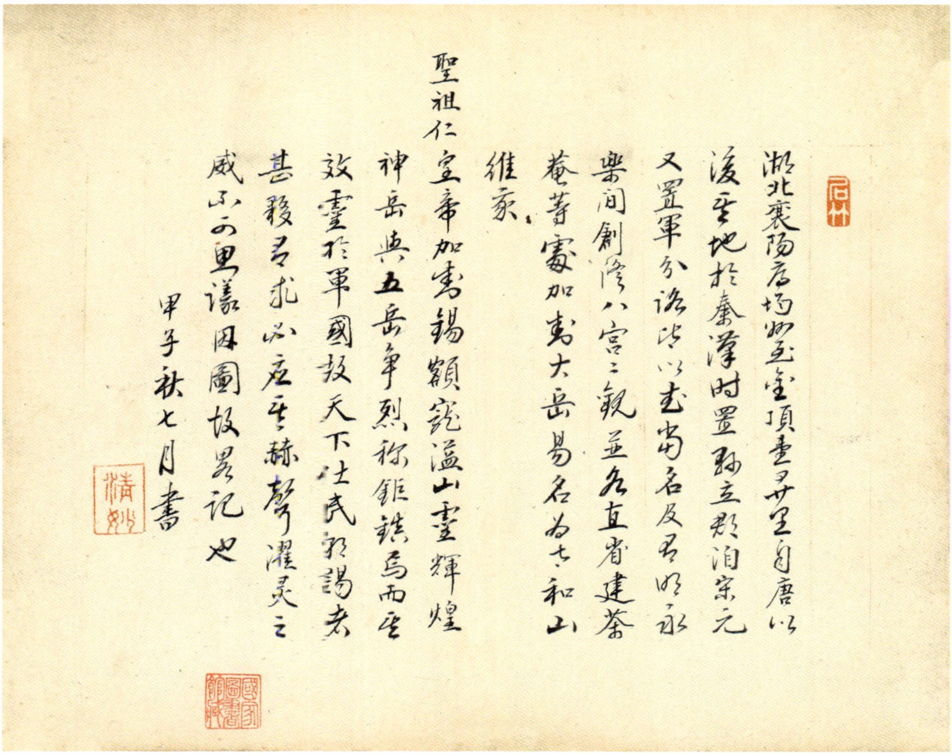

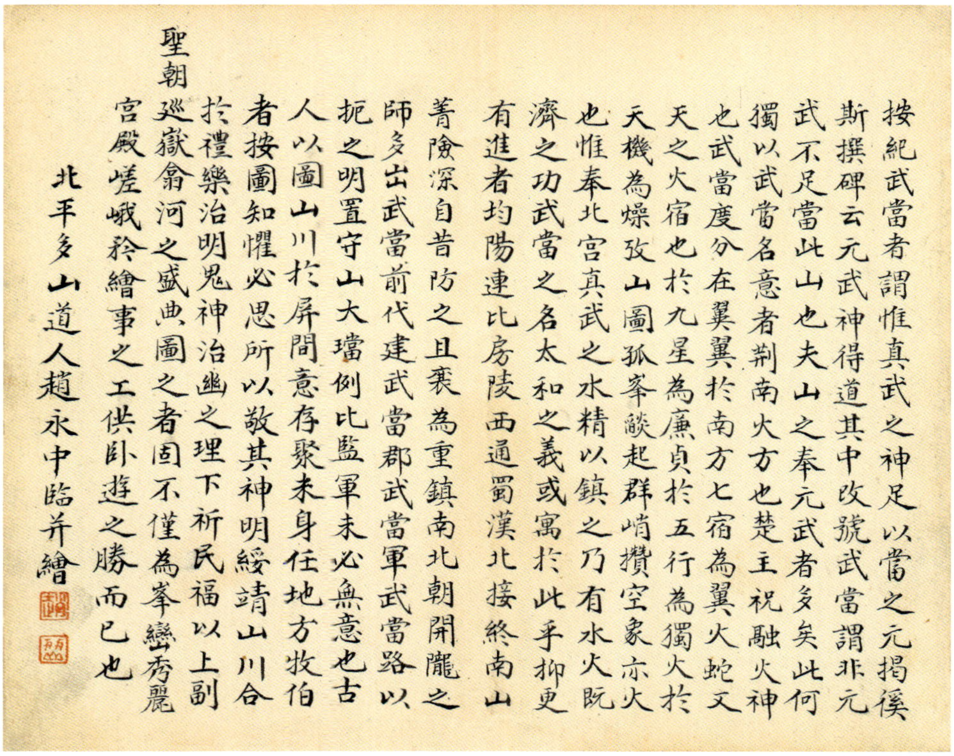

湖北襄陽序均州，至金頂臺百廿里，自唐以後。其地於秦漢時置縣立郡，洎宋元又置軍分路，皆以武當名。及有明永樂間創修八宫二觀，並各直省建茶菴等處，加封大岳，易名爲太和山。維我聖祖仁皇帝加封錫額，寵溢山靈，輝煌神岳，與五岳争烈，称鉅鎮焉。而其效靈於軍國，故天下仕民朝謁者甚夥，有求必应，其赫聲濯灵之威，不可思議。因圖，故畧記也。

甲子秋七月書。

按紀：武當者，謂惟真武之神，足以當之。元揭傒斯撰碑云：元武神得道其中，改號武當，謂非元武不足當此山也。夫山之奉元武者多矣，此何獨以武當名意者？荆南，火方也，楚主祝融，火神也。武當度分在翼，翼於南方七宿爲翼火蛇，又天之火宿也，於九星爲廉貞，於五行爲獨火，於天機爲燥。攷山圖，孤峯焰起，群峭攢空，象亦火也，惟奉北宫真武之水精以鎮之，乃有水火既濟之功。武當之名，太和之義，或寓於此乎？抑更有進者均陽，連比房陵，西通蜀漢，北接終南，山菁險深，自昔防之，且襄爲重鎮，南北朝開隴之師多出武當。前代建武當郡、武當軍、武當路以扼之，明置守山大璫，例比監軍，未必無意也。古人以圖山川於屏間，意存聚米，身任地方牧伯者，按圖知懼，必思所以敬其神明，綏靖山川，合於禮樂，治明鬼神，治幽之理，下祈民福，以上副聖朝巡嶽翕河之盛典。圖之者，固不僅爲峯巒秀麗，宫殿嵯峨，矜繪事之工，供卧遊之勝而已也。

北平多山道人趙永中臨并繪。

方山晴雪
楓關古渡
泰山廟
迎真觀
禹王廟
拱宸門
紫雲亭
報恩寺
楊泗廟
滄浪亭
滄浪綠水
上東門
觀音閣

黄峯晚翠
蓮池落雁
較軍場
迎恩樓
州治
營署
隍廟
文照門
小較場
學宮
二門
淨樂宮
皇岳樓
魁星閣
察院
下東門
宗海門
呂祖堂
龍山烟雨
龍山嘴
東樓望月
望月灘
唐家洲

羅漢寺
枣園
七里屯
三皇庙
黄沙河
祖師庙
準提菴
范家橋
七里橋

小炮山
興隆観
大土灣
鄭公井
鳴馬寺
土橋

元佑觀
王公祠
朝陽古洞
打兒窩
第一山
大蛇山
大橋

錦屏山
晉公廟
周府菴
申府菴
紫陽菴
鉄瓦殿
迎恩宫

尹仙峯
南岩
南岩宮
五龍宮
靈應峯
五老峯
隋崔峯
七星峯
外朝峯
金鎖峯
顕定峯
黃龍洞
武當真跡
下斜橋
七星遠店
飛昇台
梳粧樓
龍頭香
榔梅祠
攝狐嶺
西棋亭
烏鴉廟

武當山全圖

作　者　（清）王維祥摹繪
年　代　清光緒年間
類　型　紙本彩繪
載體形態　一幅長卷
尺　寸　縱二七厘米，橫四五九厘米
索書號　212.131/074.3/1908-2

此圖由山下的净樂宫開始，沿着黄沙河開始整幅圖的布局，一直延伸到瓊臺上觀等建築。沿途多有道路、橋梁、小舟、行人點綴其間。全圖内容詳細，展示了武當山的建築、道路情况，具有較高的史料價值和藝術價值。

全圖起始處右下角有『太和山人』印一方，末端有落款『邑人王維祥摹寫』，另有印章兩方，印文分别爲『王維祥印』和『銃』。關於王維祥其人，生平不詳。

全圖景物從净樂宫一帶建築群開始，宫墻内有御書樓，周圍有武場、南關、望嶽樓、望月樓、東嶽廟、滄浪亭、槐關等建築。過了吕祖堂便是土門、三皇廟和七里屯，再經過一座土橋，便先後來到小抱山和大抱山，這兩處景物在今天一般被稱爲『小炮山』和『大炮山』。之後道路繼續延伸，進入到朝陽洞一帶，此處有一座『第一山』石碑，又有打兒窩、王公祠、石板灘等景致。再過一座大橋，便是迎恩宫、鐵瓦殿、紫陽庵、周府庵、申府庵一帶建築群，此處建築依山而建，在樹木掩映之間，顯得莊嚴錯落。再經過謝公橋，便是晋府庵、修真觀、冲虚庵、會真庵、鉉岳門、襄府庵、遇真宫一帶建築群，此處建築高大壯觀，規制森嚴。在經過聚仙橋和元和橋後，畫面過渡到元和觀、崇府庵、玉虛宫、好漢坡、老

母殿、關王廟、老君殿一帶，此處地勢較高。畫面中還繪製了每處景觀周圍的道路情況。復真橋之後是太子坡一帶景致，可見復真觀立於陡坡之上，其『九曲黃河墻』也依稀可辨，設計者巧妙地借用了山形地勢，使其高低錯落，獨具巧思。天津橋之後是九渡澗，此處有著名的下十八盤和上十八盤景觀，之後便是紫霄宫一帶建築群。隨着畫面的進一步展開，峰頂的植被和山體面貌也與之前不同，采取了不同的繪製方法。這裏出現了高大的雪松，山上有白雪覆蓋，雲氣氤氳其間，顯出武當山巔的高峻氣象。過了山上的榔梅祠、榔梅樹、七星樹、黄龍洞景觀之後，畫面過渡到環繞天柱峰而建築的紫禁城。這是明成祖朱棣按照自己居住的紫禁城在此處修建的殿宇，建於永樂十七年（一四一九）。此處建築高大威嚴，雄偉壯觀，周圍還繪製了三天門、朝聖門等。圖幅盡處爲大筆峰、小筆峰、瓊臺上觀、中觀、下觀等。

此圖與國家圖書館藏《武當山圖》的繪製方式有相似之處，都是沿着上山道路逐漸展開畫面，以長卷形式錯落地展示山上的建築情況，繪製者并不過多考慮實際的道路和距離情況，而更多借鑒了山水畫法，力圖形象地展示武當山各處面貌。不過，兩圖應該并不屬於同一圖系，因爲《武當山圖》衹繪到南岩、紫霄宫一帶就結束，没有繪出山上的紫禁城，沿途景物也較爲粗略。而《武當山全圖》則更加詳細、完整，涉及的建築、景觀較多，對於相關建築的規制等也有更寫實的描繪，這爲我們研究武當山的歷史、建築情況提供了寶貴的參考資料。

桃關
滄浪亭
大士閣
東嶽廟
龍山
武場
淨樂宮
御書樓
望月樓
南關
滄河

大抱山
小抱山
羅漢寺
土橋
郭公井

三皇廟
七里屯
黃沙河
土門
呂祖堂

紫陽庵
鐵毛殿
迎恩宮
大橋
石板灘
王公祠
打兒窩
朝陽洞
第一山
王公堰
落帽

自在庵
沐浴堂
三官殿
馬公橋
草店
晉府庵
周府庵
中府庵
謝公橋

金沙坪
玉虛宮
關王廟
崇府庵
迴龍觀
玉虛宮路由此
東橋
好漢坡
老母殿
磨鍼井
純陽宮
西橋
元和觀

東橋
元和橋
仙關
聚仙橋
遇真宮
鉉岳門
襄府庵
會真庵
沖虛庵
金花樹

十八盤
淵默亭
九渡澗
天津橋
龍泉觀
平臺
太子巖
復真觀
太子坡
老君殿
復真橋

黑虎廟
威烈觀
深溝灣
蠟燭澗路由此
桃源
展旗峯
紫霄宮
禹跡亭橋
雷神洞
烏鴉廟
鉢堂山嶺
棋亭
福地

天柱峯
金殿
紫禁城
三天門
二天門
一天門
朝聖門
會仙橋
文昌祠
朝天宮

朝天宫
斜橋
黄龍洞
七星樹
五龍宫
榔梅樹
榔梅洞
飛昇臺

瓊臺上觀
中觀
小筆峰
下觀
大筆峰
邑人王維祥摹寫

太白全圖

作　者　（清）賈鉝製，李士龍、卜世合鎸
年　代　清康熙三十九年（一七〇〇）
類　型　單色拓本
載體形態　一幅
尺　寸　縱一八九厘米，横七四厘米
索 書 號　215.814/074.3/1700

此圖爲三秦觀察使賈鉝赴太白山祈雨後所立碑的墨拓本。目前此碑存於西安碑林，國家圖書館藏墨拓本。賈鉝，字玉萬，號可齋，山西臨汾人。

太白山位於今陕西省寶鷄市，爲秦嶺北麓，亦是秦嶺山脉的最高峰，海拔三千七百多米，以高、寒、險等特點享有盛譽。《録異記》載太白山得名於金星墜落化爲白石之説：『金星之精，墜於終南圭峰之西，其精化白石，若美玉，時有紫氣覆之，故名。』《水經注》稱太白山『在武功縣南，去長安二百里，不知其高幾何。俗云：武功太白，去天三百。山下軍行，不得鼓角，鼓角，則疾風雨至。杜彦達曰：太白山南連武功山，於諸山最爲秀傑，冬夏積雪，望之皓然』。此山終年積雪，氣勢巋然，山勢奇峻，巍峨壯觀，爲文人墨客心向往之的美景。『太白積雪』是著名的關中八景之一。唐代詩人杜甫就曾寫下『猶瞻太白雪，喜遇武功天』的詩句，李白也曾壯游賦詩『西當太白有鳥道，可以横絶峨眉巔』。

太白山被認爲是『能興雲致雨、息滂弭災』之山，有悠久的民間信仰傳統，每遇荒旱之時，官員往往前往太白山禱告。唐代將太白山列入國家祀典之地，太白山從此受到國家層面的尊崇。唐貞元十二年（七九六）大旱，京兆尹韓臯奉命到太白山祈雨，次日天降甘霖，柳宗元因此事撰寫《禱雨碑記》，文中寫道：『雍州東南界於梁，其山曰太白，其地恒寒，冰雪之積未嘗已也。其人以爲神，故歲水旱則禱之，寒暑乘候則禱之，厲疾祟降則禱之。』宋代蘇軾也著有《太白山禱雨記》一文。《太白全圖》也是在賈鉝祈雨之後所作，這正是太白山信仰的體現。

《太白全圖》以細膩筆法繪製了太白山勝景，圖左上角有賈鉝題識：『此余庚辰夏禱雨太白山，歸而爲是圖也。其山之幽深曲折處，圖所不及，記中悉之，刻在碑陰。迹之奇怪靈異處，記所難形，圖中表之。合記與圖，而山之形勢可見，即事之奇異亦可見矣。余好弄筆墨於文詞之外，每講畫理，見勒諸碑版者，類殊絹素，因運墨染翰，兼購良工，爲太白存此小照，蓋自來士大夫罕造其顛，亦莫爲表章者，即唐杜甫、李白，宋蘇軾輩，皆最喜探奇，宦游此地久矣，亦未經登陟，而開其面目千載之下，余獲躋攀，詎能置而不傳乎？後之覽者，按圖索記，歷歷如睹，誠佳話云爾。』其下有印兩方，内容分别爲『可齋賈鉝』和『三秦觀察』。賈鉝於祈雨之時登臨太白山，以爲歷來文人雖然仰慕太白山，但由於山路險阻，少有人真正登臨其巔，因此繪製此圖爲太白山『存此小照』，希望能够刻石傳揚，使得後人能按圖索驥，一睹太白山真容。據西安碑林碑石目録記載，此碑背面還有一篇《繪圖原委記》，爲李二曲跋，楊芝生識，賈鉝書。這也就是賈鉝所作的《太白山禱雨記》，後收入諸種縣志之中，文中詳細記録了賈鉝此次登山的原因、經過，與圖畫相互補充。根據記文内容，此次祈雨之後，真的迎來了久違的大雨：『廸陽於未禱之前者，太白固冥冥也。及余入山而下山之雨，於郿而雨，至盩厔而雨，及□抵京兆而俱雨者，太白固昭昭也。雨乎！雨乎！太白之爲乎！余不敢没也。及繪圖刻記於石，以示來者，俾永無炎陽之慮焉。』

《太白全圖》采用山水畫法，圖幅氣勢壯闊，采用斧劈皴法展現山勢輪廓，筆法蒼勁方直，棱角分明，又用披麻皴法展現山體之層叠幽深，結構大氣，錯落有致。全圖靈活運用陰刻和陽刻，以陽刻展示山體綫條，陰刻勾勒纏繞的雲氣、山頂的積雪和山上的多處圓形太白池，細緻地描摹出山勢的陰陽向背、肌理質感，清晰呈現出山與山之間的位置關係，展現出傳統山水畫的『深遠』『高遠』之美，突出了太白山高峻之特點。全圖刀筆利落，生動流暢，是太白山圖中不可多得的藝術佳品，也形成了較有代表性的太白山圖繪模式。

全圖是在賈鉝親自登陟考察的基礎上繪成的，因此内容詳細，圖中羅列山中景物數十處，有大太白池、二太白池、三太白池、佛池、玉皇池、松花坪、金鎖關、二里關、三官池、雷神峽、玉皇池、三清池、觀星樓、孤魂窪、救苦嶺、上板寺、下板寺、冲天嶺等，并詳細記録了這些地點之間的距離和游覽的大致路綫。針對一些重要景點，圖中還進行了重點介紹，如大太白池『大三十餘畝，其清澈底無寸草點塵，其中有神龍，時大時小，變化莫測，池面常放五色光、萬字光、珠光等類，人處，叩則應之，傍有净池，烏毛色花紋可愛，池有寸草即啣去，其餘各池皆同，至二太白池十里』，雷神洞『洞内有萬年不化之冰』，二仙山『上有二石，如人形，故名，險峻難行』，等等，對於一些重要景致的得名等進行了

較全面的介紹，爲閲覽者提供了非常詳盡的參考。

除了這幅圖之外，國家圖書館還藏有另一幅《太白全圖》拓本，此碑目前也存於西安碑林。該圖縱一四三厘米，橫五三厘米。圖的内容和賈鉝所製《太白全圖》基本一致，應爲摹刻。最大的不同就在於該圖在山體描繪之外增加了山脚下的晋聖宫，這處宫殿刻畫非常詳細，體量也較其他建築更爲突出。圖幅并未保留賈鉝的題識，全圖下方有署名趙乙美的碑記一篇，爲雍正十三年（一七三五）七月所記，碑記内容爲：『人言西秦不憂荒旱，其所仰賴者，有活太伯尊神在也，弟子乙美雖甚愚昧，不信此語，隨發心朝禮，及至名山，詣靈池瞻拜，圜跪多人，蒙尊神顯靈，即潮金冠不至多人，而敬畏之心益生。捧至安邑，見者莫不尊里，供之廟堂。數年來，神□廣布，感動多人，隨募化衆信，捐資於山口創修晋聖行宫一座，前後數楹，工已告竣，敬録山圖勒之珉，以志永久，竪之陝省碑洞，摹帖傳聞，使均知聖德普遍，能福天下，不獨秦人偏蒙其庥也，是爲記。』碑記後還列出了捐資者的名單。從碑記内容中，我們能大致得出該圖創作的背景，應爲衆人捐資在太白山下修建晋聖宫之後，根據已有的《太白全圖》摹繪而成，也正因爲這個原因，該摹繪本突出了原圖所没有的晋聖宫。

太白全圖
此余庚辰夏禱雨太白山歸而為是圖也其山之幽深曲折處圖所不及記中
悉之刻在碑陰蹟之奇㸃靈異處記所難形圖中表之合記與圖而山之形
勢可見即事之奇妙亦可見矣余好弄筆墨於文詞之外每講畫理見
勁諸碑版者類殊絹素因還里染翰畫購良工為太白存之小照蓋自
東士大夫罕造其顛名莫為表章者即唐杜甫李白宋之穆軾輩
皆最喜探奇宦遊此地久矣亦未經登陟而闡其面目千載之下余
獲躋攀詎能置而不傳乎後之覽者按圖索記歷歷如覩識佳話

松花坪至下板寺廿五里
二仙山上有二石如人形故名險峻難行
下板寺至望仙石十里
風門十五里
雷神洞
香烟山
至山九十里
楚黃李士龍

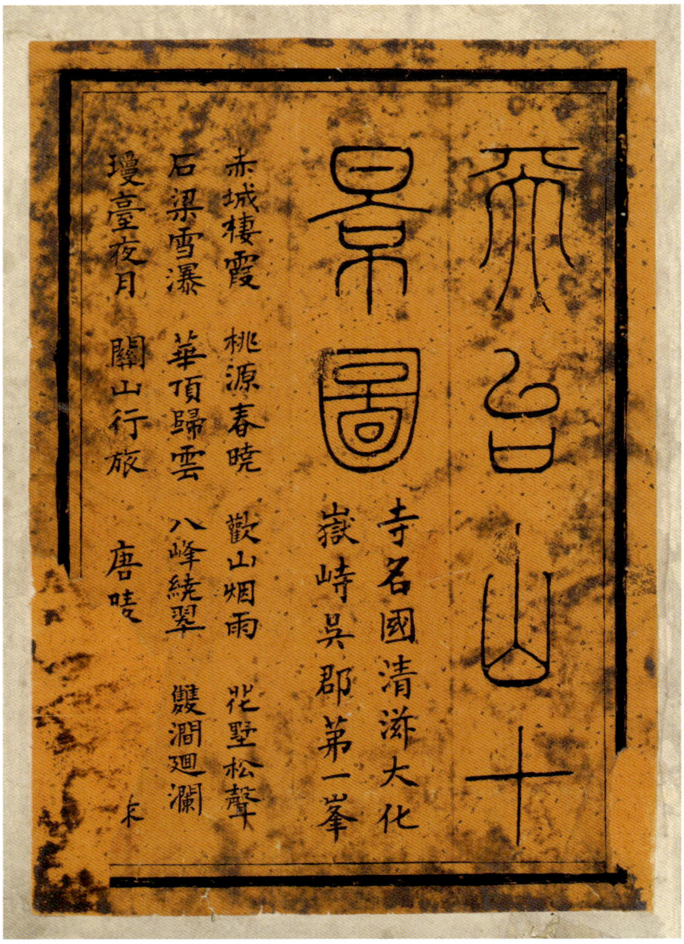

天台山十六景圖

作　者　（清）鮑汀繪，唐陵録文

年　代　清乾隆三十二年（一七六七）初刊，乾隆三十九年（一七七四）重刊，同治六年（一八六七）録文

類　型　木刻墨印

載體形態　一册

尺　寸　每頁縱三五厘米，横二五厘米

索書號　223.513/074.3/1795

此圖正面爲《天台山十景圖》，背面爲《天台山六景圖》。原爲釋傳燈輯、齊召南修訂《天台山方外志》之配圖。圖册編者將十六幅名勝圖單出，粘貼於每摺頁中央位置，四周抄録相關詩賦作品，又以《天台山方外志》部分内容附於圖册之後，形成單行本。圖册上有多處印章，可見其曾爲多人轉相收藏、鑒賞。

天台山位於浙江省台州市天台縣，西南連仙霞嶺，東北遥接舟山群島。『山高一萬八千丈，周八百里。山有八重，四面如一，當斗牛之分，上應台宿，故曰天台』（《大清一統志》）。『山有八支，八溪爲界，以華頂爲車軸，山之周遭如八軸輪，亦如八葉覆蓮』（《天台山方外志》）。天台山群峰雄峻，綿延浙東沿海，既是佛教天台宗發源地，亦被道家奉爲東南一大名勝，山中多有佛教寺院與道教宫觀，素有『千僧萬道』『佛宗道源』之稱。

釋傳燈，爲明代龍游籍高僧，號無盡，别號有門。傳燈所輯《天台山方外志》三十卷，目前國家圖書館藏有明萬曆二十九年（一六〇一）幽溪講堂刻本。《四庫全書總目提要》記録此書於山志中别爲一體：『天台山自孫綽作賦以來，登臨題咏，翰墨流傳，多已見於地志……出自釋家之手，述梵迹者爲多，與專志山川者體例稍殊，故别題曰《方外志》焉。』到清代之後，此本已殘缺，乾隆三十二年（一七六七），天台山方廣寺住持化霖（物公上人，一作物成上人）便邀請天台籍名士齊召南對此書進行重新編訂，於同年刊行。後其弟齊世南閲之，深感訛字脱句處甚多，故重新校訂，於乾隆三十九年（一七七四）再度刊行。

齊召南，字次風，號瓊臺，晚號息園，浙江天台人，清代著名史地學家。著有《水道提綱》《歷代帝王年表》等。此人博學多才，『自天文律曆，以至山川疆域，險阻要隘，了若指掌』。清陳康祺《郎潛紀聞·燕下鄉脞録》中有《齊召南之奏對》一則。記載乾隆第四次南巡到杭州時，詢問齊召南天台、雁蕩兩山景物，召南答未嘗游覽，乾隆便問，名勝就在家鄉，爲何不去？召南以家有老母，不敢登臨危地對之，受到皇帝嘉許。從這段記載推測，齊召南重訂《天台山方外志》的行爲也許與此有關。除此之外，齊召南文集《寶綸堂集古録》還收録了關於天台山的大量集句詩，如《台山十景》《台山新增十景》《台山小十景》等等，也足見齊召南對天台山的創作熱情。

鮑汀，字若洲，號勤齋。擅長書畫，師法倪瓚，圖末跋語記録了鮑汀此次繪圖的始末：『物公上人輯《天台山志》成，乞余爲圖。余曰：「山之名勝傳於志，志不盡傳，圖於是作。余未嘗道赤城，登石梁，覽桃源、桐柏諸勝，余焉能爲？」公曰：「唯唯。」歸即邀繪士仲昇，登陟險阻，閱三月稿成，復携以示，余爰不辭而爲之圖，然苦筆墨鈍拙，不免爲山靈所笑也。仲昇，姓顧氏，名士魁，江南太倉人。時乾隆辛卯十月，錫山鮑汀跋。』如此看來，物公上人在邀約齊召南重編《天台山方外志》之後，便請著名畫家鮑汀爲之配圖，鮑汀從未親至天台山，物公上人便邀繪士顧士魁歷時三月繪出天台山實景，鮑汀以此爲基礎，繪出了《天台山十六景圖》。

國家圖書館藏此版《天台山十六景圖》，於體裁上别出心裁，其將《天台山方外志》中所配的插圖剪出，貼於經摺之上，在圖上下空白處抄録相關詩文，左右抄録《天台山方外志名勝考》等相關考述文字，重新形成了一個以畫爲主、文字爲輔的天台山圖册。根據卷末跋文，此乃『同治丁卯九秋之吉』（一八六七）唐䕫昕録，『時年六十四歲，幸天假緣，目力不甚昏花，故楷草間有』。

天台山盛名在外，歷來文人喜羅列名勝，有『天台山八景』『天台山十景』之説，鮑汀所繪版本爲『十六景』，分别爲赤城棲霞、桃源春曉、歡山烟雨、花墅松聲、石梁雪瀑、華頂歸雲、八峰繞翠、雙澗迴瀾、瓊臺夜月、關山行旅、赭溪雲碓、蒼頂龍湫、清溪落雁、石梁飛瀑、寒岩夕照、螺溪釣艇。十六幅圖皆爲精品，層巒叠嶂，詩情畫意，圖中多用披麻皴法表現山體，筆法多變，構圖巧妙，呈現出簡遠蕭疏、枯淡清逸的藝術風格，畫作又與名人詩句相契合，充滿文人意趣。刻版亦頗見功力，刀筆利落而富於變化，頗爲生動。是清代山志插圖中不可多得的珍品。鄭振鐸《中國古代木刻版畫史略》曾經論及此圖，認爲這幅圖雖然『也是「現實主義」的寫法，但比較生動活潑得多，有氣魄，能抓住事物的特點來寫，而不是死板板地對景實寫。《天台山十六景圖》爲鮑汀所刻，細潤流麗，不下於《太平山水詩畫》，不知道他和鮑承勳家有没有關係』。

《天台山方外志》在清代有兩種重訂本傳世：一種爲上文介紹乾隆年間齊召南重修本，名爲《天台山方外志要》，所配插圖爲鮑汀繪全圖一張與十六景圖一組；另一種爲嘉慶年間《重訂天台山方外志要》十二卷，所配插圖爲天台山全圖一張、天台山二十景圖一組。根據阮元序文，此爲嘉慶二年（一七九七）阮元督學浙江時，命陳韶、嚴傑修訂，配圖爲天台山僧人釋靈在所繪製，『靈在住此山中，所繪或得其真面目』。

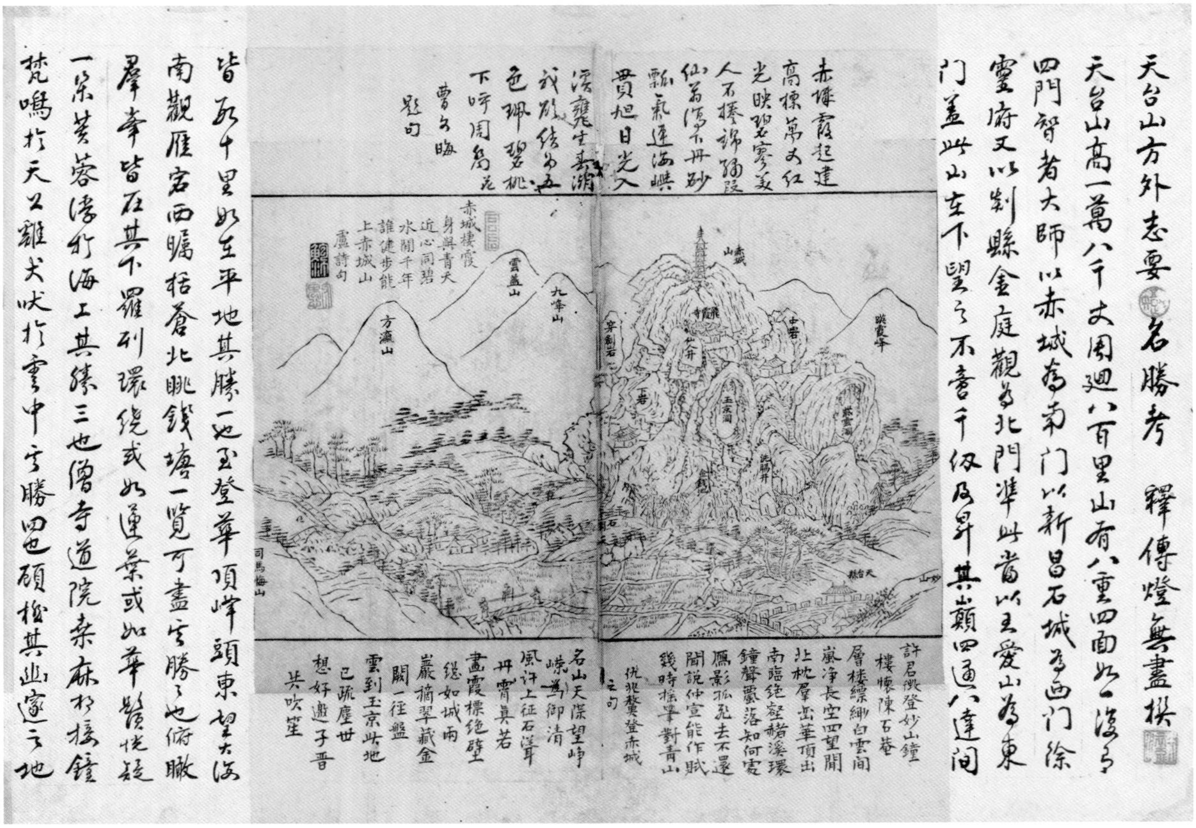

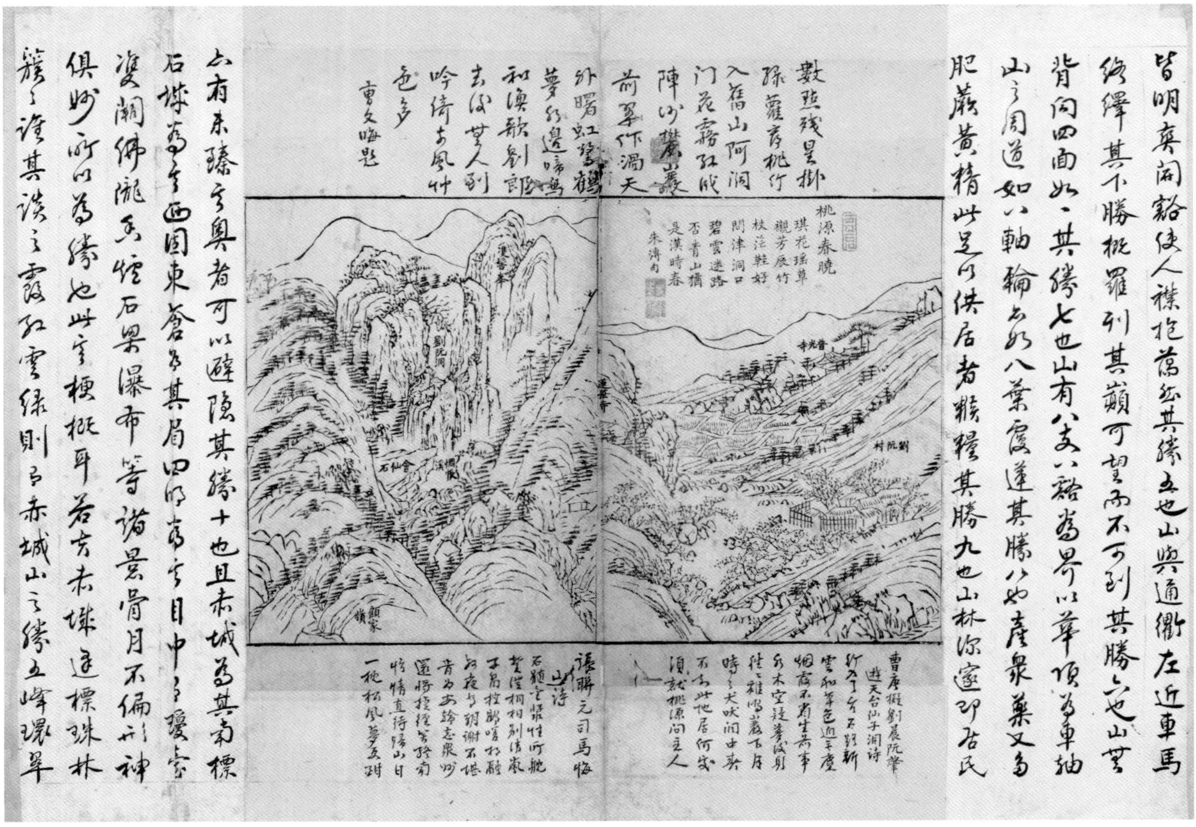

《天台山方外志要名勝考》　釋傳燈無盡撰

天台山高一萬八千丈，周廻八百里，山有八重，四面如一，復有四門，智者大師以赤城爲南門，以新昌石城爲西門，徐靈府又以剡縣金庭觀爲北門，凖此當以王愛山爲東門。蓋此山在下望之不啻千仞，及昇其巔，四通八達，間皆數十里，如在平地，其勝一也。至登華頂峰頭，東望大海，南觀雁宕，西矚括蒼，北眺錢塘，一覽可盡，其勝二也。俯瞰羣峯，皆在其下，羅列環繞，或如蓮葉，或如華鬚，恍疑一朵芙蓉浮於海上，其勝三也。僧寺道院，桑麻相接，鐘梵鳴於天上，雞犬吠於雲中，其勝四也。顧極其幽邃之地，皆明爽開豁，使人襟抱蕩然，其勝五也。山與通衢左近，車馬絡繹其下，勝概羅列，其巔可望而不可到，其勝六也。山無背向，四面如一，其勝七也。山有八支，八谿爲界，以華頂爲車軸，山之周道，如八軸輪，亦如八葉覆蓮，其勝八也。産衆藥，又多肥蕨黄精，此足以供居者糇糧，其勝九也。山林深邃，即居民亦有未臻其奥者，可以避隐，其勝十也。且赤城爲其南標，石城爲其西固，東蒼爲其眉，四明爲其目，中有瓊臺雙闕、佛隴香煙、石梁瀑布等諸景，骨月不偏，形神俱妙，所以爲勝也。此其梗概耳。若夫赤城逢標，珠林簇簇，誰其談之。霞紅雲緑，則有赤城山之勝。五峰環翠，

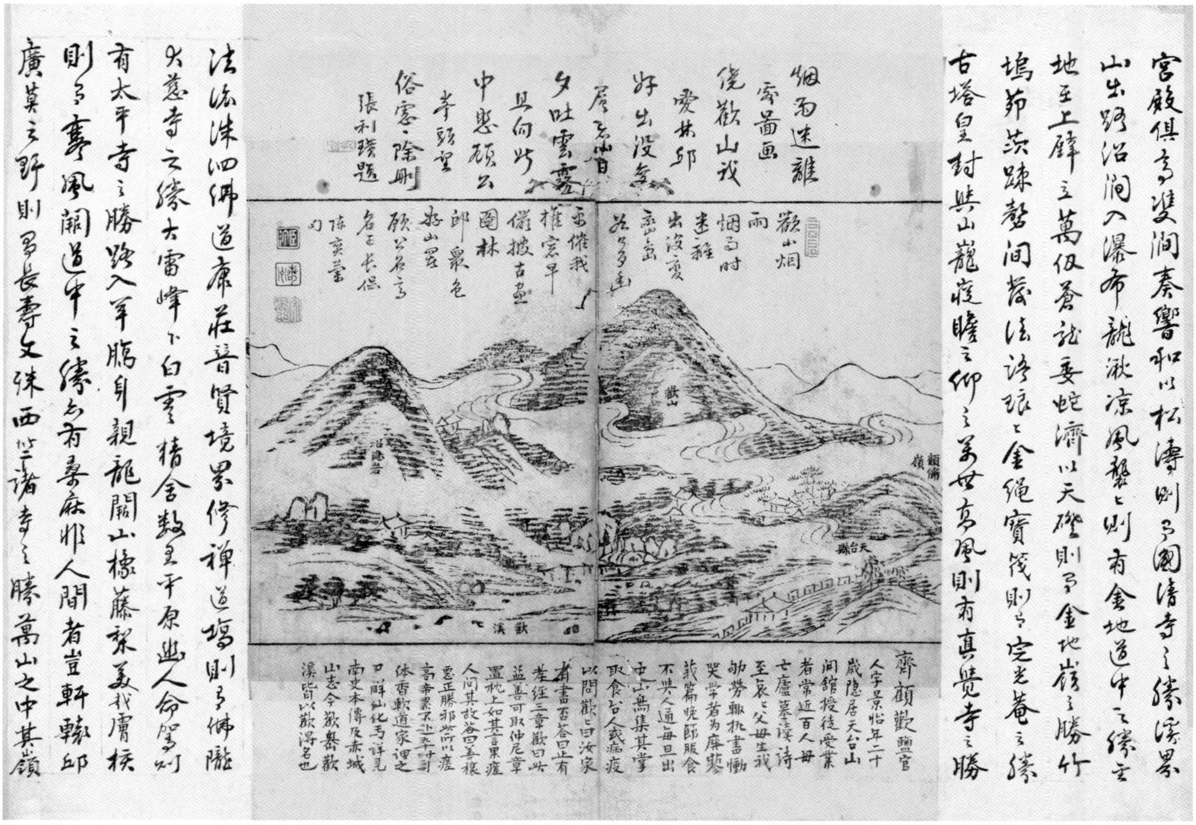

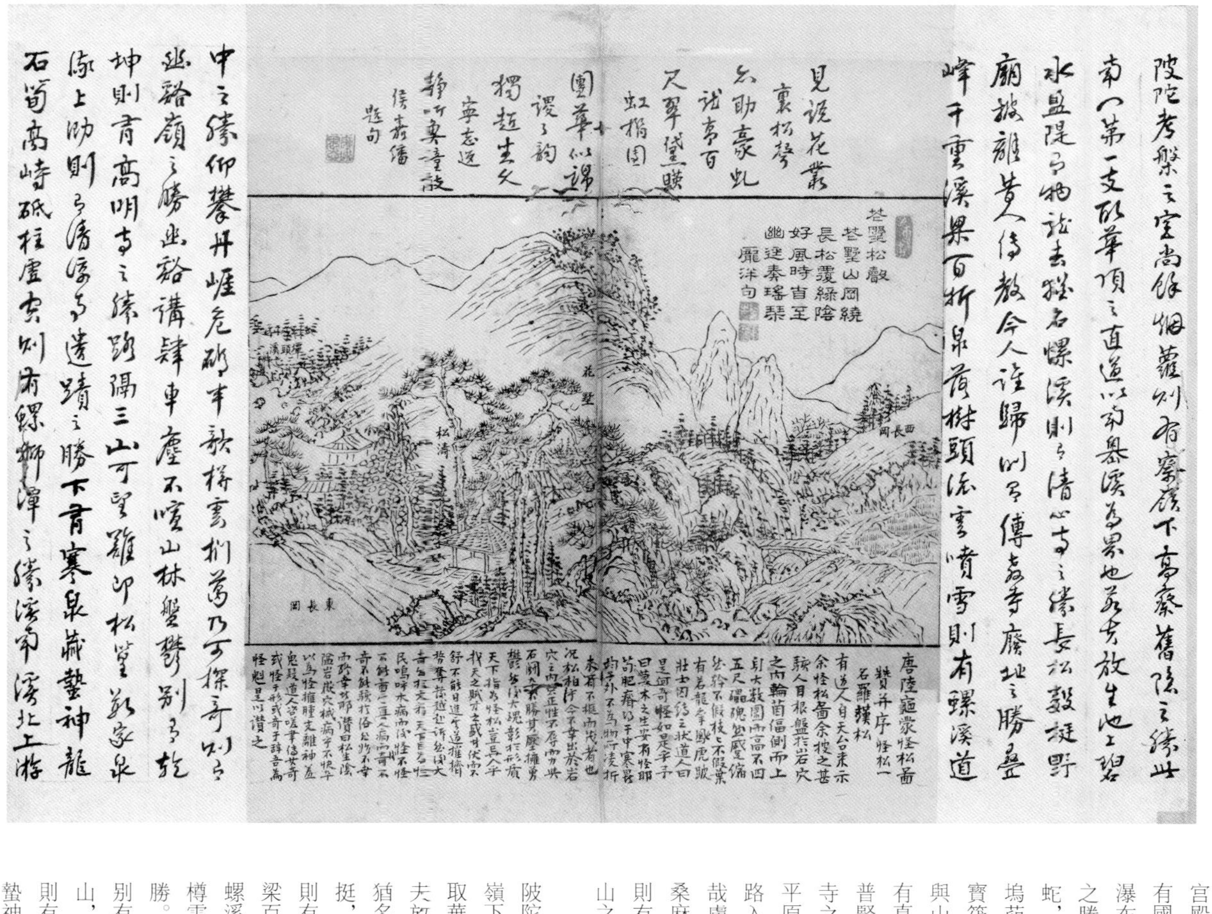

宮殿俱高，叟澗奏響，和以松濤，則有國清寺之勝。溪界山出，路沿澗入，瀑布龍湫，涼風襲襲，則有金地道中之勝。金地在上，壁立萬仞，蒼龍委蛇，濟以天磴，則有金地嶺之勝。竹塢茆茨，疎磬間發，法語琅琅，金繩寶筏，則有完光菴之勝。古塔皇封，與山龍從，瞻之仰之，萬世高風，則有真覺寺之勝。法流洙泗，佛道康莊，普賢境界，修禪道場，則有佛隴大慈寺之勝。大雷峰下，白雲精舍，數里平原，幽人命駕，則有太平寺之勝。路入羊腸，身親龍闕，山椽藤梨，美哉膚核，則有寒風闕道中之勝。亦有桑麻，非人間者，豈軒轅邱廣莫之野，則有長壽、文殊、西竺諸寺之勝。萬山之中，其嶺

陂陀，考槃之室，尚餘烟蘿，則有察嶺下高察舊隐之勝。此南門第一支，取華頂之直道，以南粤溪爲界也。若夫放生池上，碧水盈隄，有物龍去，猶名螺溪，則有清心寺之勝。長松數挺，野廟披離，昔人傳教，今人誰歸，則有傳教寺廢址之勝。叠峰千重，溪梁百折，泉落樹頭，流雲噴雪，則有螺溪道中之勝。仰攀丹崕，危磴半欹，樽雲扪葛，乃可探奇，則有幽谿嶺之勝。幽谿講肆，車塵不喧，山林盤鬱，別有乾坤，則有高明寺之勝。路隔三山，可望難即，松篁數家，泉流上泐，則有清涼寺遺蹟之勝。下有寒泉，藏蟄神龍，石筍高峙，砥柱虛空，則有螺獅潭之勝。溪南溪北，上游

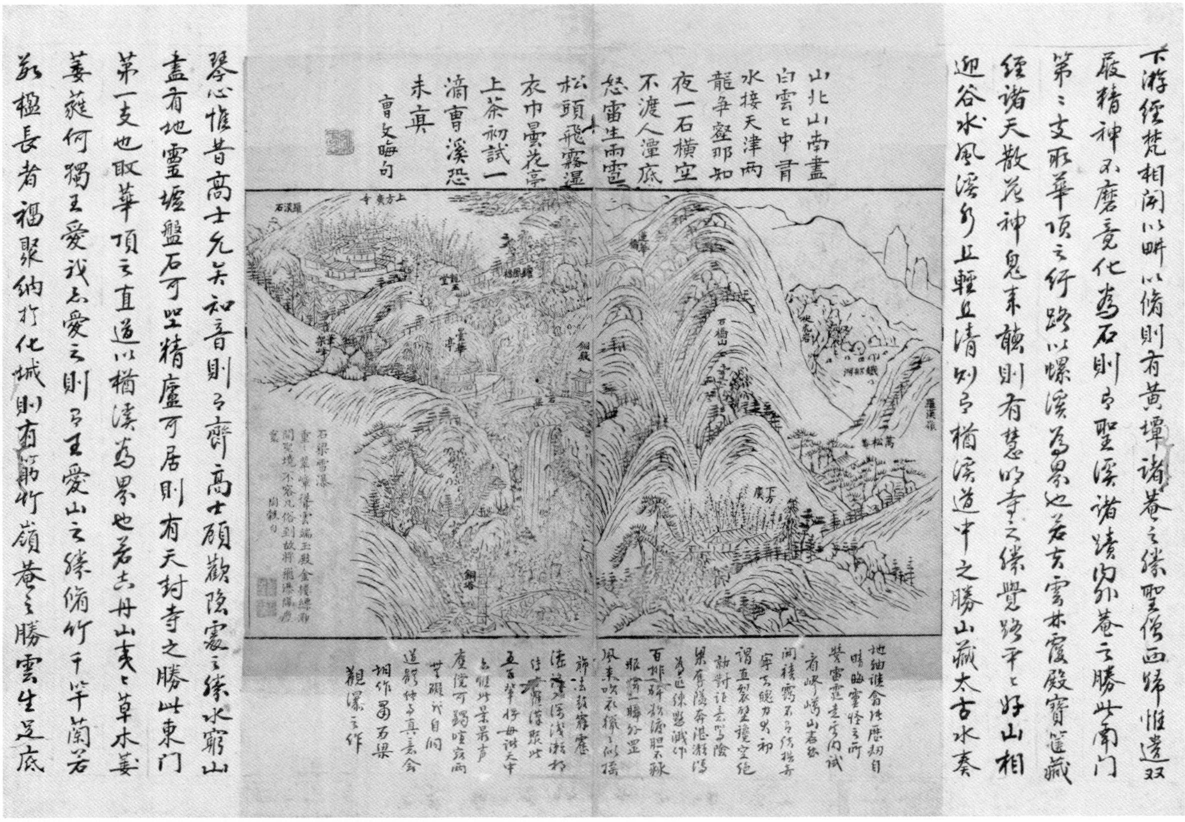

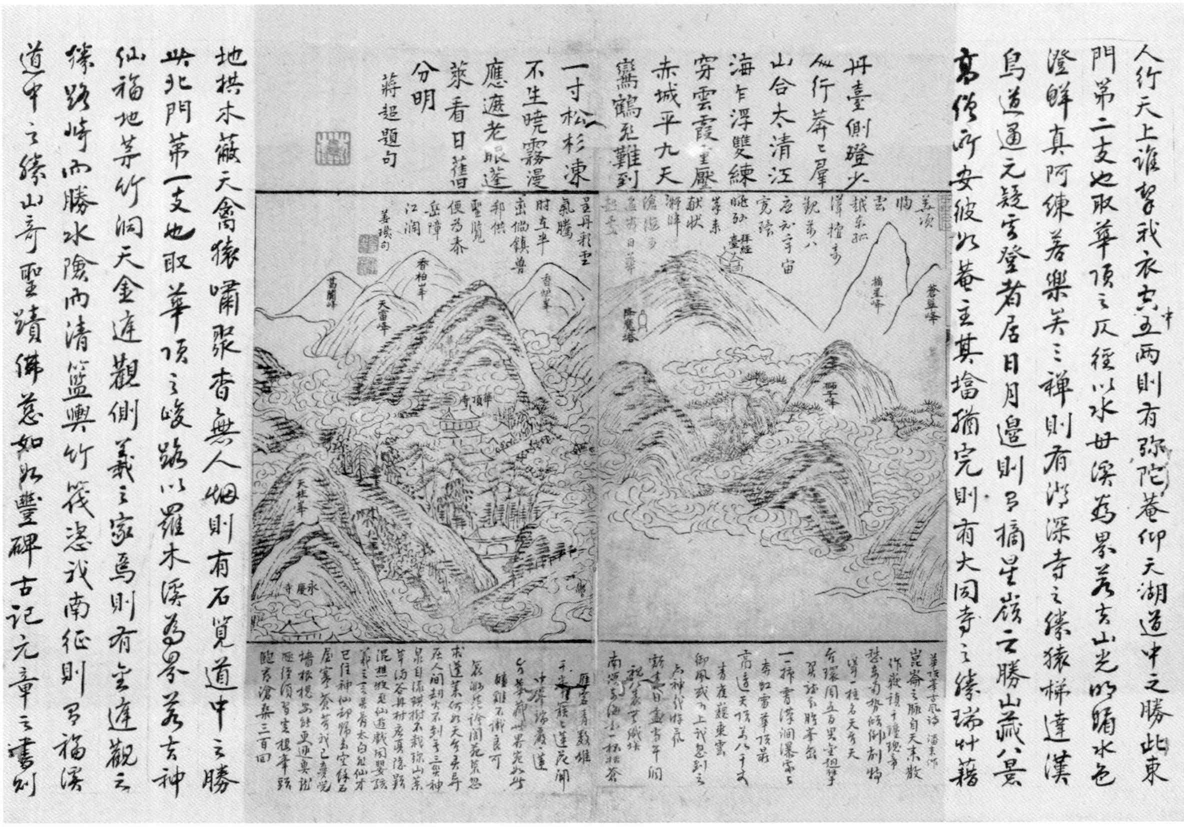

下游，經梵相閈，以畊以脩，則有黃潭諸菴之勝。聖僧西歸，惟遺双屐，精神不磨，竟化爲石，則有聖溪諸蹟内外菴之勝。此南門第二支，取華頂之紆路，以螺溪爲界也。若夫雲林覆殿，寶篋藏經，諸天散花，神鬼來聽，則有慧明寺之勝。覺路平平，好山相迎，谷風溪水，且輕且清，則有楢溪道中之勝。山藏太古，水奏琴心，惟昔高士，允矣知音，則有齊高士顧歡隱處之勝。水窮山盡，有地靈墟，盤石可坐，精盧可居，則有天封寺之勝。此東門第一支也，取華頂之直道，以楢溪爲界也。若夫丹山夷夷，草木萎蕤，何獨王愛，我亦愛之，則有王愛山之勝。脩竹千竿，蘭若數楹，長者福聚，納於化城，則有筋竹嶺菴之勝。雲生足底，

人行天上，誰挈我衣，空中五兩，則有彌陀菴仰天湖道中之勝。此東門第二支也，取華頂之仄徑，以水母溪爲界。若夫山光明媚，水色澄鮮，真阿練若，樂矣三禪，則有澄深寺之勝。猿梯達漢，鳥道通元，疑其登者居日月邊，則有摘星嶺之勝。山藏八景，高僧所安，彼如菴主，其墖猶完，則有大同寺之勝。瑞艸藉地，拱木蔽天，禽猿嘯聚，杳無人烟，則有石覽道中之勝。此北門第一支也，取華頂之峻路，以羅木溪爲界。若夫神仙福地，茅竹洞天，金庭觀側，羲之家焉，則有金庭觀之勝。路崎而勝，水險而清，籃輿竹筏，恣我南征，則有福溪道中之勝。山奇聖蹟，佛慈如如，豐碑古记，元章之書，則

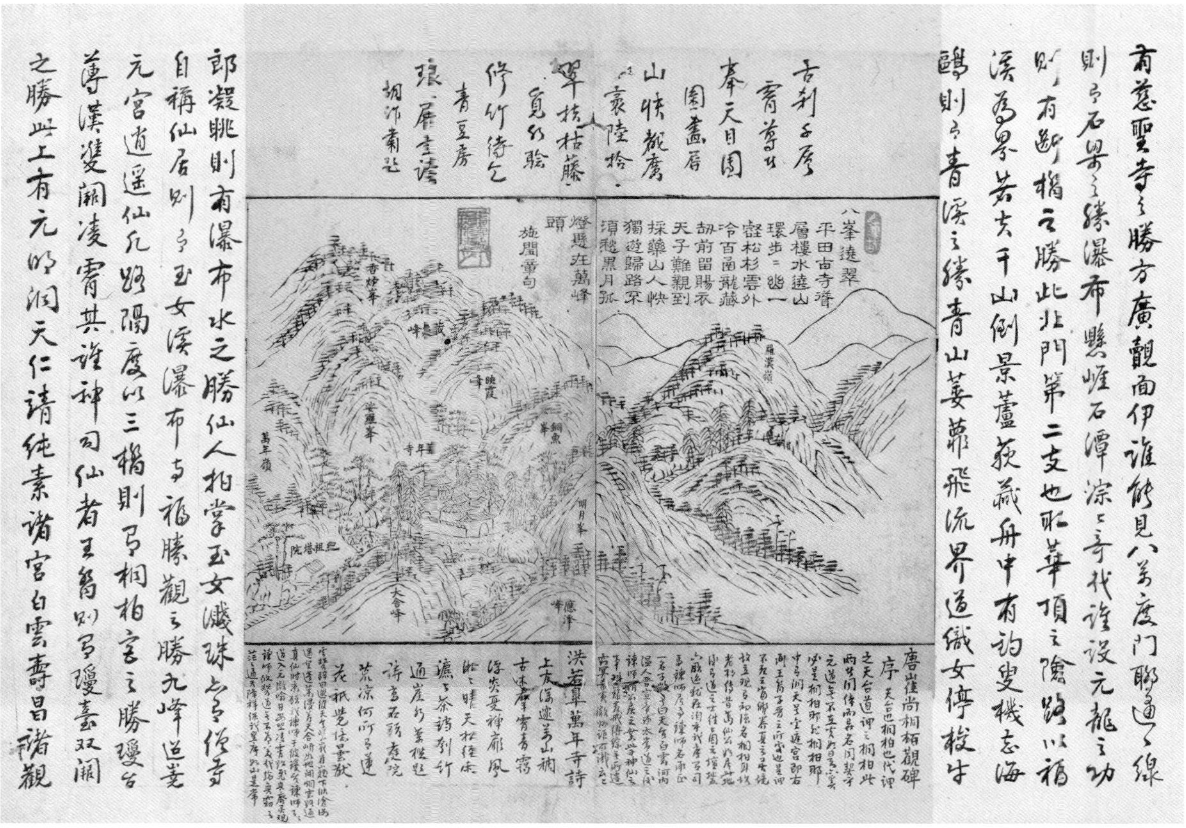

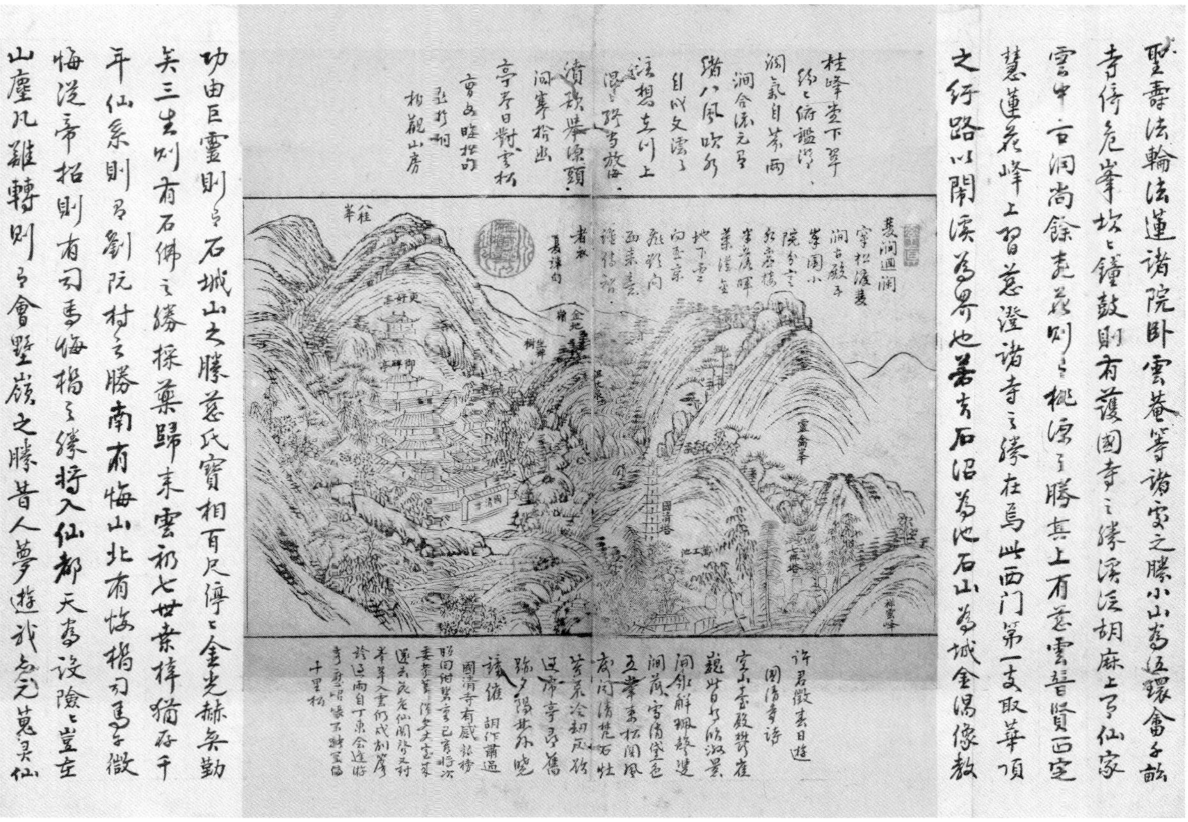

有慈聖寺之勝。方廣覿面，伊誰能見，八萬度門，聯通一線，則有石梁之勝。瀑布懸崖，石潭淙淙，奇哉誰設，元龍之功，則有斷橋之勝。此北門第二支也，取華頂之險路，以福溪爲界。若夫千山倒景，蘆荻藏舟，中有釣叟，機忘海鷗，則有青溪之勝。青山萋蓽，飛流界道，織女停梭，牛郎凝眺，則有瀑布水之勝。仙人拍掌，玉女濺珠，亦有僧寺，自稱仙居，則有玉女溪瀑布与福勝觀之勝。九峰迢蕘，元宫道遥，仙凡路隔，度以三橋，則有桐柏宫之勝。瓊台薄漢，雙闕凌霄，其誰神司，仙者王喬，則有瓊臺双闕之勝。此上有元明、洞天、仁靖、純素諸宫，白雲、壽昌諸觀，

聖壽、法輪、法蓮諸院，卧雲菴等諸處之勝。小山爲五，環畬千畝，寺倚危峯，坎坎鐘鼓，則有護國寺之勝。溪泛胡麻，上有仙家，雲中古洞，尚餘桃花，則有桃源之勝。其上有慈雲菩賢，西定慧蓮花峰，上習慈澄諸寺之勝在焉。此西門第一支，取華頂之紆路，以閘溪爲界也。若夫石沼爲池，石山爲城，金湯像教，功由巨靈，則有石城山之勝。慈氏寶相，百尺停停，金光赫奕，勤矣三生，則有石佛之勝。採藥歸來，雲礽七世，桑梓猶存，千年仙系，則有劉阮村之勝。南有悔山，北有悔橋，司馬子微悔從帝招，則有司馬悔橋之勝。將入仙都，天爲設險，險豈在山，塵凡難轉，則有會墅嶺之勝。昔人夢遊，我亦元蒐，灵仙

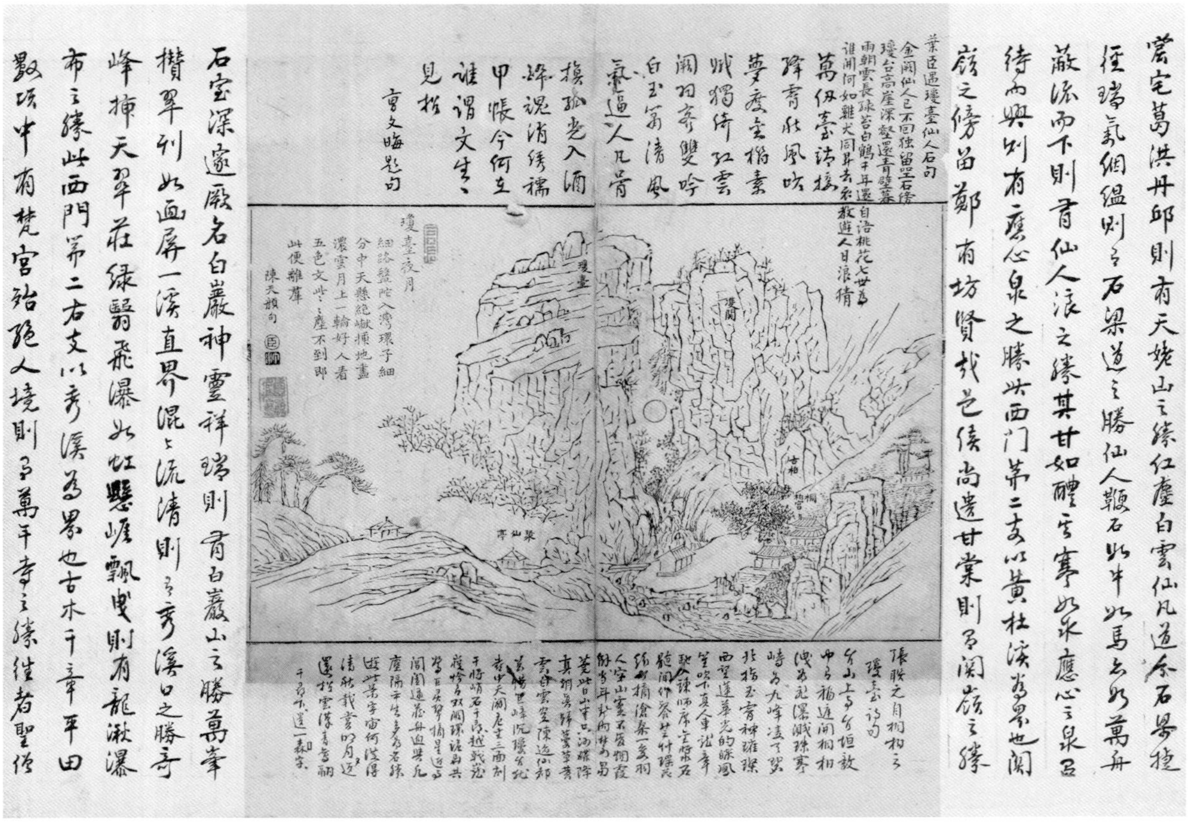

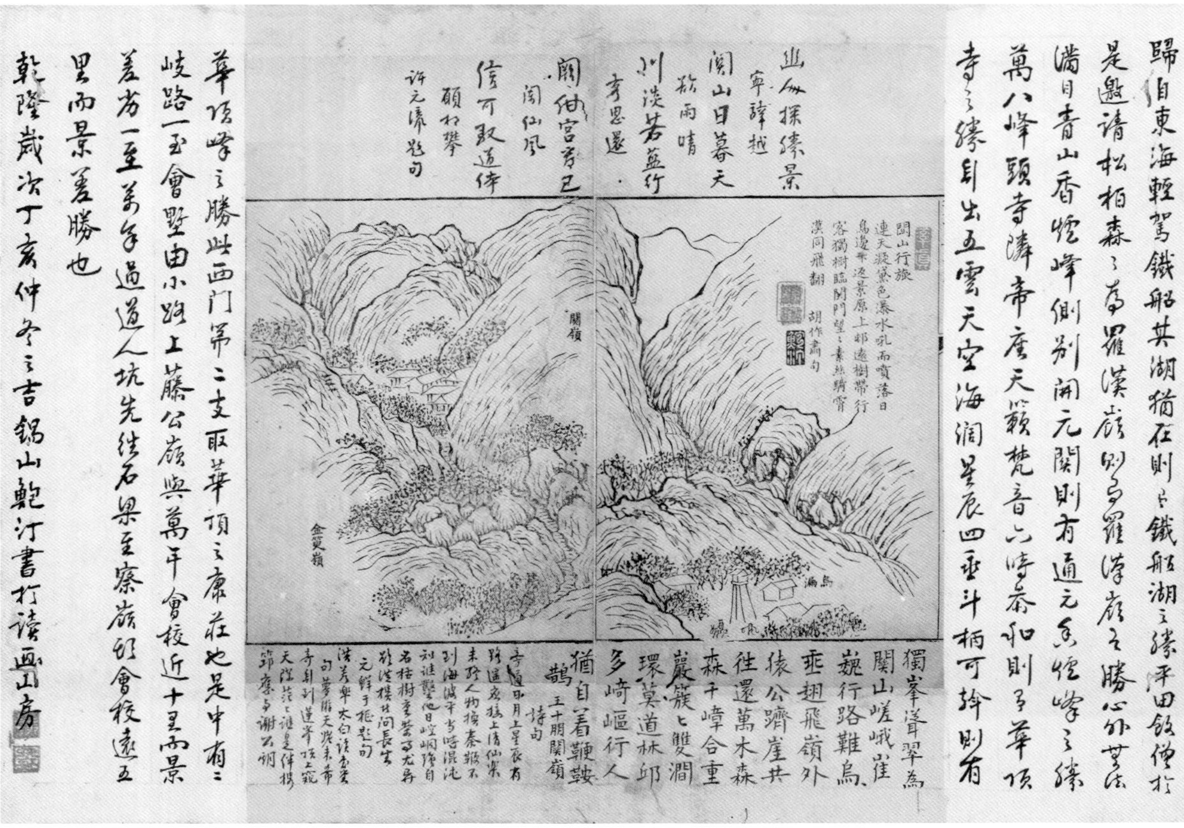

窟宅，葛洪丹邱，則有天姥山之勝。紅塵白雲，仙凡道分，石梁捷徑，瑞氣絪緼，則有石梁道之勝。仙人鞭石，如牛如馬，亦如萬舟蔽流而下，則有仙人浪之勝。其甘如醴，其寒如冰，應心之泉，有待而興，則有應心泉之勝。此西門第二支，以黄杜溪爲界也。關嶺之傍，留鄭有坊，賢哉！邑侯尚遺甘棠，則有關嶺之勝。石室深邃，厥名白巖，神靈祥瑞，則有白巖山之勝。萬峯攢翠，列如画屏，一溪直界，混混流清，則有秀溪口之勝。奇峰插天，翠莊绿翳，飛瀑如虹，懸崕飄曳，則有龍湫瀑布之勝。此西門第二右支，以秀溪爲界也。古木千章，平田數頃，中有梵宫，殆絶人境，則有萬年寺之勝。往者聖僧，歸自東海，輕駕鐵船，其湖猶在，則有鐵船湖之勝。平田飯僧，於是邀請，松柏森森爲羅漢嶺，則有羅漢嶺之勝。心外無法，滿目青山，香煙峰側，别開元關，則有通元香煙峰之勝。萬八峰頭，寺隣帝座，天籟梵音，六時参和，則有華頂寺之勝。身出五雲，天空海闊，星辰四垂，斗柄可斡，則有華頂峰之勝。此西門第二支，取華頂之康莊也。是中有二歧路：一至會墅，由小路上藤公嶺與萬年會，校近十里而景差劣；一至萬年，過道人坑，先往石梁至察嶺頭會，校遠五里而景差勝也。乾隆歲次丁亥仲冬之吉，錫山鮑汀書於讀画山房。

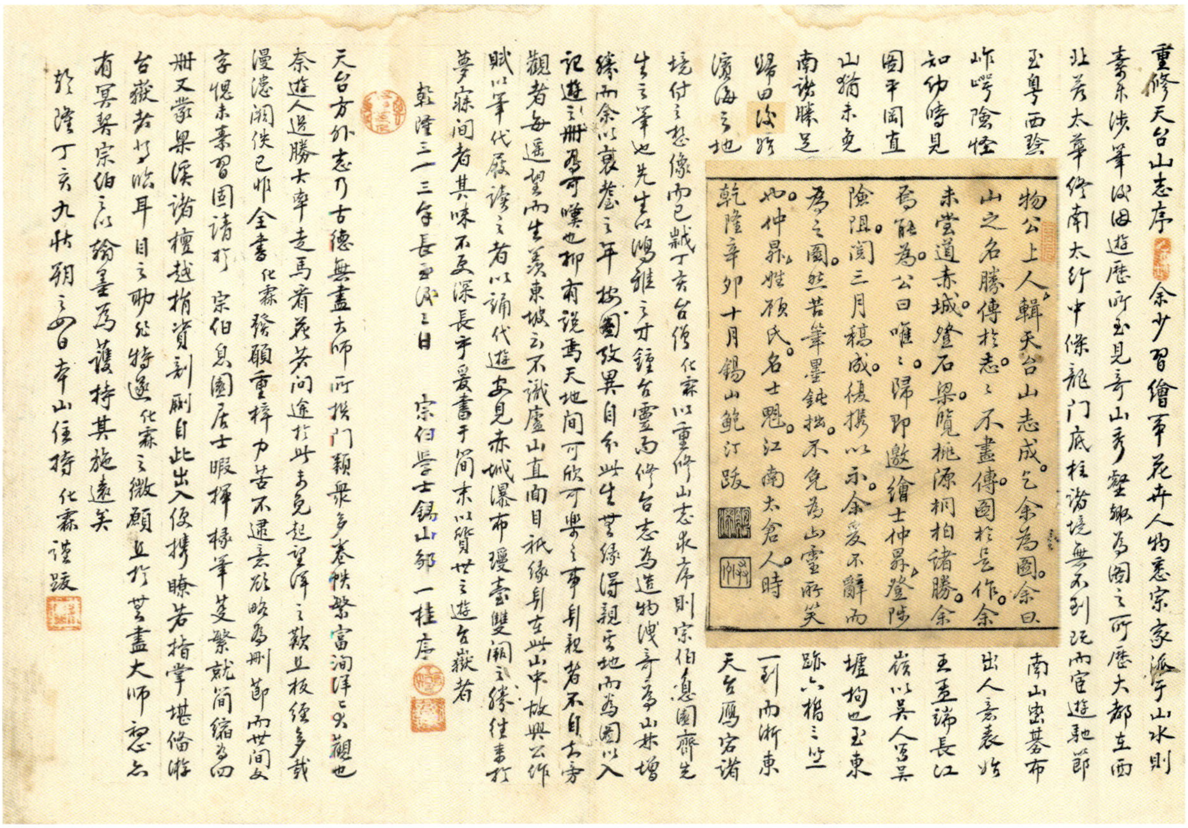

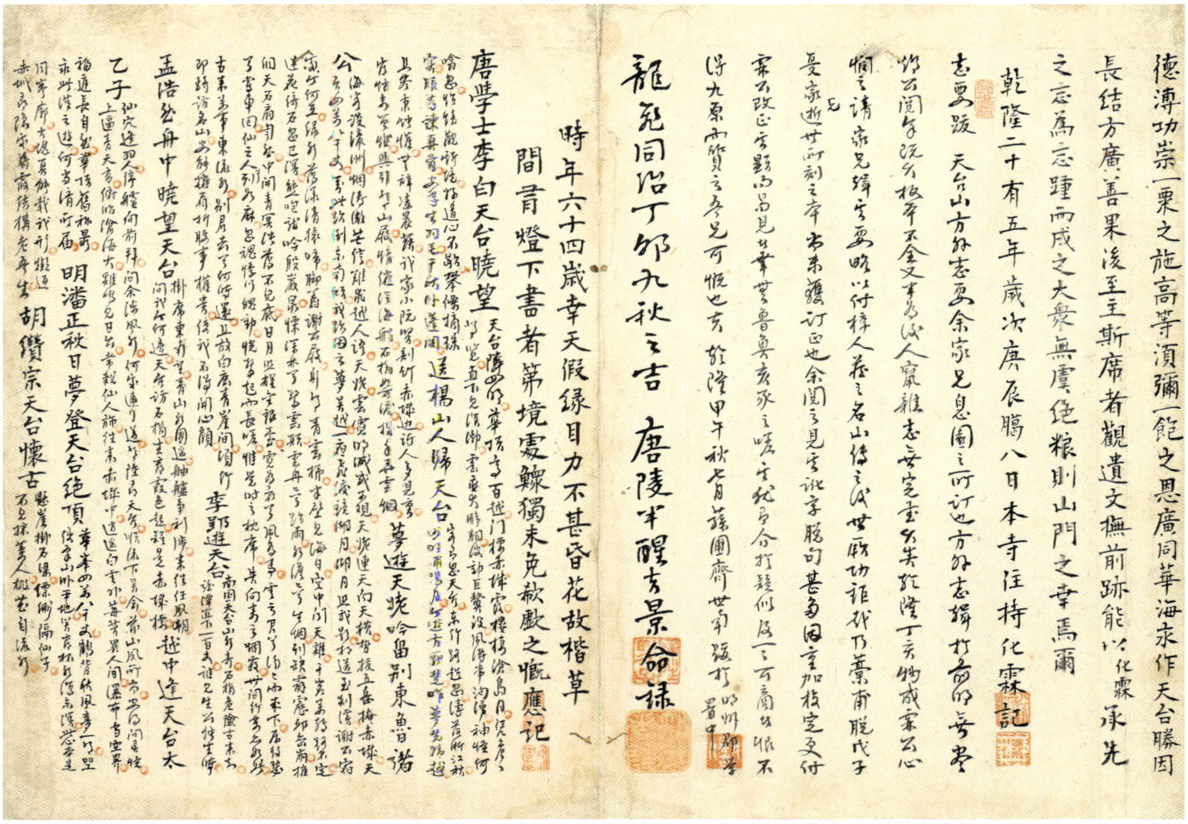

《重修天台山志序》 余少習繪事，花卉、人物悉宗家派，于山水則素未涉筆，後因遊歷所至，見奇山秀壑輒爲圖之，所歷大都在西北，若太華、終南、太行、中條、龍門、底柱諸境無不到，既而宦遊馳節亖粤西、黔㕛，山巒碁㕛，峌嵲陰怪，出人意表，始知幼時見王孟端《長江圖》，平岡直嶺，以吴人寫吴山，猶未免墟拘也。至東南諸勝，足跡六橋三竺，歸田後路一到而浙東濱海之地，天台、雁宕諸境，付之想像而已。歲丁亥，台僧化霖以重修山志求序，則宗伯息園齊先生之筆也。先生以鴻雅之才，鍾台靈而修台志，爲造物洩奇，爲山林增勝。而余以衰耋之年，按圖攷異，自分此生無緣得親其地，而爲圖以入記遊之册爲可嘆也。抑有説焉，天地間可欣可樂之事，身親者不自去，旁觀者每遥望而生羡，東坡云：『不識廬山真面目，祇緣身在此山中。』故興公作賦以筆代屐，讀之者以誦代遊，安見赤城瀑布、瓊臺雙闕之勝，往來於夢寐間者，其味不更深長乎？爰書于簡末，以質世之遊台嶽者。乾隆三一 三亖長亖後三日，宗伯學士錫山鄒一桂序。

《天台方外志》乃古德無盡大師所撰，門類衆多，卷帙繁富，洵洋洋大觀也。奈遊人選勝大率走馬看花，若問途於此，未免起望洋之歎。且板經多載，漫漶闕佚，已非全書。化霖發願重梓，力苦不逮，意欲略爲删節，而世間文字，愧未素習，固請於宗伯息園居士，暇揮椽筆，芟繁就簡，縮爲四册。又蒙梁溪諸檀越捐資剞劂，自此出入便携，瞭若指掌。堪偹游台嶽者登臨耳目之助，非特遂化霖之微願，且於無盡大師初心亦有冥契，宗伯之以翰墨爲護持，其施遠矣。乾隆

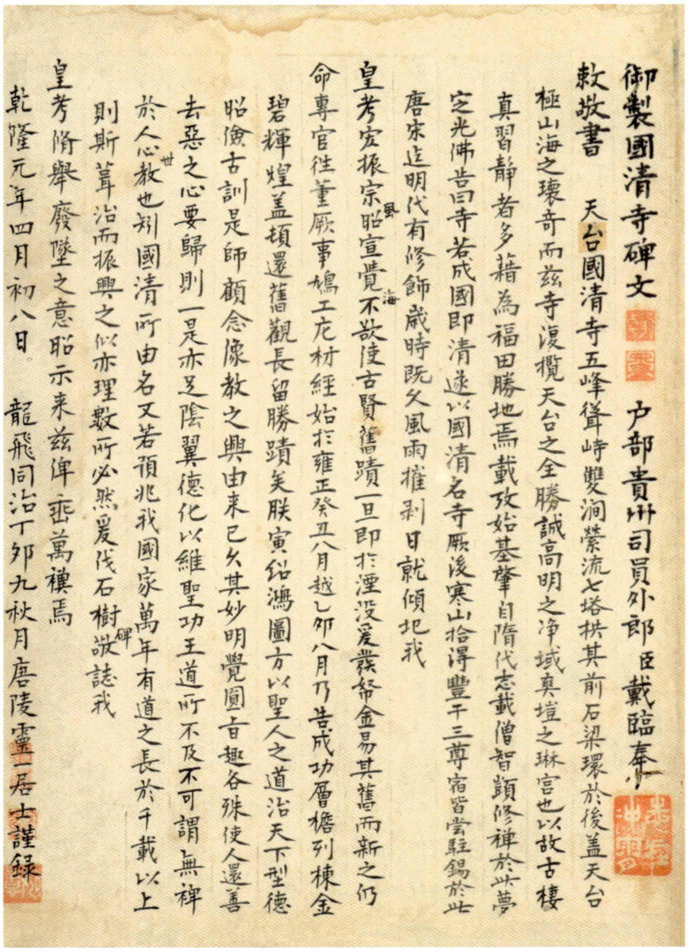

丁亥九秋朔之四日，本山住持化霖謹跋。

德溥功崇，一粟之施高等須彌，一飽之恩廣同華海，永作天台勝因，長結方廣善果。後至主斯席者，觀遺文，撫前跡，能以化霖承先之志爲志，踵而成之，大衆無虞絶粮，則山門之幸焉爾。乾隆二十有五年歲次庚辰臈八日，本寺住持化霖記。

志要跋：《天台山方外志要》，余家兄息園之所訂也。方外志輯於前明無盡燈公，閲年既久，板本不全，又半爲後人竄雜，志無完書久矣。乾隆丁亥，物成霖公心憫之，請家兄輯其要略以付梓人。藏之名山，傳之後世，厥功鉅哉。乃藁甫脱，戊子夏，家兄逝世，所刻之本尚未獲訂正也。余閲之，見其訛字脱句甚多，因重加校定，更付霖公改正，其顯而易見者，幸無魯魚亥豕之嗟，其猶有介於疑似及一二可商者，恨不得九原而質之吾兄，可慨也夫。乾隆甲午秋七月，蓀圃齊世南跋於明州郡學署中。

龍飛同治丁卯九秋之吉，唐陵半醒夫景命録。

時年六十四歲，幸天假緣，目力不甚昏花，故楷草間有燈下書者，第境處鰥獨，未免欷歔之慨，應記。

唐學士李白《天台曉望》：天台鄰四明，華頂高百越。門標赤城霞，樓棲滄島月。憑危［遠］登覽，直下見溟渤。雲垂大鵬翻，波動巨鰲没。風濤常汹湧，神怪何翕忽。怡情觀斯境，好道心不歇。攀條摘珠實，服藥煉真骨。安得生羽毛，千秋卧蓬闕。

《送楊山人歸天台》：客有思天台，東行路超忽。濤落浙江秋，沙明浦陽月。今遊方厭楚，昨夢先歸越。且盡秉燭懽，無辭凌晨發。我家小阮賢，剖竹赤城邊。詩人多見重，官燭未曾燃。興引登山屐，情催泛海船。石橋如可渡，携手弄雲烟。

《夢遊天姥吟留别東魯諸公》：海客談瀛洲，烟濤微茫信難求。越人語天姥，雲霓明滅或可觀。天姥連天向天横，勢拔五岳掩赤城。天台四萬八千丈，對此欲倒東南傾。我欲因之夢吴越，一夜飛度鏡湖月。湖月照我影，相送至剡溪。謝公宿處今何在，緑水蕩漾清猿啼。脚著謝公屐，身登青雲梯。半壁見海日，空中聞天雞。千岩萬轉路不定，迷花倚石忽已暝。熊咆龍吟殷巖泉，慄深林兮驚雲巔。雲冉冉兮欲雨，水澹澹兮生烟。列缺霹靂，邱巒崩摧。洞天石扇，訇然中開。青冥浩蕩不見底，日月照耀金銀臺。霓爲衣兮風爲馬，雲之君兮紛紛而來下。虎鼓瑟兮鸞回車，仙之人兮列如麻。忽魂悸以魄動，恍驚起而長嗟。惟覺時之枕席，失向來之烟霞。世間行樂亦如此，古來萬事東流水。别君去兮何時還，且放白鹿青崖間，須行即騎訪名山。安能摧眉折腰事權貴，使我不得開心顔！

李郢《遊天台》：南國天台山水奇，石橋危險古來知。龍潭直下一百丈，誰見生公獨坐時。

孟浩然《舟中曉望天台》：掛席東南望，青山水國遥。舳艫争利涉，來往任風潮。問我今何適，天台訪石橋。坐看霞色起，疑是赤城標。

《越中逢天台太乙子》：仙穴逢羽人，停艫向前拜。問余涉風水，何處遠行邁。登陸尋天台，順流下吴会。兹山夙所尚，安得問灵怪。上逼青天高，俯臨滄海大。雞鳴見日出，常覿仙人旆。往來赤城中，逍遥白雲外。莓苔異人間，瀑布當空界。福庭長自然，華頂舊稱最。永此從之遊，何當濟所届。

明潘正《秋日夢登天台絶頂》：華峰四萬八千丈，鶴背秋風夢一登。坐使群山卧平地，笑看杯水瀉東溟。此心本是同寥廓，大塊真能載我形。擬過赤城尋隱處，倚霞結構老吾生。

胡纘宗《天台懷古》：懸崖掛石梁，縹緲隔仙子。不見采藥人，桃花自流水。

《御製國清寺碑文》：户部貴州司員外郎臣戴臨奉敕敬書。天台國清寺，五峰聳峙，雙澗縈流，七塔拱其前，石梁環於後，蓋天台極山海之瓌奇，而茲寺復攬天台之全勝，誠高明之净域，爽塏之琳宫也。以故古棲真習静者，多藉爲福田勝地焉。載攷始基，肇自隋代，志載僧智顗修禪於此，夢定光佛告曰：『寺若成，國即清。』遂以國清名寺。厥後，寒山、拾得、豐干三尊宿，皆嘗駐錫於此。唐宋迄明，代有修飾，歲時既久，風雨摧剥，日就傾圯。我皇考宏振宗風，昭宣覺海，不欲使古賢舊蹟一旦即於湮没，爰發帑金，易其舊而新之，仍命專官，往董厥事，鳩工庀材。經始於雍正癸丑八月，越乙卯八月，乃告成功。層檐列棟，金碧輝煌，蓋頓還舊觀，長留勝蹟矣。朕寅紹鴻圖，方以聖人之道治天下，型德昭儉，古訓是師，顧念像教之興，由來已久，其妙明覺圓，旨趣各殊，使人還善去惡之心，要歸則一。是亦足陰翼德化，以維聖功王道所不及，不可謂無裨於人心世教也。矧國清所由名，又若預兆我國家萬年有道之長於千載以上，則斯葺治而振興之，似亦理數所必然。爰伐石樹碑，敬誌我皇考脩舉廢墜之意，昭示來茲，俾垂萬禩焉。乾隆元年四月初八日。龍飛同治丁卯九秋月，唐陵靈一居士謹録。

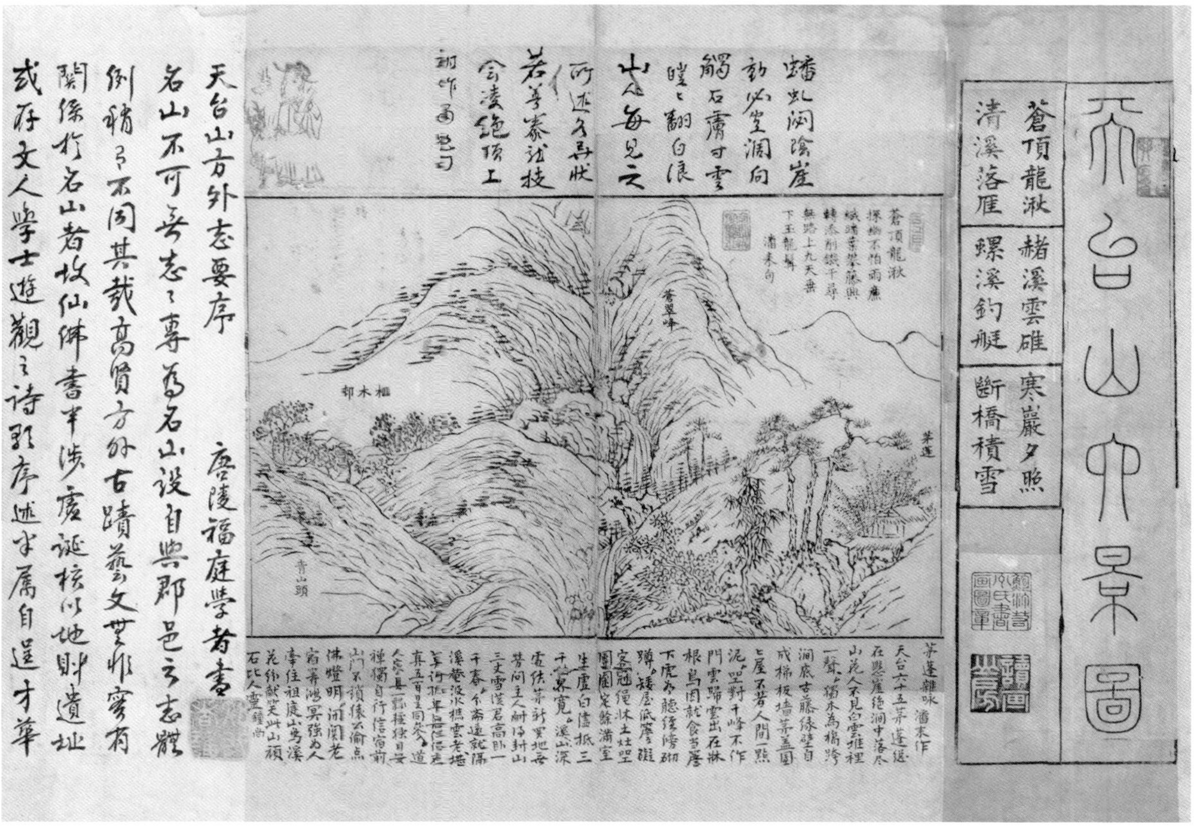

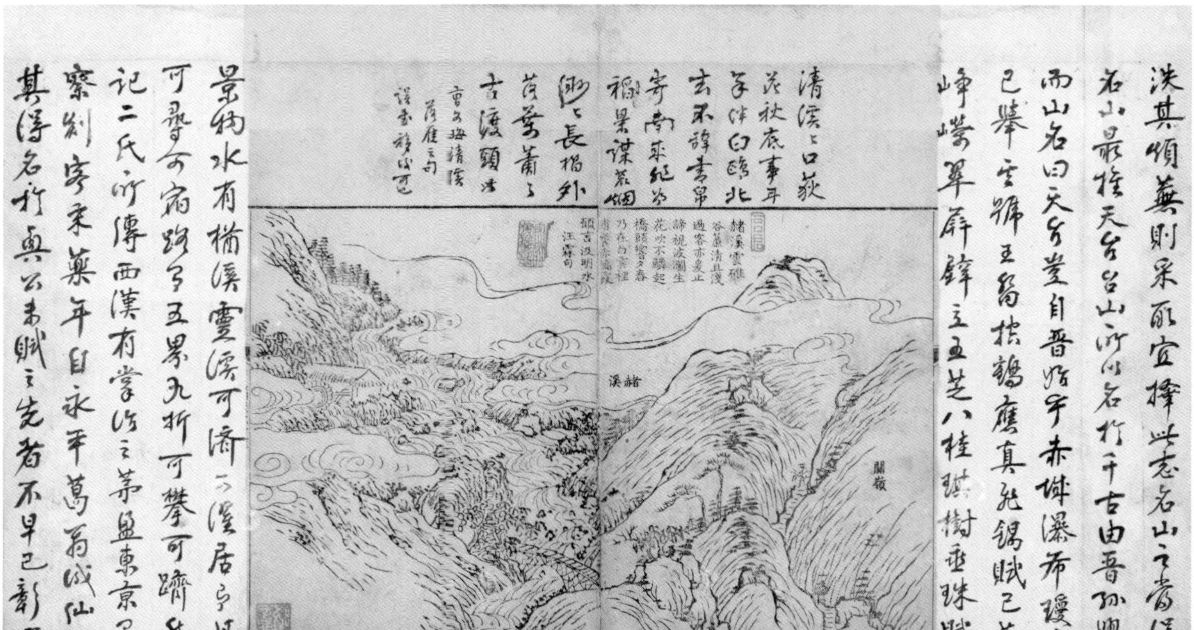

《天台山方外志要序》　唐陵福庭學者書

名山不可無志，志專爲名山設，自與郡邑之志，體例稍有不同，其載高賢、方外、古蹟、藝文，無非實有關係於名山者，故仙佛書半涉虚誕，核以地，則遺址或存，文人學士遊觀之詩歌序述，半屬自逞才華，

洪其煩蕪，則采取宜擇，此志名山之當得要也。東南名山，最推天台。台山所以名於千古，由晋孫興公一賦始也，而山名曰天台，豈自晋始乎。赤城瀑布，瓊臺雙闕，賦已舉其號，王喬控鶴，應真飛錫，賦已著其神。峭崿峥嶸，翠屏壁立，五芝八桂，琪樹垂珠，賦已臚陳其景物。水有楢溪、靈溪，可濟可濯，居有丹邱、仙都，可尋可宿，路有五界、九折，可攀可躋，然則百家所記、二氏所傳，西漢有掌治之茅盈，東京有卜居之高察，剡客采藥，年在永平，葛耷成仙，觀在桐柏。其得名於興公未賦之先者，不早已彰明靈異乎

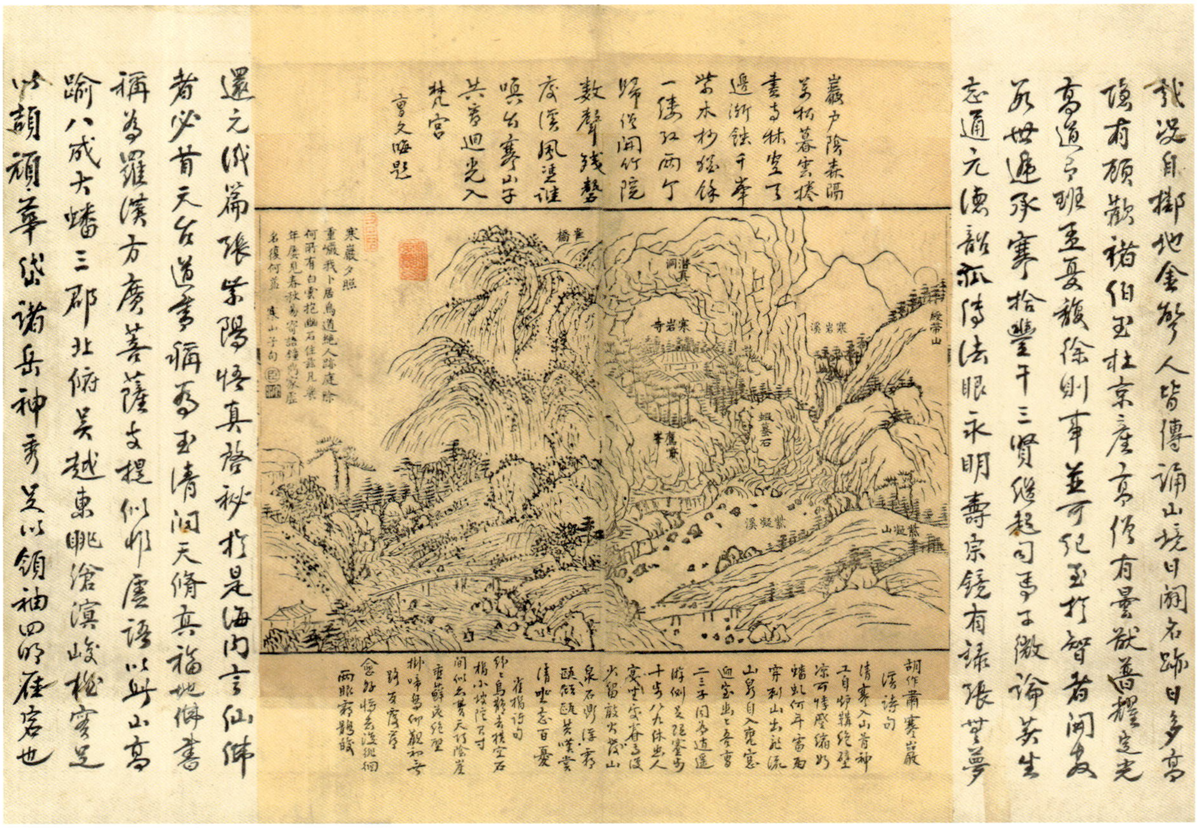

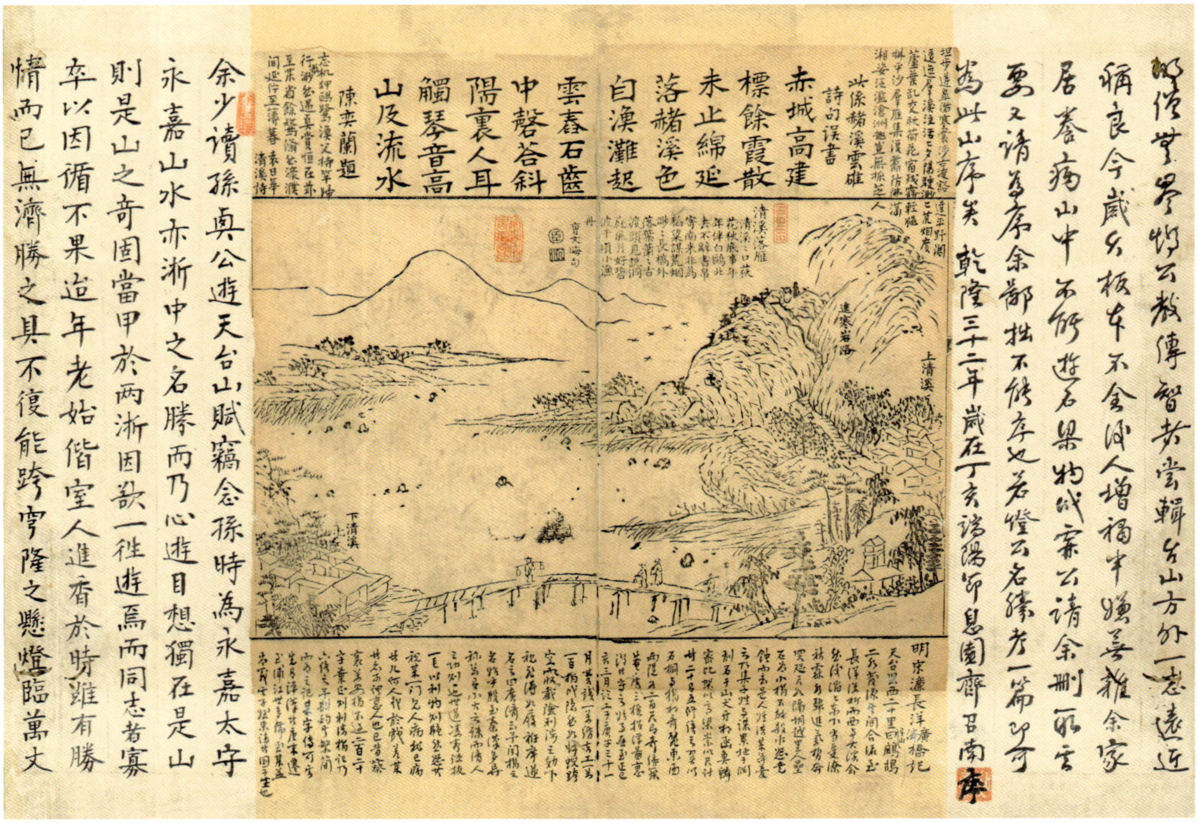

哉？況自擲地金聲，人皆傳誦，山境日闢，名跡日多。高隐有顧歡、褚伯玉、杜京産，高僧有曇猷、普耀、定光，高道有班孟、夏馥、徐則，事並可紀。至於智者開教，數世遞承，寒拾、豐干，三賢繼起，司馬子微論著坐忘，通元德韶派傳法眼。永明壽《宗鏡》有録，張無夢《還元》成篇，張紫陽《悟真》啓秘，於是海内言仙佛者必首天台。道書稱爲玉清洞天脩真福地，佛書稱爲羅漢方廣菩薩支提，似非虚語。以此山高踰八成，大蟠三郡，北俯吴越，東眺滄溟，峻極實足以頡頏華岱諸岳，神秀足以領袖四明雁宕也。

明僧無界燈公教傳智者，嘗輯台山方外一志，遠近稱良，今歲久，板本不全，後人增補，半嫌蕪雜。余家居養病山中，不能遊石梁，物成霖公請余删取其要，又請爲序。余鄙拙不能序也，若燈公《名勝考》一篇，即可爲此山序矣。乾隆三十二年歲在丁亥端陽節，息園齊召南序。

余少讀孫興公《遊天台山賦》，竊念孫時爲永嘉太守，永嘉山水亦浙中之名勝，而乃心遊目想，獨在是山，則是山之奇，固當甲於兩浙，因欲一往遊焉，而同志者寡，卒以因循不果。迨年老，始偕室人進香，於時，雖有勝情，而已無濟勝之具，不復能跨穹隆之懸燈，臨萬丈

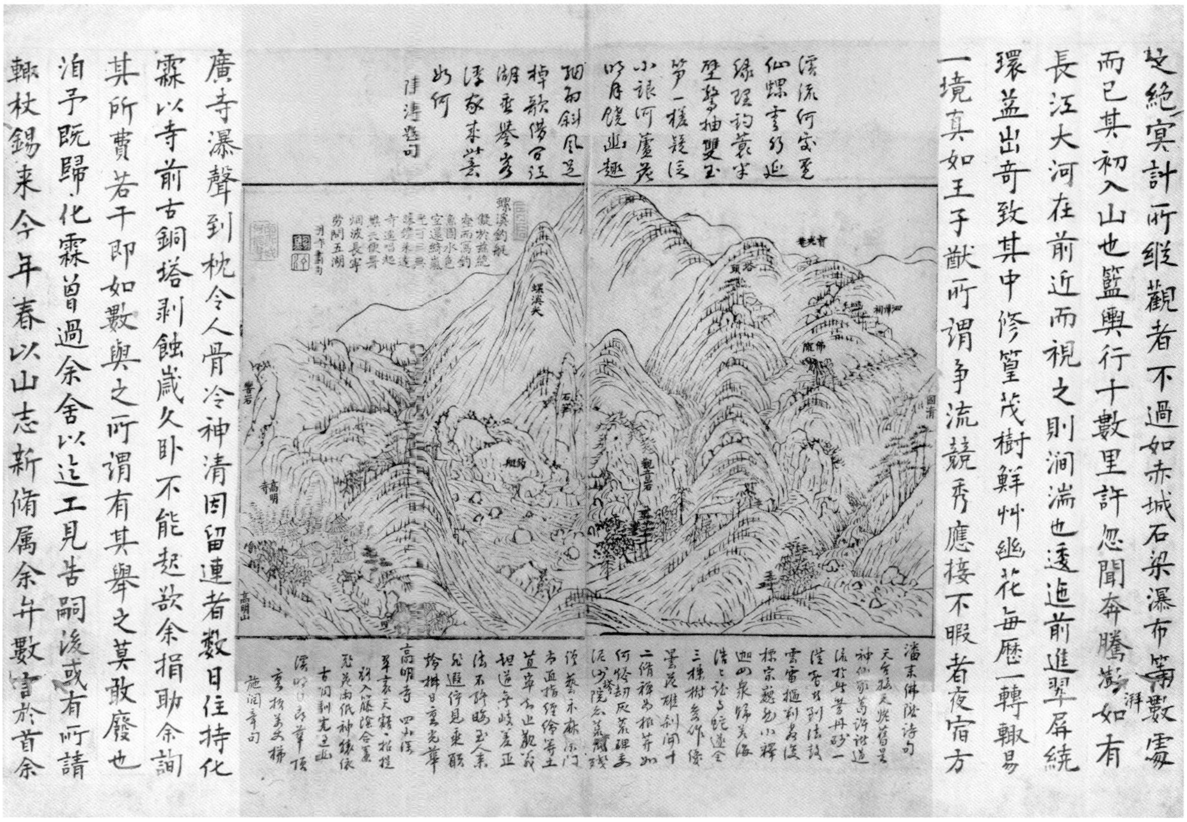

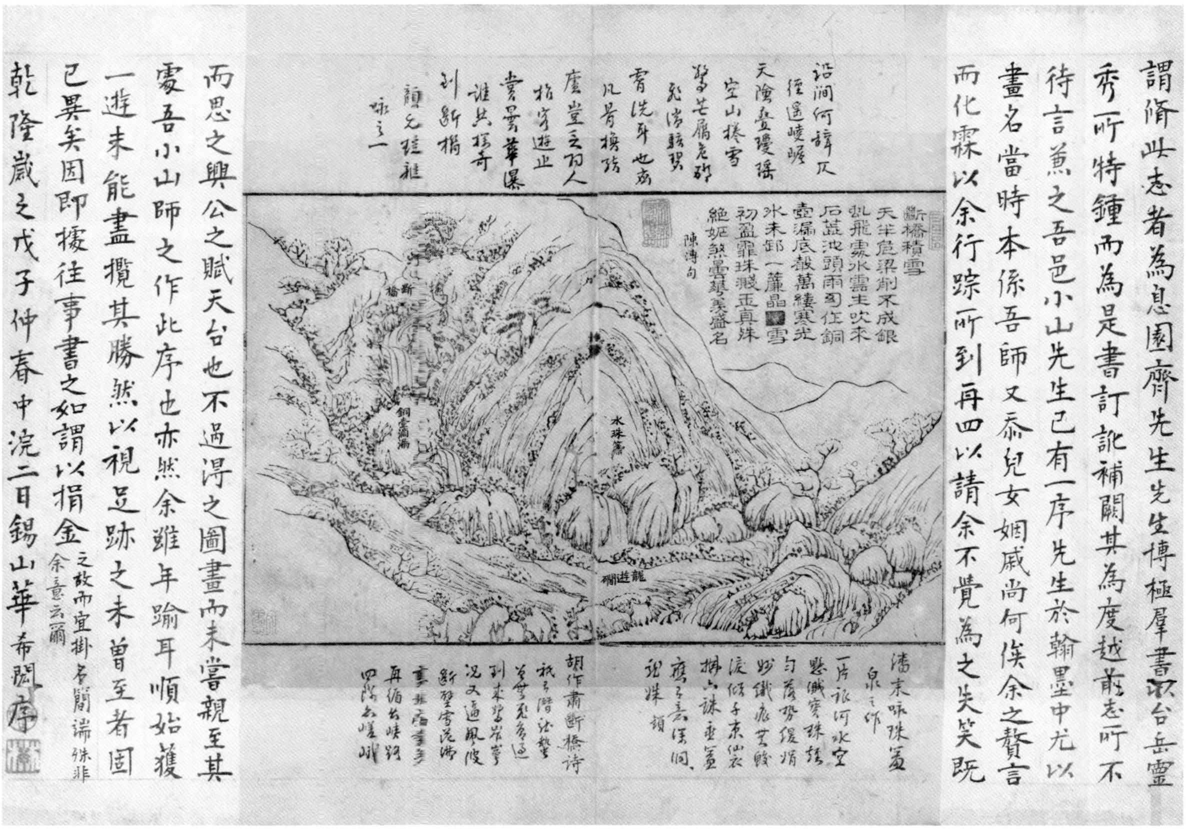

之絶冥。計所縱觀者，不過如赤城、石梁瀑布等數處而已。其初入山也，籃輿行十數里許，忽聞奔騰澎湃，如有長江大河在前。近而視之，則澗湍也。透迤前進，翠屏繞環，益出奇致。其中，修篁茂樹，鮮草幽花，每歷一轉，輒易一境。真如王子猷所謂：争流競秀，應接不暇者。夜宿方廣寺，瀑聲到枕，令人骨冷神清，因留連者數日。住持化霖以寺前古銅塔剥蝕歲久，卧不能起，欲余捐助。余詢其所費若干，即如數與之，所謂有其舉之，莫敢廢也。洎予既歸，化霖曾過余舍，以迄工見告。嗣後，或有所請，輒杖錫來。今年春，以山志新脩，屬余弁數言於首。余

謂脩此志者爲息園齊先生，先生博極群書，以台岳靈秀所特鍾，而爲是書訂訛補闕，其爲度越前志，所不待言。兼之吾邑小山先生已有一序，先生於翰墨中，尤以畫名，當時本係吾師，又忝兒女姻戚，尚何俟余之贅言。而化霖以余行踪所到，再四以請，余不覺爲之失笑，既而思之，興公之賦天台也，不過得之圖畫，而未嘗親至其處，吾小山師之作此序也亦然。余雖年踰耳順，始獲一遊，未能盡攬其勝，然以視足跡之未曾至者，固已異矣。因即據往事書之，如謂以捐金之故，而宜掛名簡端，殊非余意云爾。乾隆歲之戊子仲春中浣二日，錫山華希閔序。

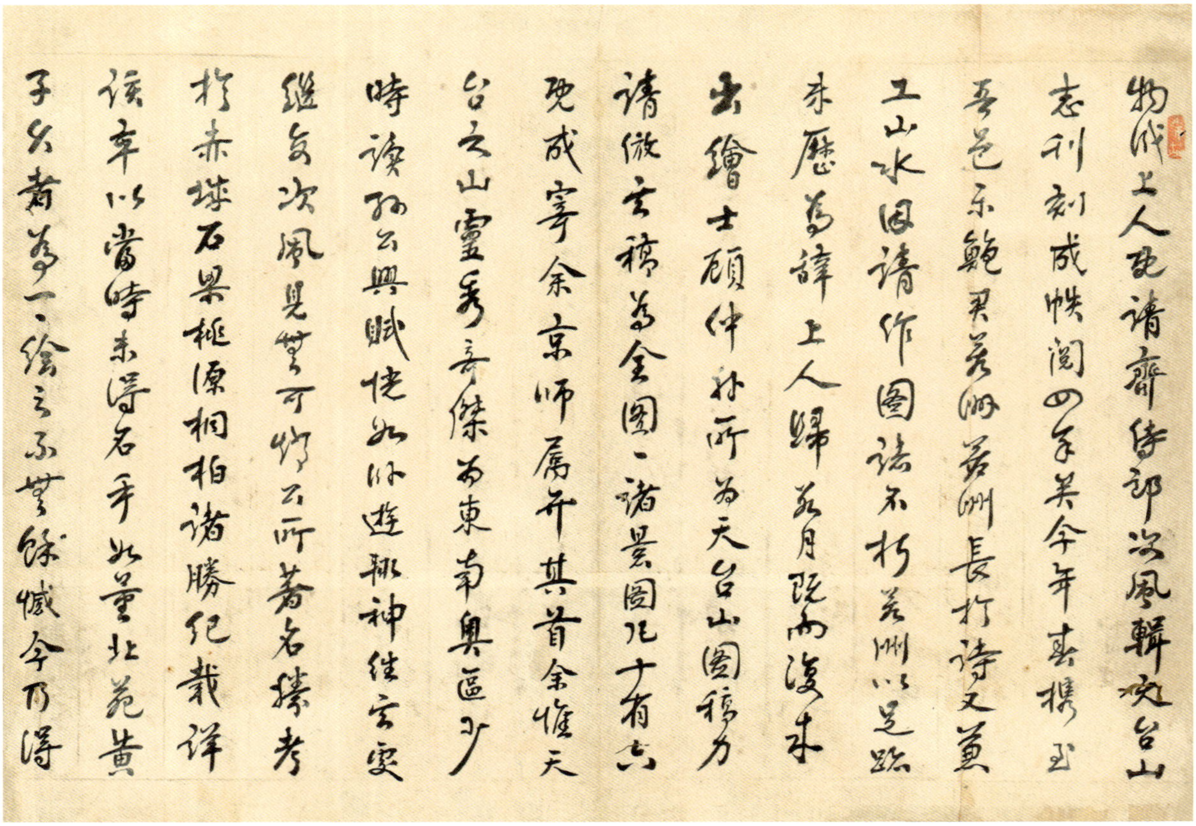

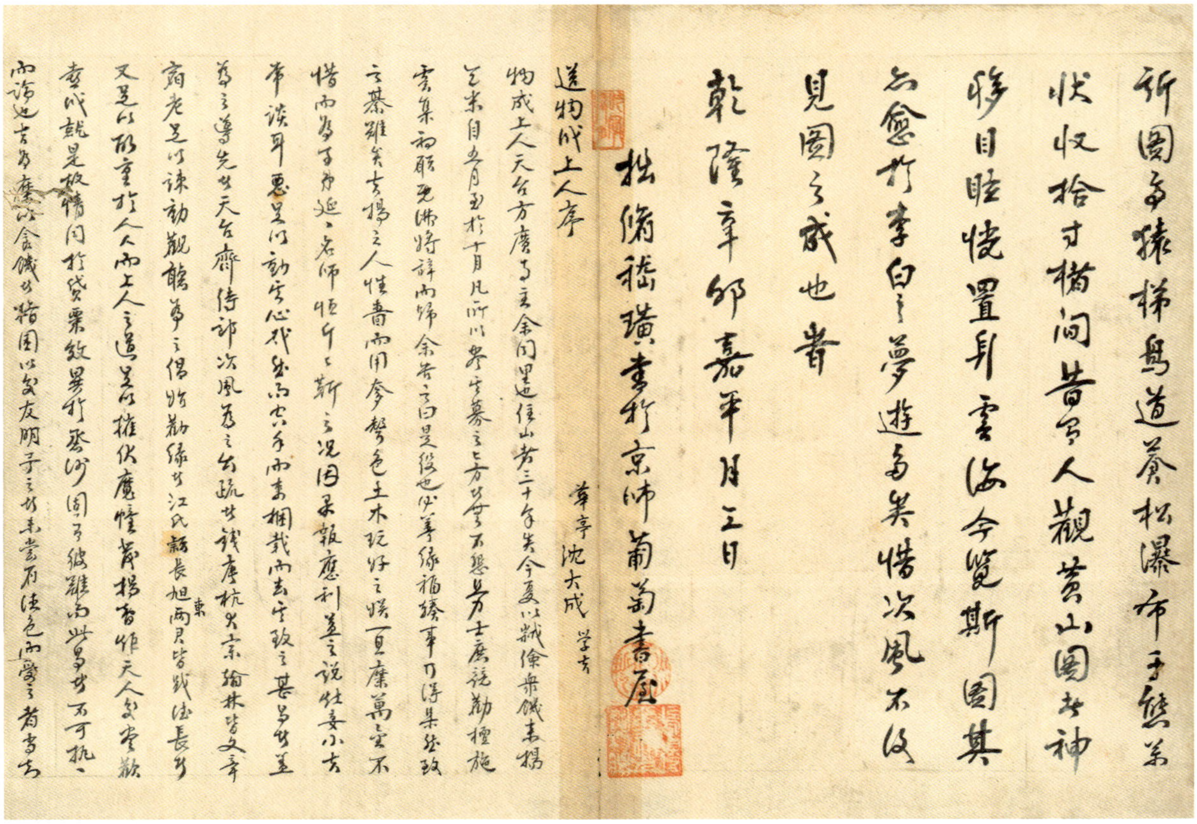

物成上人既請齊侍郎次風輯《天台山志》，刊刻成帙，閱四年矣。今年春，携至吾邑，示鮑君若洲。若洲長於詩，又兼工山水，因請作圖誌不朽。若洲以足跡未歷爲辞。上人歸數月，既而復來，出繪士顧仲孫所爲天台山圖稿，力請倣其稿爲全圖一。諸景圖凡十有六，既成，寄余京師，屬并其首。余惟天台之山靈秀奇傑，爲東南奥區，少時读孫公興賦，恍如卧遊，輒神往其處。繼交次風，見無可燈公所著《名勝考》，於赤城、石梁、桃源、桐柏諸勝紀載詳該，卒以當時未得名手如董北苑、黄子久者，爲一一绘之，不無餘憾。今乃得斯圖，高猿梯、鳥道、蒼松、瀑布，千態萬狀，收拾寸楮間，昔有人觀《黄山圖》者，神移目眩，恍置身雲海，今覽斯圖，其亦愈於李白之夢遊多矣，惜次風不復見圖之成也。旹乾隆辛卯嘉平月三日，拙脩嵇璜書於京師葡萄書屋。

《送物成上人序》，華亭沈大成學夫。

物成上人，天台方廣寺主，余同里也。住山者，三十年矣。今夏，以歲儉衆饑來揚乞米，自五月至於十月，凡所以盡其募之之方者，無不懇勞。士庶競勸，檀施雲集，初願既沸，將辞而歸，余告之曰：『是役也，必善緣福輳，事乃得集。』然致之綦難矣。夫揚之人，性嗇而用侈，聲色土木玩好之娱，一日一糜，萬金不惜，而爲子弟延名師，恒斤斤靳之。况因果報應利益之説，灶妾小夫常談耳，惡足以動其心哉？然而空手而來，捆載而

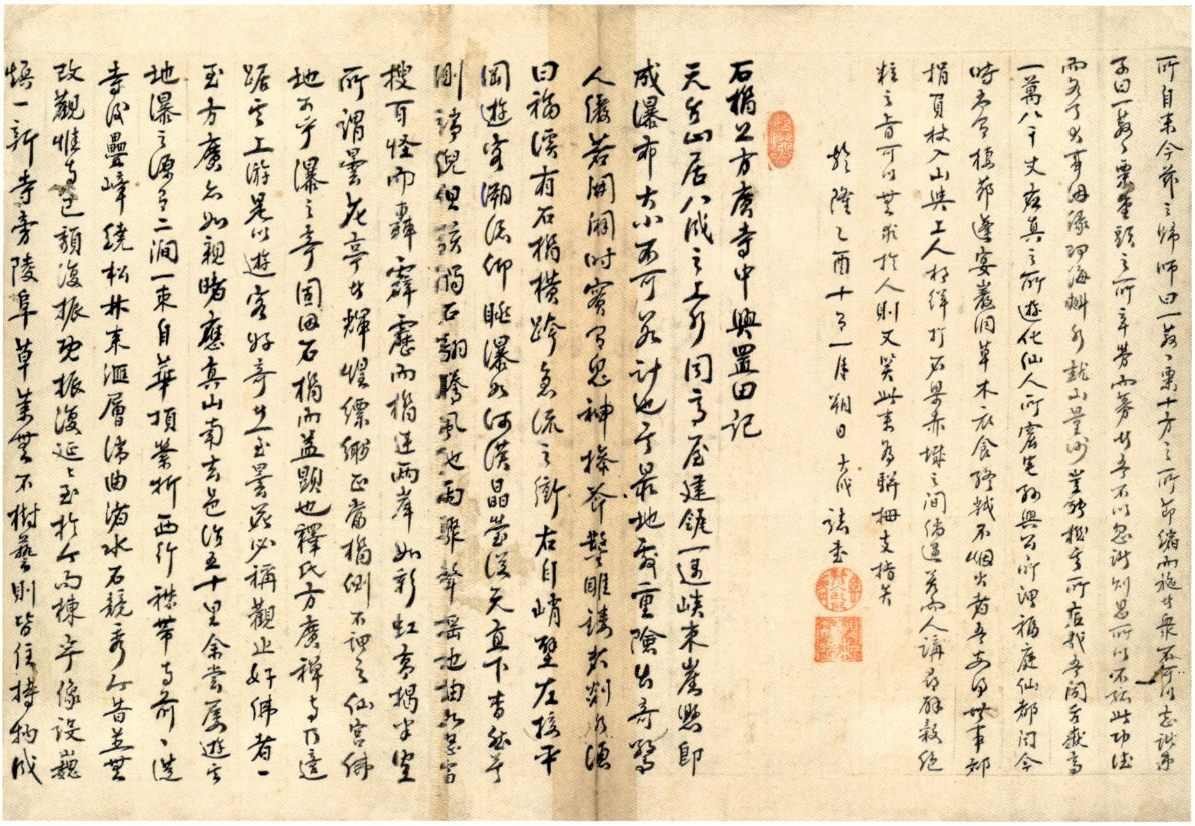

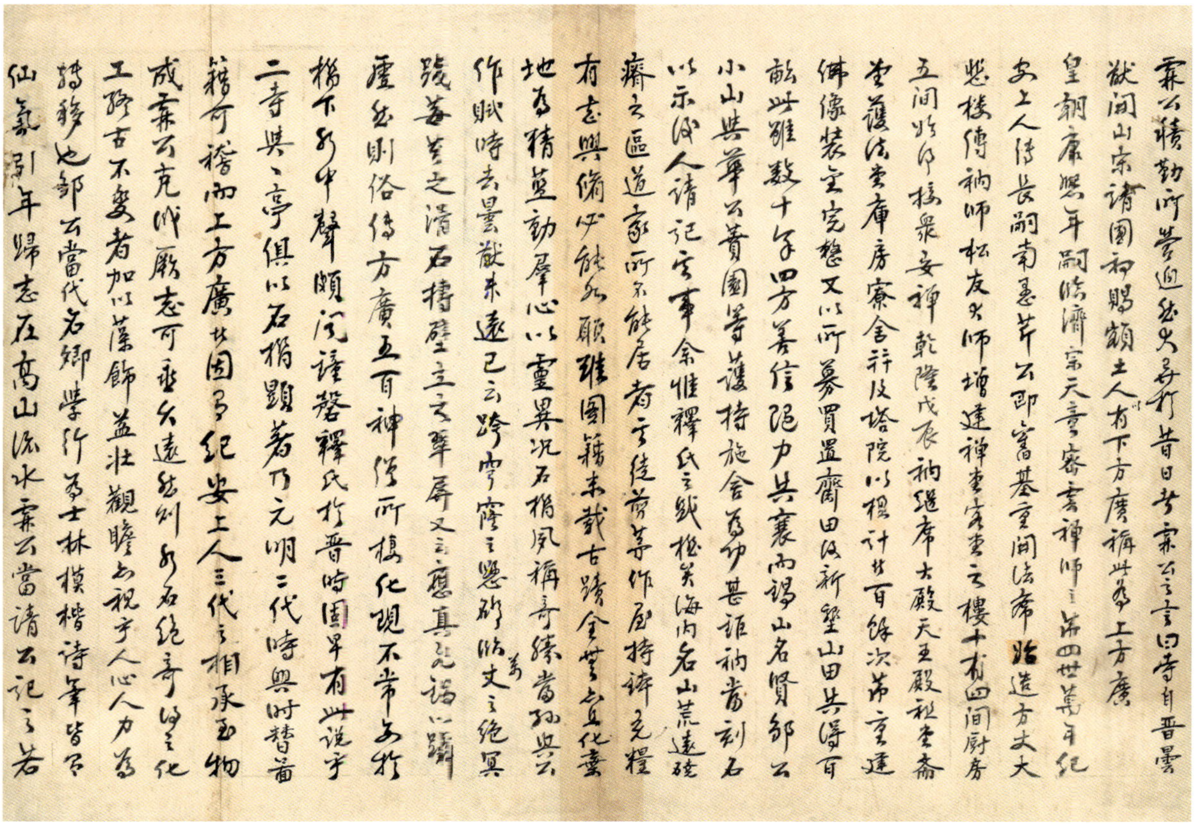

去，其致之甚曷者，盖爲之導先者。天台齊侍郎次風，爲之出疏者，錢唐杭大宗翰林，皆文章宿老，足以竦動觀聽。爲之倡始勸緣者，江氏穎長、旭東，兩君皆盛德長者，又足以取重於人人。而上人之道足以摧伏魔幢，發揚智炬，天人交參，歡喜成就。是故情同於貸粟，效異於烝沙，固有彼難而此易者，不可执一而論也。夫爲糜以食饑者，指困以交友朋，予之者，未尝有德色，而受之者，当知所自來。今兹之歸，師曰：『一菽一粟，十方之所節縮而施者衆，不可以忘。』諸弟子曰：『一菽一粟，堂頭之所辛勞而募者。』吾不以忽諸，則思所以不孤此功德而各了大事因緣，即海蚪水、就山量沙，豈能極其所底哉？吾聞台嶽高一萬八千丈，應真之所遊化，仙人所窟宅，孫興公所謂福庭仙都，聞今時尚有棲笻蓬、宴巖洞，草木衣食終歲不烟火者，吾安得無事都捐負杖入山，與上人相徉於石梁、赤城之間，倘遇若而人講尋辞穀绝粒之旨，可以無求於人，則又笑此來爲駢拇支指矣。乾隆乙酉十有一月朔日，大成誌書。

《石橋上方廣寺中興置田記》天台山居八成之上水，聞高屋建瓴，一過峽東崖，懸即成瀑布，大小不可數計也。其最，地處重險，出奇驚人，儼若開闢時，實有鬼神操斧鑿雕鏤者。剡水源曰福溪，有石橋横跨，急流之衝，

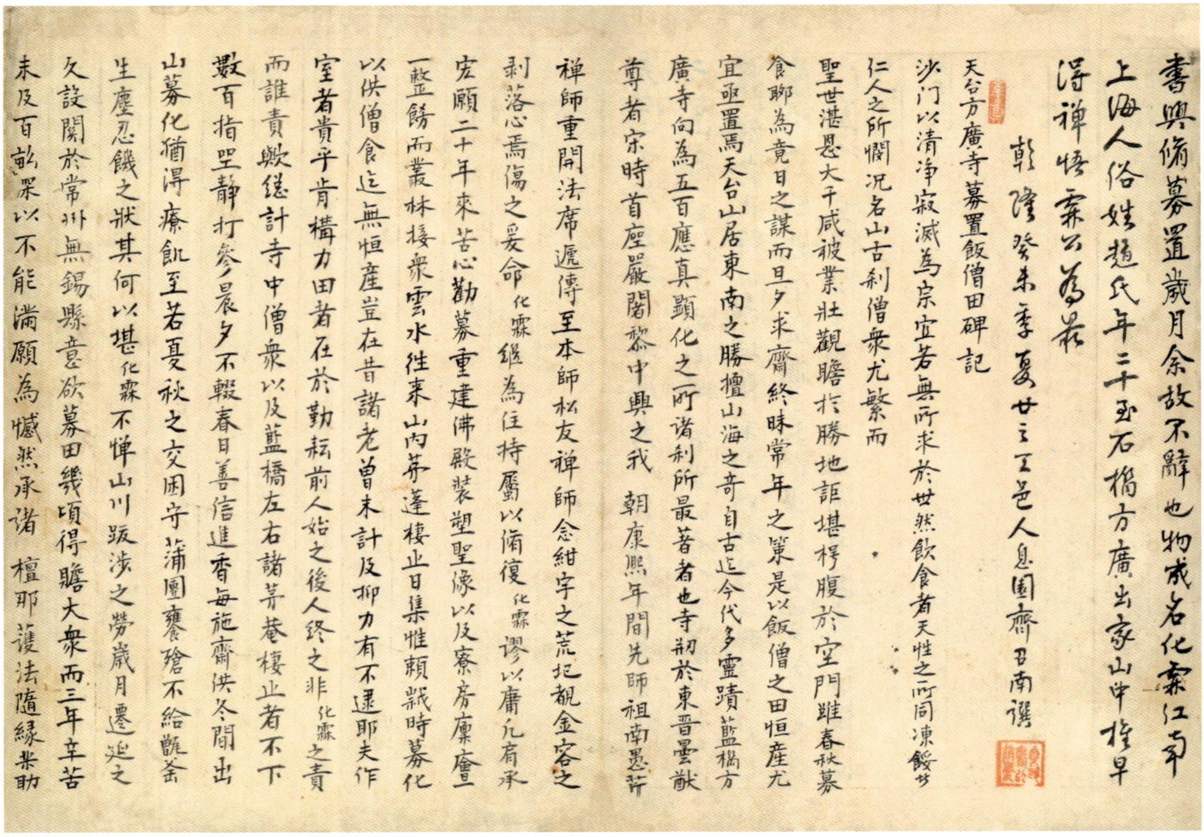
書與脩募置歲月余故不辭也物成名化霖江南
上海人俗姓趙氏年二十至石橋方廣出家山中推早
得禪悟霖公爲最
乾隆癸未季夏廿之三邑人息園齋召南譔
天台方廣寺募置飯僧田碑記
沙門以清淨寂滅爲宗宜若無所求於世然飲食者天性之所同凍餒者
仁人之所憫況名山古刹僧衆尤繁而
聖世湛恩大千咸被業壯觀瞻於勝地詎堪枵腹於空門雖春秋募
食聊爲竟日之謀而旦夕求齋終昧常年之策是以飯僧之田恒産尤
宜亟置焉天台山居東南之勝擅山海之奇自古迄今代多靈蹟藍橋方
廣寺向爲五百應真顯化之所諸刹所最著者也寺剏於東晉曇猷
尊者宋時首座嚴闍黎中興之我 朝康熙年間先師祖南愚芹
禪師重開法席遞傳至本師松友禪師念紺宇之荒圮覩金容之
剝落心焉傷之爰命化霖繼爲住持屬以脩復化霖謬以庸凡肩承
宏願二十年來苦心勸募重建佛殿裝塑聖像以及寮房廩廥
一整飭而叢林接衆雲水往來山內茅蓬棲止日集惟賴歲時募化
以供僧食迄無恒産豈在昔諸老曾未計及抑力有不逮耶夫作
室者貴乎肯構力田者在於勤耘前人始之後人終之非化霖之責
而誰責歟總計寺中僧衆以及藍橋左右諸茅菴棲止者不下
數百指坐靜打參晨夕不輟春日善信進香每施齋供冬間出
山募化猶得療飢至若夏秋之交困守蒲團饔飧不給甑釜
生塵忍饑之狀其何以堪化霖不憚山川跋涉之勞歲月遷延之
久設關於常州無錫縣意欲募田幾頃得贍大衆而三年辛苦
未及百畝深以不能滿願爲憾然承諸 檀那護法隨緣樂助

右自峭壁，左接平岡，遊客溯流仰眺瀑，如河漢晶瑩，從天直下，杳然莫測端倪，但駭觸石翻騰，風馳雨驟，聲搖地軸，如怒雷搜百怪，而轟霹靂，而橋連兩岸，如彩虹高揭半空，所謂曇花亭者，輝煌縹緲，正當橋側，不謂之仙宮佛地可乎？瀑之奇固因石橋而益顯也。釋氏方廣禪寺乃適踞其上游，是以遊客好奇者，一至曇花，必稱觀止，好佛者，一至方廣，亦如親睹應真。山南去邑治五十里，余嘗屢遊其地，瀑之源有二澗，一東自華頂縈折西行，襟帶寺前，一從寺後疊嶂繞松林來滙，層湍曲渚，水石競秀，今昔並無改觀，惟寺已頽復振，既振復延，延至於今，而棟宇像設巍焕一新。寺旁陵阜草萊，無不樹藝。則皆住持物成

霖公積勤所營，迥然大异於昔日。考霖公之言曰，寺自晋曇猷開山，宋靖國初賜額。士人以有下方廣，稱此爲上方廣。皇朝康熙年嗣臨濟宗天童密雲禪師之第四世萬年紀安上人，傳長嗣南愚芹公，即舊基，重開法席，始造方丈大悲樓，傳衲師松友大師，增建禪堂、客堂之樓十有四間，厨房五間，始得接衆安禪。乾隆戊辰衲繼席，大殿、天王殿、祖堂、齋堂、護法堂、庫房、寮舍并及塔院以楹計者百餘，次第重建，佛像裝金完整，又以所募，買置齋田，復新墾山田，共得百畝。此雖數十年四方善信隨力共襄，而錫山名賢鄒公小山與華公蕡園等護持施舍爲功甚鉅。衲當刻石以示後人請記其事。余惟釋氏之盛極矣，海內名山荒遠磽瘠之區，道家所不能居者，其徒剪茅作屋，持缽充糧，有志興脩，必能如願。雖圖籍未載，古蹟全無，亦且化棄地爲精藍，動群心以靈異。况石橋夙稱奇勝，當孫興公作賦時，去曇猷未遠，已云：『跨穹窿之懸磴，臨萬丈之絶冥。踐莓苔之滑石，搏壁立之翠屏。』又云：『應真飛錫以躡虛。』然則俗傳方廣五百神僧，所棲化現不常，每於橋下水中聲頗聞鐘磬。釋氏於晋時固早有此説乎？二寺與一亭，俱以石橋顯著，乃元明二代，時興時替，舍籍可稽，而上方廣者，因有紀安上人三代之相承。至物成霖公，克成厥志，可垂久遠。然則水石絶奇，得之化工，終古不變者，加以藻飾，益壯觀瞻，亦視乎人心人力爲轉移也。鄒公，當代名卿，學行爲士林模楷，詩筆皆有仙氣，引年歸，志在高山流水。霖公當請公記之，若

書與脩募置歲月，余故不辭也。物成，名化霖，江南上海人，俗姓趙氏，年二十，至石橋方廣出家，山中推早得禪悟，霖公爲最。

乾隆癸未季夏廿之三，邑人息園齋召南撰。

《天台方廣寺募置飯僧田碑記》　沙門以清静寂滅爲宗，宜若無所求於世。然飲食者，天性之所同，凍餒者，仁人之所憫。況名山古刹，僧衆尤繁。而聖世湛恩，大千咸被。業壯觀瞻於勝地，詎堪枵腹於空門。雖春秋募食，聊爲竟日之謀，而旦夕求齋，終昧常年之策，是以飯僧之田恒産，尤宜亟置焉。天台山居東南之勝，擅山海之奇，自古迄今，代多靈蹟，藍橋方廣寺向爲五百應真顯化之所，諸刹所最著者也。寺創於東晋曇猷尊者，宋時，首座嚴闍黎中興之。我朝康熙年間，先師祖南愚芹禪師重開法席，遞傳至本師。松友禪師念紺宇之荒圮，覩金容之剥落，心焉傷之。爰命化霖繼爲住持，屬以脩復。化霖謬以庸凡，肩承宏願，二十年來，苦心勸募，重建佛殿，裝塑聖像，以及寮房、廩廥，一一整飭，而叢林接衆，雲水往來，山內茅蓬，棲止日集，惟賴歲時募化，以供僧食，迄無恒産，豈在昔諸老曾未計及，抑力有不逮耶？夫作室者貴乎肯構，力田者在於勤耘。前人始之，後人終之，非化霖之責，而誰責歟？總計寺中僧衆，以及藍橋左右諸茅菴棲止者不下數百指，坐静打參，晨夕不輟。春日善信進香，每施齋供，冬間出山募化，猶得療飢。至若夏秋之交，困守蒲團，饔飧不給，甑釜生塵，忍饑之狀，其何以堪。化霖不憚山川跋涉之勞，歲月遷延之久，設關於常州無錫縣，意欲募田幾頃，得贍大衆，而三年辛苦，未及百畝，深以不能滿願爲憾，然承諸檀那護法隨緣樂助。

閭山觀音閣圖

作　者　（清）彭明海繪

年　代　清光緒二年（一八七六）

類　型　紙本彩繪

載體形態　一幅

尺　寸　縱一二二厘米，橫二五一厘米

索 書 號　241.232/074.3/1876

本圖上方書寫圖名『閭山觀音閣圖』，落款『丙子春三月下澣彭明海』，又鈐有朱印兩方，内容分别爲『季川』『彭明海印』。

閭山即醫巫閭山，位於今遼寧省北鎮市境内。中國古代有五大鎮山之説，即東鎮沂山、西鎮吴山、中鎮霍山、南鎮會稽山、北鎮醫巫閭山，這五座鎮山被視爲鎮守一方之名山，爲歷代帝王封禪祭祀之所，擁有很高的歷史文化地位。醫巫閭山於隋代被封爲『廣寧公』，遼、金兩代封爲『廣寧王』，元代加封『貞德廣寧王』，明初又改封『北鎮醫巫閭山之神』。《全遼志》載：『山以醫巫閭爲靈秀之最。』清代帝王亦重視醫巫閭山，康熙、雍正、乾隆、嘉慶、道光五位皇帝曾經共十一次巡幸北鎮。大觀音閣爲醫巫閭山上的重要建築，始建於遼代。清人孫成作有《望觀音閣詩》：『特起如端笏，前峰豆眼青。山形飛欲去，雲氣駛還停。傑閣涉難即，空岩若可聽。且將登眺意，留作未曾經。』

《閭山觀音閣圖》采用山水畫法，繪出了閭山一帶的建築物形象，并貼紅簽標出各處名稱。全圖氣象宏偉，描繪精細，遠處的山景與近處的建築相得益彰，體現出較高的藝術水準。圖繪主要表現了左側的觀音閣建築群、中部的北鎮廟建築群和右側的廣寧城建築群。其中，圖右側如實繪製了廣寧城的規制，并注明了城内的西衙門、財神廟、官廳、鼓樓、雙塔寺、北門、祖師廟、當子房、廟溝、娘娘廟、火神廟、牌坊等主要建築，以及城外的頭道河、紙房、蓮花泡、霸橋等。圖中部爲北鎮廟，廟宇紅墻緑瓦，頗有氣勢，其後爲行宫和棋盤山。圖左側爲醫巫閭山上的觀音閣建築群，此處景區有萬人碑、和尚墳、御碑亭、佛殿、觀音殿、山房、四角亭等建築，沿着山路往上，便是觀音閣和望海寺。這些建築錯落有致，掩映於群山叠翠之間，又有往來的行人、車馬穿梭於道路之上，使得整幅圖繪生動活潑，也流露出濃郁的歷史文化氣息。

大方廣
樂山書室
智仁樂處
南宮門
大宮門
西至萬松寺十二里
北至古中盤八里
北至雲罩寺十八里
東至千象寺五里

閭山觀音閣圖
丙子春三月下澣
彭以海

九華峰
荊門月千

双峰
西大嶺
双峰寺
乱石寺
蓮花池
連環嶺庄
小王庄

盤山名勝圖

作　者　不詳
年　代　清光緒年間
類　型　紙本彩繪
載體形態　一幅
尺　寸　縱九七厘米，橫一七九厘米
索書號　211.433/074.3/1908

全圖色彩鮮艷，繪製精美，采用傳統山水畫法，詳細地描繪了盤山各處景點建築、山川道路以及一些人物形象，圖上以朱、墨雙色文字分別題寫各處名稱。圖右下方有落款『薊門□千』，又有朱印兩方，印文分別爲『張□』和『一日清閑一日仙』。

盤山位於今天津市薊州區西北，是一處自然山水與歷史文化并著的名山。此山風光秀美，四時風景各擅其勝，又有衆多名勝古迹分布其間，歷來是文人墨客歌咏之地。此外，盤山佛教文化十分興盛，山上寺院林立，有『盤山佛刹如棋布』之稱。清代乾隆皇帝曾先後三十二次巡幸此地，發出『早知有盤山，何必下江南』的感嘆。

《盤山名勝圖》較全面地反映了盤山的全貌，各處寺院、行宮等都清晰描繪，是一幅集輿圖的導覽功能與山水畫的藝術欣賞價值爲一

體的山嶽輿圖佳品。一眼望去，全圖中最引人注目者便是位於盤山南麓的静寄山莊。静寄山莊又稱盤山行宫，爲清代皇家園林代表建築之一，於乾隆九年（一七四四）動工，十九年（一七五四）竣工。行宫建成之後，乾隆、嘉慶曾多次駐蹕。静寄山莊規模宏大，風光宜人，乾隆皇帝曾有《盤山行宫即事》詩曰：『山静室增古，春初景已和。繁聲來亂澗，秀色在喬柯。陰雪素懸磴，陽崖緑縟莎。迴鑾因道便，偶此咏卷阿。』《盤山名勝圖》詳盡地展示了大宫門、前宫門、中宫門、西小紅門、東小紅門等各處宫門，又於大宫門附近標識了『北至雲罩寺十八里』『東至千象寺五里』『西至萬松寺十二里』『北至古中盤八里』等位置信息。除此之外還表現了行宫内部的各處建築情況，包括静寄山莊、太古雲嵐、清虚玉宇、鏡圓常照、四面芙蓉、真觀遺宗等静寄山莊『内八景』。而山莊之外，東竺庵、少林寺、雲罩寺、青峰寺等分布於各處，又有奇石、山澗、盤山小徑點綴山中，騎驢者、挑擔者往來不絶，充滿了人文氣息。

盤山行宫於清代道光年間裁撤，近代又遭破壞，現僅存遺址，《盤山名勝圖》保留了完整詳細的建築形態與規制，爲我們研究這一清代重要皇家行宫提供了珍貴的歷史材料。

直隸長城分防險要關峪各口山水形勢地輿城圖

作　者　（清）崔汝立繪

年　代　清光緒年間

類　型　紙本彩繪

載體形態　一幅長卷

尺　寸　縱三〇厘米，橫六七二厘米

索 書 號　211/068.5/1902

該圖封面題有『直隸長城分防險要關峪各口山水形勢地輿城圖恭呈憲覽』，全圖末尾題有『户部主事崔汝立敬畫』和『五品銜候補州吏目崔汝棨謹呈』。除此之外，《直隸長城分防險要關峪各口山水形勢地輿城圖》還在繪製的建築、關卡附近貼有紅簽并注明其名稱，便於名稱與地點對應。全圖采用山水畫筆法繪製，設色艷麗，繪製清晰，是具有較高的研究價值和藝術價值的清代直隸長城地圖。

《直隸長城分防險要關峪各口山水形勢地輿城圖》所繪製的直隸長城西起沙坡峪，東至山海關，這條長城防綫隸屬明代九邊重鎮中的薊鎮。東綫起點的山海關位於今河北省秦皇島市的東北角，其東與遼寧省綏中縣相連，北倚燕山，南臨渤海，是明代邊境上的著名關隘，也是這幅圖中要塞、關隘與建築分布最多的地方。山海關因其『依山面海』的特點，而被稱爲山海關。山海關建城、設置衛所始於洪武十四年（一三八一），大將軍徐達率燕山等衛所兵一萬五千餘人修建永平、界嶺等三十二關，并於同年九月設置北平山海衛指揮使司，治所在山海關內，滿額時有官軍一萬名。至清代，清初因其用兵重點在南方，因而在山海關布置的兵力十分有限。這種狀況從順治元年（一六四四）一直延續到康熙十三年（一六七四）。自康熙十四年（一六七五）至乾隆七年（一七四二），山海關的布防力量進入發展期，人數逐漸增加。

相較於明朝，清朝在長城的經營上又出現了新的變化。長城防禦外敵入侵的職能被明顯地削弱，更多的是被作爲邊界和管理貿易的節點。清代百姓出邊貿易，須在官府核實身份、領取票照後方可成行，清代邊墻成了檢查的重要關卡。清廷同時在邊墻設立稅關，徵收貿易稅。而部分的互市貿易也直接在長城附近開展。除了貿易，清代長城各口也是百姓出邊開墾的通道。雖然清廷曾多次禁止百姓出邊，但因出邊開墾的活動屢禁不止，故逐漸轉變策略，支持開墾。開墾增加了耕地，加速了邊墻地區及其外地區的發展。

總體而言，清代對長城基本没有新的布局。體現在地圖上，《直隸長城分防險要關峪各口山水形勢地輿城圖》中所繪製的大小要塞幾乎全爲明朝所修建，如山海關北、南的南北水關、董家口、山海關北的三道關、九門口、黄土嶺、大毛山關、小毛山關，都初建於明洪武年間，山海關外的威遠城則建於明嘉靖年間。除了山海關，西綫的沙坡峪關、千家峪關、山寨峪關、羅文峪關、蔡家峪、馬蹄峪也都建於洪武年間。這一現象再次印證了長城在清朝軍事戰略性地位的下降，邊境戰事的消弭使得清廷無需再花費大量的人力物力維護這一浩大的工程。

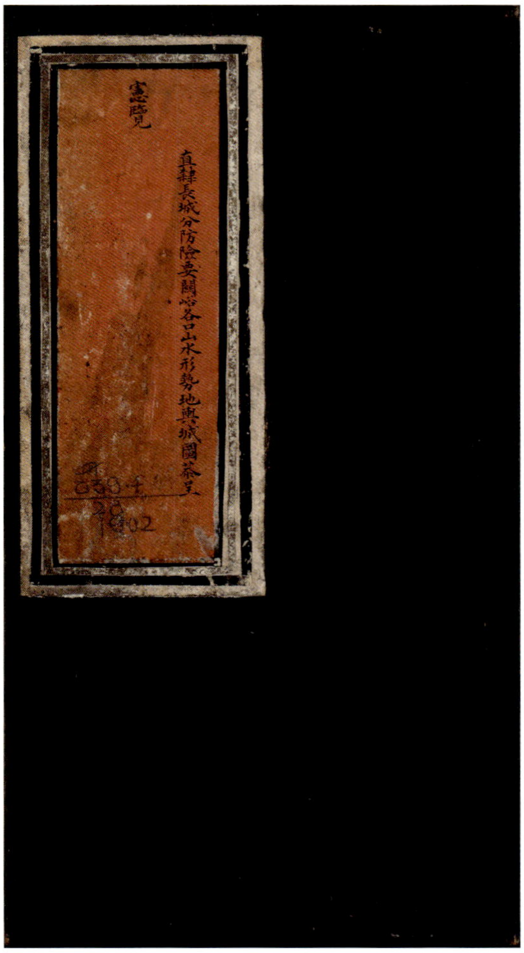

小
廟
黄土嶺
無名口
九門口
温水關
威遠城
靖海城
姜女廟
老龍頭
海
國立北平圖書館藏圖

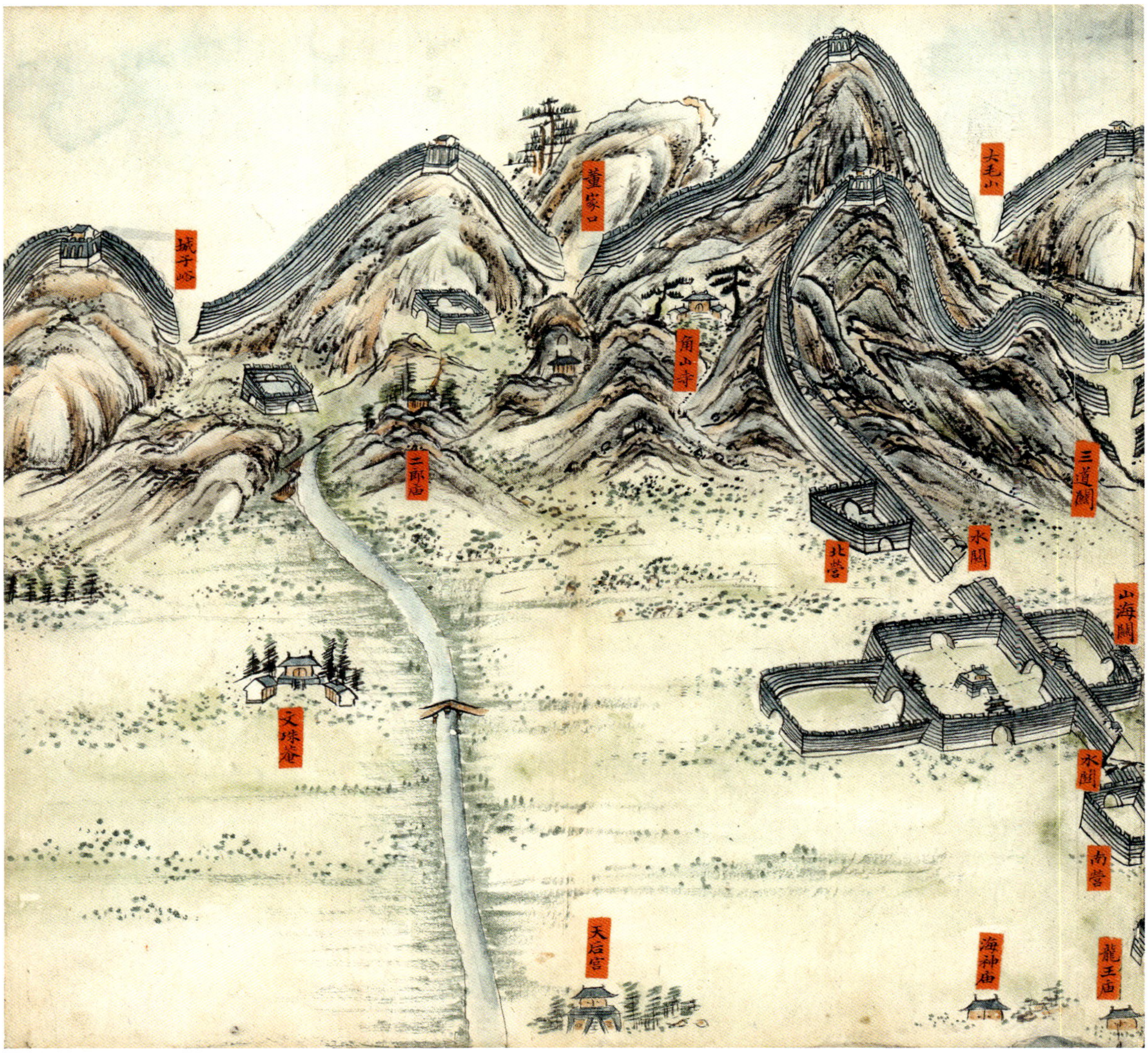
城子峪
董家口
大毛山
角山寺
二郎庙
三道關
北營
水關
山海關
文珠菴
水關
南營
天后宮
海神庙
龍王庙

傘子峪
義院口
板場峪
平頂峪
水門寺

孤石峪
柳嶉峪
葦子峪
花場峪

界嶺口通外七廳
台營

佛兒峪
青山口
桃林營
沿河營

劉家口
桃林口迤外之牆
劉家營
青龍河

河流口
徐流口
堡子
徐流營

冷口通衢外七廳
營房

白道子
石門子

四十二
駱駝脖子
白羊峪

大嶺寨
城子嶺
擦崖子

榆木嶺
青山口

董家口通外七廳
鉄門關通外七廳

李家峪
喜峯口城

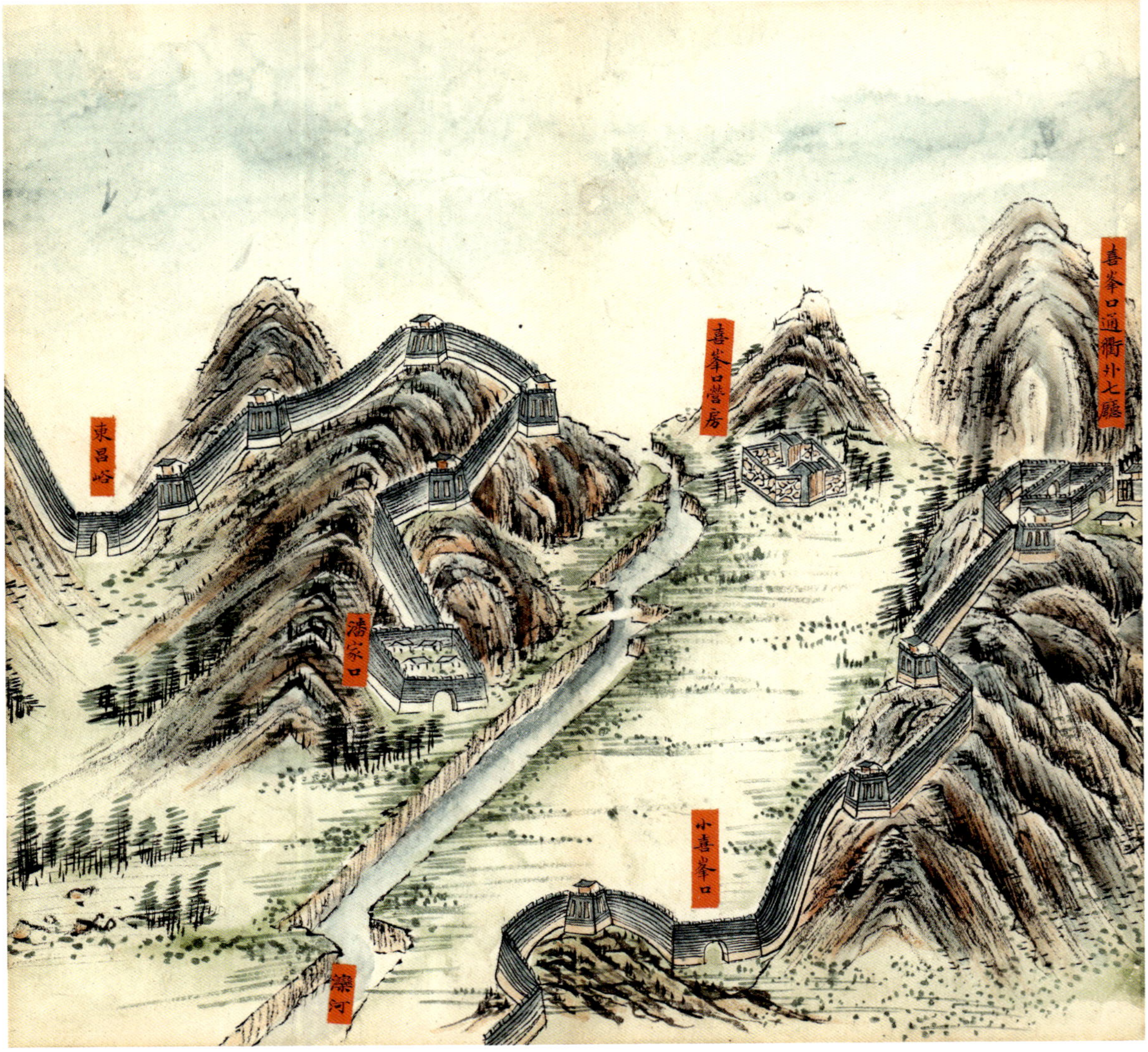
喜峯口通衢外七廳
喜峯口營房
東昌峪
潘家口
小喜峯口
灤河

龍井關
炸子菴

松棚路
西安路
蘇郎峪

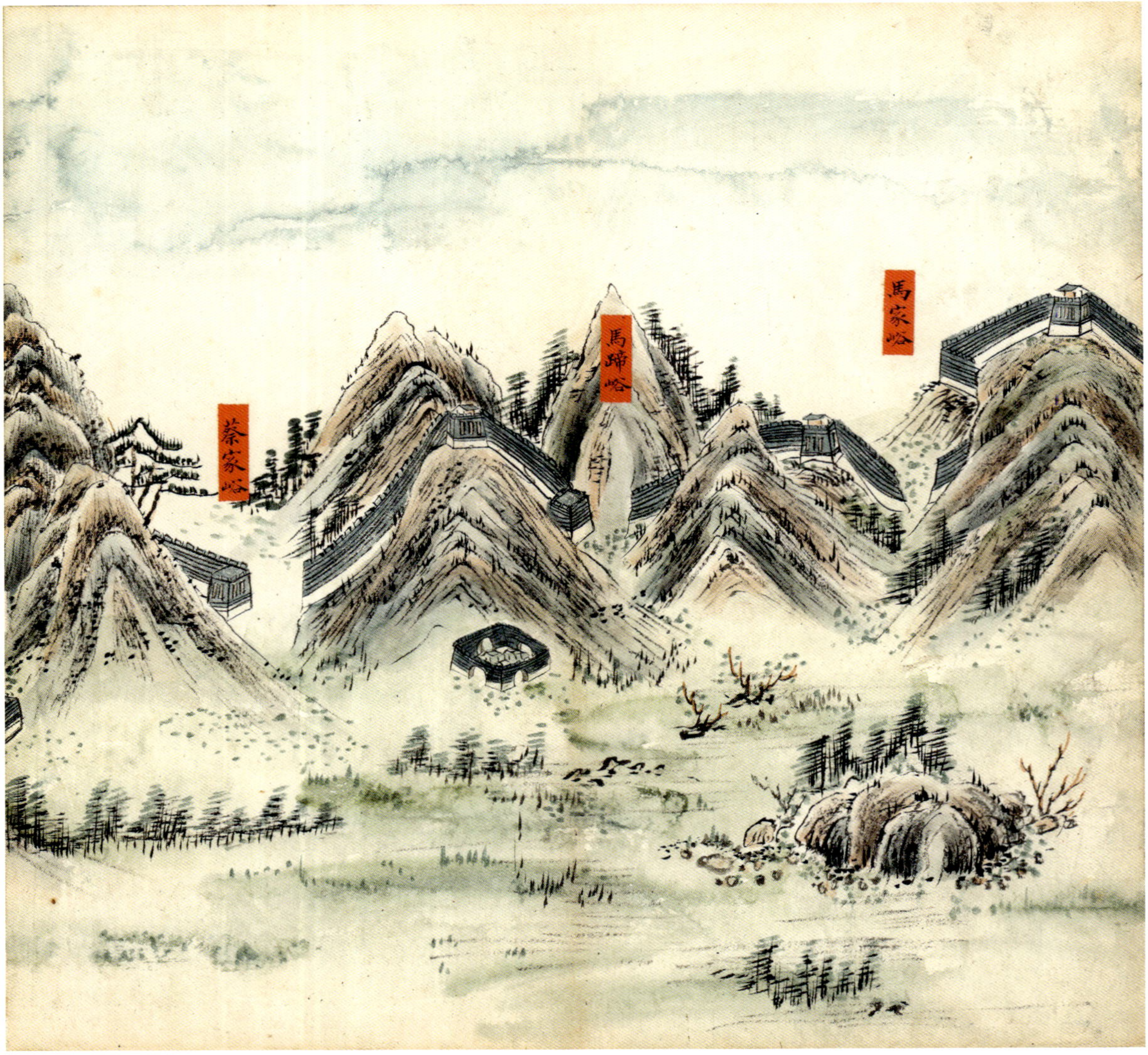
馬家峪
馬蹄峪
蔡家峪

二里店
羅文峪通外七廳

沙坡峪
山寨峪
千家峪
戶部主事崔汝立敬畫
五品銜候補州吏目崔汝棻謹呈

沙坡峪
山寨峪
千家峪
五
戶部主

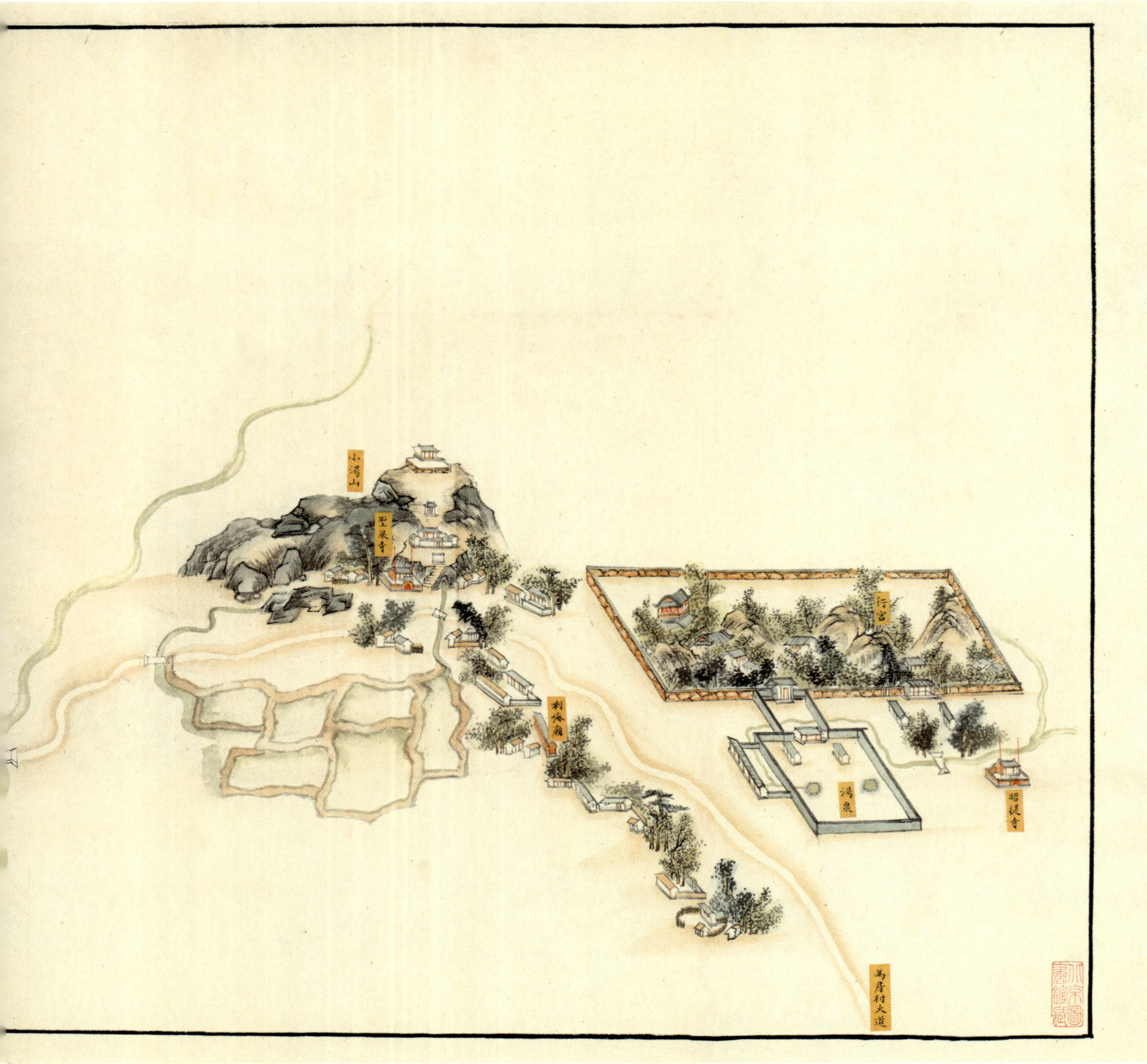

湯山地輿圖

作　者　不詳

年　代　清後期

類　型　紙本彩繪

載體形態　一幅

尺　寸　縱三七厘米，橫八一厘米

索 書 號　20.121/074.3/1870

本圖采取山水畫法，精細地描繪了大、小湯山一帶的自然和人文風光，圖上貼黄簽注明行宫及各處、寺廟名稱，應爲官方繪製。

湯山位於今北京市昌平區東部。根據史料記載，湯山得名於其下之温泉。《太平御覽》引《山海經》佚文記載：『湯山，湯水出焉，此湯能愈疾，爲天下最。』明朝《大明一統志》卷一載：『湯山，在昌平縣東南三十八里，下有温泉。』《日下舊聞考》卷一百三十四《京畿·昌平州一》記載：『湯山在州東南三十里，有温泉可浴。』『州東南三十里湯山下有温泉，行宫在焉。』此處温泉有療養之功效，成爲一方名勝。清代帝王在此修建行宫，方便前來巡幸駐蹕。

《湯山地輿圖》色調典雅，圖繪精美，全圖左側和右側分別繪製了大湯山和小湯山一帶的建築情況。圖右側爲小湯山一帶，沿着馬房村大道前行，道路北側爲小湯山，山上有聖泉寺建築，其東爲湯泉行宫，行宫附近爲昭提寺。沿道路繼續前行便來到大湯山一帶。大湯山上有娘娘廟、觀音堂、普泉寺、天齊廟、安佑廟、惠澤龍王廟、崇虚觀、雙泉寺、金龍潭等建築，於山下普泉寺附近有一貼簽標注『由燕郊至此七十四里』，交待了此地與燕郊的位置關係。

《湯山地輿圖》詳細記録了清代湯山一帶的建築情況，是我們研究清代湯山歷史人文的重要資料。

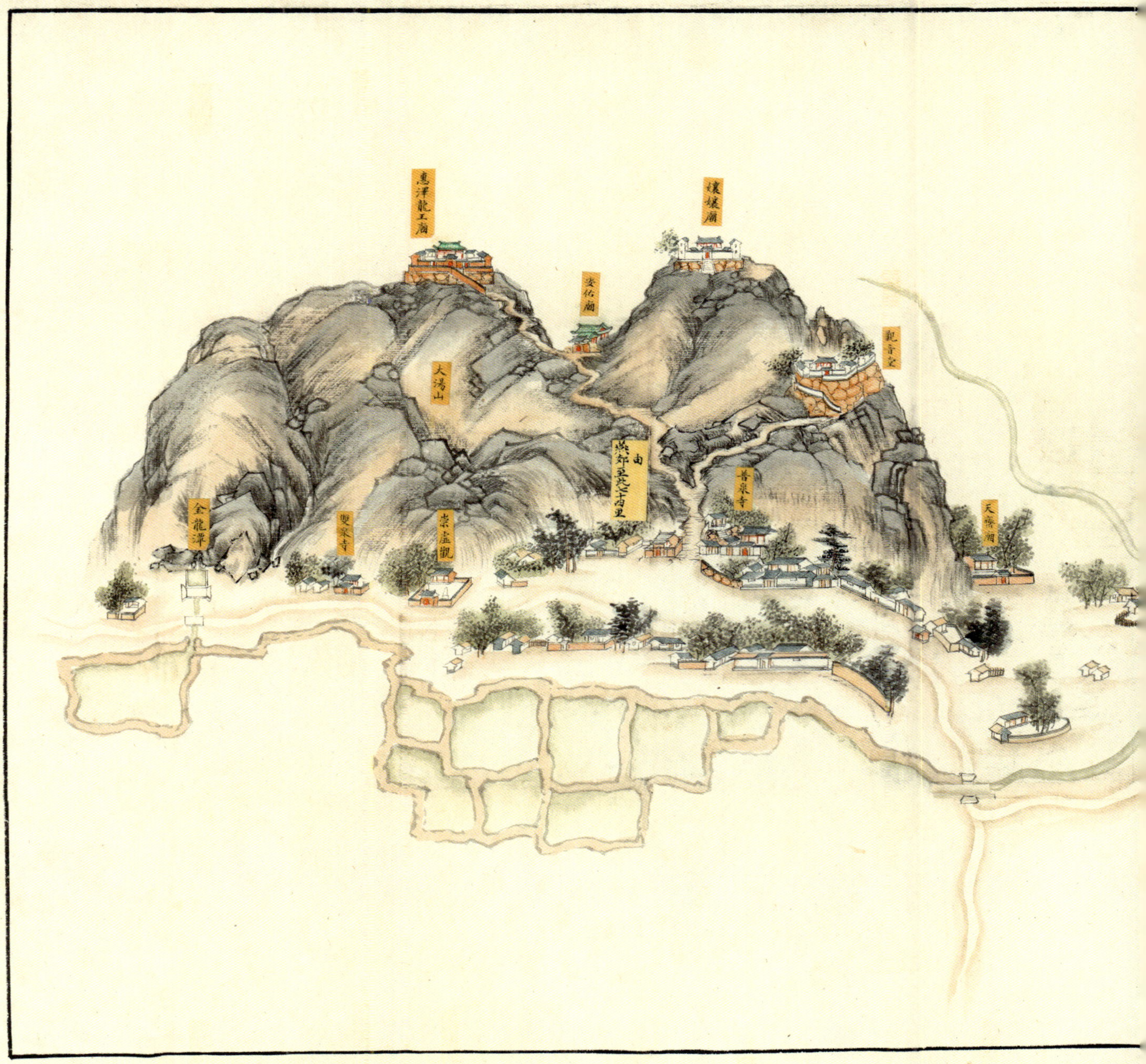
惠澤龍王廟
孃孃廟
安佑廟
大湯山
觀音堂
普泉寺
天齊廟
金龍潭
雙泉寺
崇虛觀

湯山地輿圖

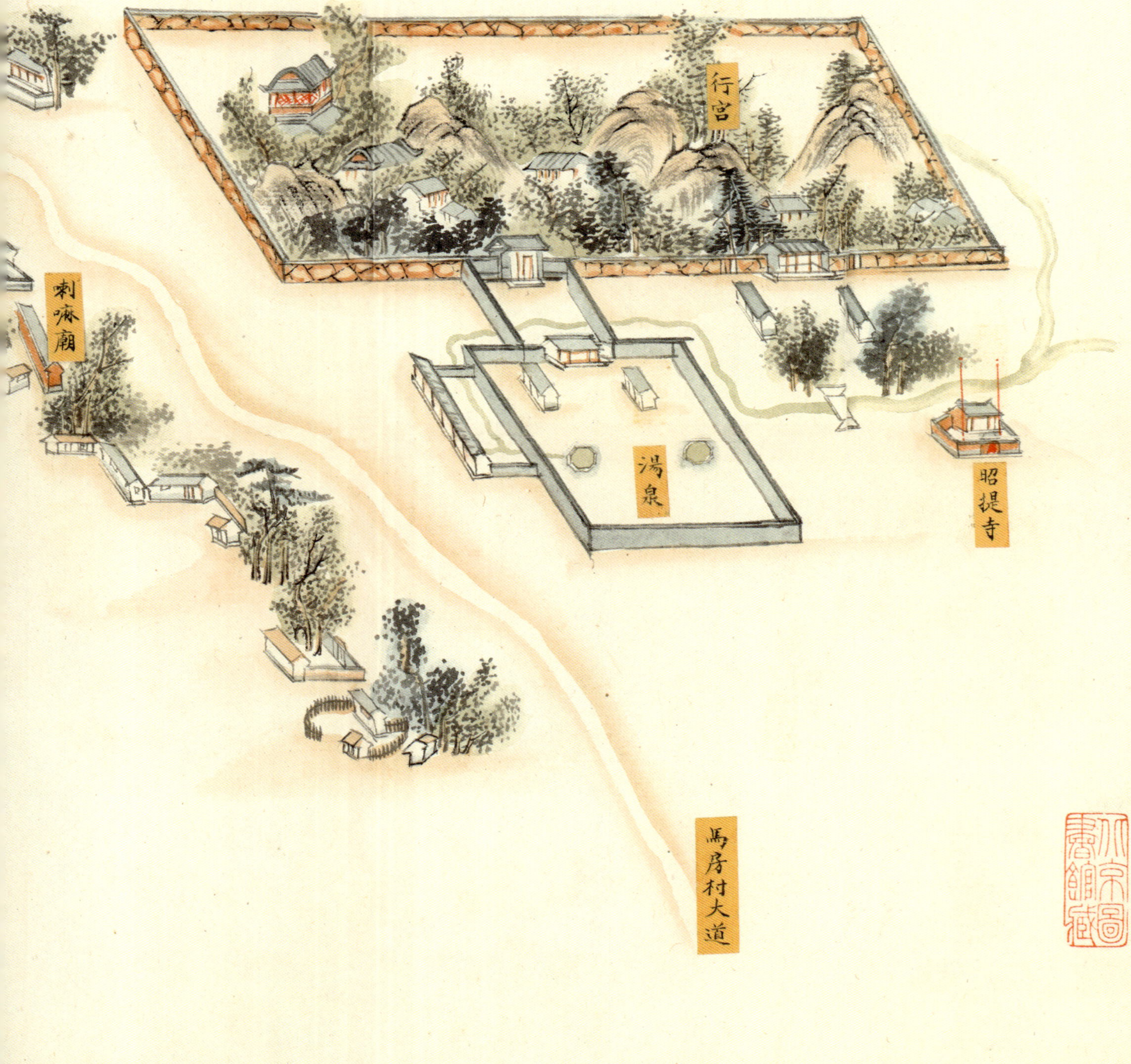
行宫
喇嘛庙
汤泉
昭提寺
马房村大道

小湯山
聖泉寺

觀音堂
普泉寺
天齊廟

惠澤龍王廟
安佑廟
大湯山
由
燕郊至此七十四里
崇虛觀
雙泉寺
金龍潭

丹山勝景之圖

作　者　不詳

年　代　清末期

類　型　木刻墨印

載體形態　一幅

尺　寸　縱一一四厘米，横五二厘米

索書號　227.118/074.3/1890

此圖采用山水畫法，繪出了從彭縣北四十里的丹山脚下至山頂觀音閣、望鄉臺沿途的寺廟等名勝古迹，其中仁聖宮建築群被繪製得尤爲詳細。

我國有多處丹山，本圖所繪的丹山爲四川省彭州市的丹景山，距成都西北五十公里，山川風景秀麗，文物、古迹衆多，素有『丹嶽岱宗』之稱。歷代蜀王都在此舉行祭祀儀式。此地鍾靈毓秀，引來歷代名士游訪咏賦。雍正年間黄廷桂《四川通志》中説道：『丹景山在縣西北三十五里，與天彭山相接，宋韓絳記云：群山之間，風氣流爽，一日之間，備四時焉。舊志山多牡丹，春時光艷照人。』佛道文化在丹景山都比較興盛，本圖重點繪製的仁聖宮，又名金華寺、東嶽廟等，爲蜀中佛教勝地。

《丹山勝景之圖》結合陰刻和陽刻，以陰刻表現山體，陽刻表現建築，重點表現了山體圍繞之下的仁聖宮建築群，建築部分主要采取傳統界畫的表現方式，圖中標識的建築物釋道相雜，主要有觀音閣、玉皇殿、老君殿、大雄寶殿、獻殿、仁聖宮、觀鳳亭、藥師樓、十王殿等，規格整飭，刻畫細緻。除建築之外，圖中還標識了山中勝景，如盤陀石、望鄉臺、金豆池、錦綉屏、壽陽山、丹臺第一峰等，還描繪了飛虹、丹霞、雲山等自然風貌。由圖上看來，仁聖宮一帶建築規模整飭，氣象莊嚴。《丹山勝景之圖》於山體之上繪出雲氣環繞，山間以虛綫標識迴環的道路，山下繪出河流和船隻，全圖左下角標注『彭縣至北四十里』，交待其與縣治的位置關係。全圖上下呼應，渾然一體，格局嚴謹，内容詳備，對了解清代丹山的自然和人文情況有較大參考價值。

丹山勝景之圖

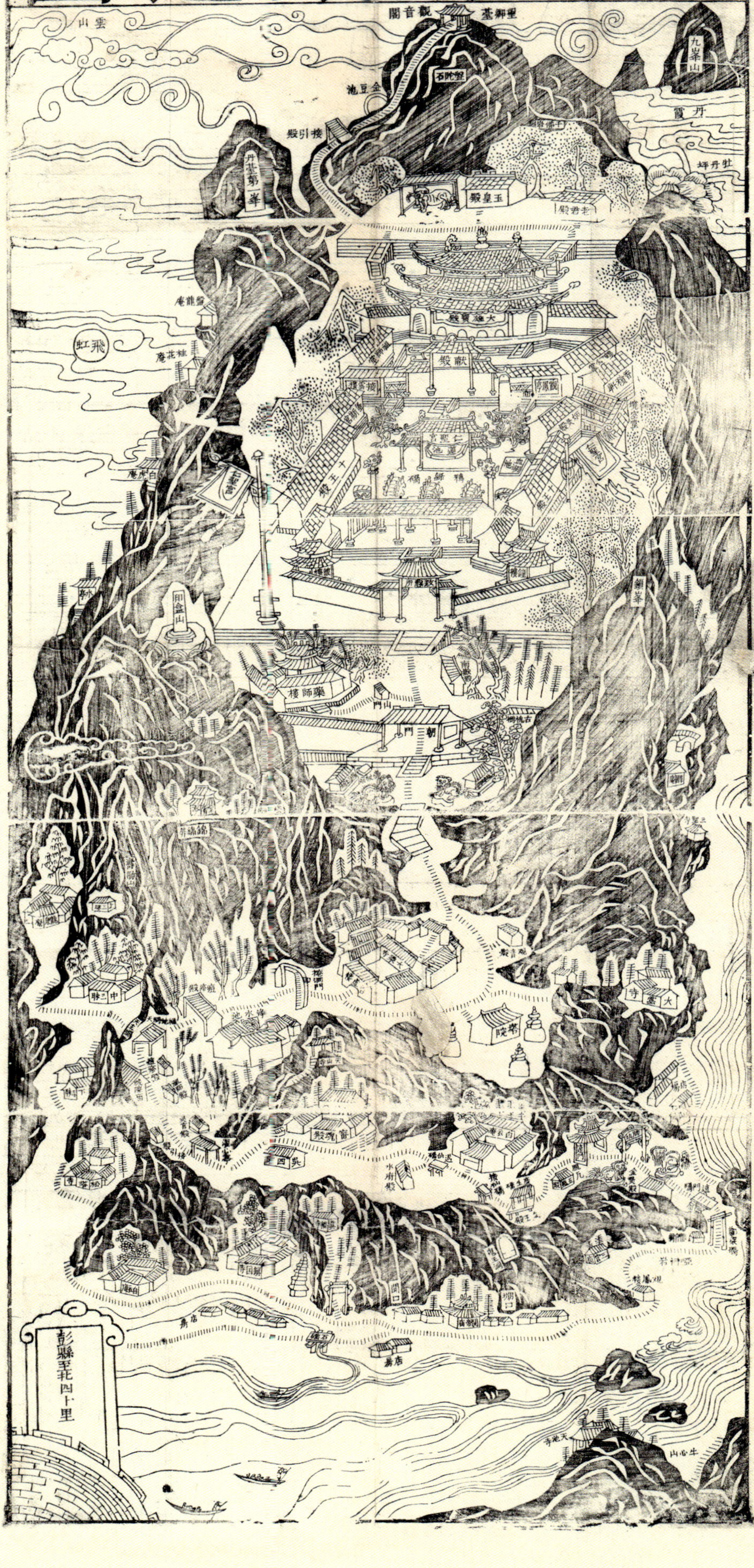

丹山勝景之圖

雲山
觀音閣
聖鄉臺
九峯山
盤陀石
金豆池
丹霞
接引殿
牡丹坪
丹臺第一峯
玉皇殿
老君殿
盤龍庵
飛虹
桂花庵
大雄寶殿
獻殿
觀鳳亭
仁聖宮
道池
白虎庵
十王殿
血湖池
十王殿
鐘樓
鼓樓
印盒山
鎮峯
藥師樓
山門
南嶽殿
古槐樹
朝門
錦繡屏
觀音殿

彭縣至此四十里
白虎庵
仁聖宮
鐘樓
鼓樓
致敬所
印盒山
水亭
南巖殿
藥師樓
山門
朝門
古槐樹
錦繡峯
壽陽山
觀音殿
大雲寺
塔院
淨水池
捲洞門
痘疹殿
白衣庵
吳四殿
水府殿
遇仙橋
接引殿
松塔寺
鎮國寺
關帝廟
房店
石橋
房店
觀鳳樓
天池寺
牛心山

福建武夷山圖

作　　者　不詳
年　　代　清代
類　　型　紗本彩繪
載體形態　一幅長卷
尺　　寸　縱四一厘米，橫三二〇厘米
索 書 號　231.433/074.3/1860

本圖詳細地繪製了武夷山一帶的風景名勝，圖幅繪製詳細，裝幀精美，兩端有碎金裝飾。

武夷山位於江西東南與福建西北部的兩省交界處，這裏鍾靈毓秀，人傑地靈，山上有多處人文、自然景觀。寺廟、道觀林立，佛、道信仰都很興盛，自然風光也非常秀美，有著名的九曲溪景觀。明代作家李元陽稱贊武夷山：『天下山水，至武夷諸峰，奇詭極矣！……十里之近，九曲之內，變幻百出，姿態橫生：或連脊異形，或一山兩狀；一捩舵而圭璧改觀，一轉盼而方圓異質。』關於武夷山之得名，明勞堪《武夷山志》中有較詳細的介紹：『相傳唐堯時錢鏗隱茲山，二子曰武曰夷，因以名。舊志謂昔有神人降此山，自稱武夷君山，漢武遣使築壇祀之，今遺址尚存，是則武夷之名，肇於陶唐，顯於秦漢，而極盛於我。』武夷山曾吸引衆多文人名士來此居住、論道，南宋思想家朱熹曾在此講學授徒五十餘年，他在武夷山創辦的武夷精舍吸引了大批學子。由於朱熹在武夷山的活動，使得武夷山成爲一座充滿理學色彩的文化名山，武夷山紫屏峰石壁上，至今還鐫刻有清乾隆朝狀元馬易齋所書『道南

理窟』四個大字。

《福建武夷山圖》以九曲溪水道爲視覺中心，沿着迴環往復的水道排布兩側的三十六峰、九十九岩，表現了『山圍水轉，水貫山行』的獨特景觀。圖中將水道和山峰結合起來，展現出山水一體的景象，顯得畫面靈動，視角活潑。全圖采用山水畫法，詳細標識了武夷山上的多處自然、人文景觀，其中，自然景觀有天心岩、火焰峰、水簾洞、玉柱峰、鐵郎寨、三姑石、馬鞍岩、排峰岩、象鼻岩、大觀音石、小觀音石、仙羊石、仙猿岩、水光石、翰墨石、玉女峰、仙掌峰、虎嘯岩、會仙岩、雲岩洞等等。人文景觀有多處道觀、道教遺迹，如崇真庵、復古庵、常庵、止止庵、靈岩庵、張仙洞、徐仙洞等；書院、文化建築，如朱文公書院、四賢書院、王文成公祠等；其他建築如御茶碑、喊泉臺、通仙井、溪光亭、問津亭、對晚亭、平林渡等等，不僅細節清晰，還有諸多人物點綴其中，顯得別有意趣，如同山水畫一般，展現出天人合一之境。

除此圖之外，國家圖書館還藏有另一幅《武夷山全圖》，單色繪本，縱一三六厘米，横六九厘米，主要內容與此圖相似，應屬同一圖系，不過《福建武夷山圖》爲長卷，因此將水道拉直以展現武夷風貌，而《武夷山全圖》圖版爲長方形，因此將水道在畫面中彎折，以展示武夷山曲折迴環的水道情況。

火焰峯
水簾洞
雲崖洞
白雲庄
天心岩
九井岩
排峯岩
杜葛岩
象鼻岩
玉柱峯
紫嶺峯
猴背岩
鷹嘴岩
葫芦石
馬頭岩
鐵郎寨
丹霞峯
幔亭
仙人故址
會真廟
馬鞍岩
三姑石
道者石
蘭湯渡
問津亭
獅子峯
三姑市

禮斗壇
投龍洞
仙鶴岩
天鑑池
昇真觀
張仙
昇真洞
大王峯
登仙岩
鐵板嶂
仙猿岩
復古庵
仙羊石
飛翠亭
止止庵
水光石
四賢書院
幔亭峯
小觀音石
大觀音石
鏡臺
即勒馬石
常庵

小藏峯
仙船岩
水樂石
三柘石
飛鳥臺
一線天
靈岩庵
仙谷池
舞雪臺
覽石峯
凌霄峯
玉女峯
三髻峯
崇真庵
虎嘯岩
鐵板嶂
溪光亭
水光石
翰墨石
仙冠石
虎鼻石
儒巾石
方印石

雲岩洞
昇日峯
上昇峯
拜章臺
釣磯石
仙機岩
會仙岩
車錢岩
漱玉泉
題詩岩
仙床
小九曲
金雞洞
試劍石
布袋峯
通仙井
三才峯
伏羲洞
李仙岩

玄元道院
仙奕洞
玉華峯
羅漢岩
大隱屏
伏羲洞
朱文公書院
羅漢洞
宴仙岩
大藏峯
金雞洞
平林渡
茶灶石
晚對亭
天柱峯
喊泉臺
御茶碑

郎官峯
仰止亭
接筍
下雲窩
聚樂洞
棘隱堂
王文成公祠
石門
閑棋
更衣臺

三仰峯
碧霄洞
二友堂
天游
一覽臺
萬峯亭
清真道院
清隱峯
茶洞
胡麻澗
石門
晞真館
蒼屏峯
陷石臺
仙掌峯
瀑布泉
小桃源
壁立萬仞
曹家石
城高岩
放生池
仙跡岩
響聲岩

天壺峯
猫兒石
桃源洞
人面岩
將湖岩
棋藏岩
北屏岩
上水龜
綑絲石

三層峯
鍾模石
鼓樓岩
鼓子峯
三教峯
毛竹洞
香烰石
海蛛石
接人石
笋洲
下水龜
禪笠石
百花庄
吴公洞
魚磕石

馬月峯
靈峯觀
太和清微宮
書林劉素明刻像
齊雲亭
齊雲峯
小廪石
大廪石

圖書在版編目（CIP）數據

尋山：中國國家圖書館藏山圖集珍 / 饒權，李孝聰主編；張志清，鍾翀副主編．-- 上海：上海書畫出版社，2024. 7.
-- ISBN 978-7-5479-3413-5

Ⅰ. K928.3-64

中國國家版本館 CIP 數據核字第 2024WC1650 號

審圖號：GS（2021）362 號

尋山：中國國家圖書館藏山圖集珍

饒　權　李孝聰　主編
張志清　鍾　翀　副主編

策　　劃　朱艷萍
責任編輯　李柯霖
編　　輯　居珺雯
特約審讀　李保民
裝幀設計　奈斯藝術
封面設計　劉　蕾
技術編輯　包賽明

出版發行　上海世紀出版集團
上海書畫出版社
地　　址　上海市閔行區號景路159弄A座4樓
郵政編碼　201101
網　　址　www.shshuhua.com
E-mail　shuhua@shshuhua.com
製　　版　杭州立飛圖文製作有限公司
印　　刷　浙江海虹彩色印務有限公司
經　　銷　各地新華書店
開　　本　889×1300　1/16
印　　張　14.125
版　　次　2024年8月第1版　2024年8月第1次印刷

書　　號　ISBN　978-7-5479-3413-5
定　　價　叁佰柒拾伍圓
若有印刷、裝訂質量問題，請與承印廠聯繫